디지털
전환과
ICT
융합기술

디지털 전환과 ICT 융합기술

펴낸날 2022년 1월 19일

지은이 김인규, 황재민
펴낸이 주계수 ┃ **편집책임** 이슬기 ┃ **꾸민이** 김소은

펴낸곳 밥북 ┃ **출판등록** 제 2014-000085 호
주소 서울시 마포구 양화로 59 화승리버스텔 303호
전화 02-6925-0370 ┃ **팩스** 02-6925-0380
홈페이지 www.bobbook.co.kr ┃ **이메일** bobbook@hanmail.net

© 김인규, 황재민, 2022.
ISBN 979-11-5858-851-9 (93320)

* 본 도서에 대한 내용 문의, 강의 요청 그리고 신규 강좌 개설, 교육 제휴에 대한 문의처는 다음과 같습니다.

황재민 원장
pamir@yonsei.ac.kr

디지털 전환과 ICT 융합기술

김인규 · 황재민

밥북

서문

디지털 전환과 ICT 융합기술의 궤적軌跡은 인구人口에 회자膾炙되는 이른바 '도전挑戰 및 응전應戰' 프로세스와 그 맥脈을 같이 한다. 그리고 그 연원淵源을 찾아보면, 인류의 삶은 자급자족의 단계를 거쳐 인구가 늘어나고 거래 관계가 형성되면서 시장이라는 커다란 문명을 만들어 놓았다. 이러한 문명의 발전은 산업 사회로의 변화를 촉진시키면서 산업혁명이라는 패러다임을 통하여 초진화적인 발전을 거듭하고 있다. 4차 산업혁명이 도래하면서 인공지능 기반으로 아날로그 데이터를 디지털화하는 작업이 진행되고 있다. 각종 사회·경제활동의 주요 데이터를 수집·분석·관리하고, 각종 ICT 융합기술의 스마트화를 지향하는 디지털 혁명이 발생한 것이다. 산업혁명 과정을 거치면서 동력의 발전, 기계화, 정보화, 지능화 그리고 이렇게 다듬어진 융합기술을 기반으로 총체적인 디지털화가 이루어지고 있다.

우리는 왜 디지털화로 전환해야 하는가에 대한 의문을 가질 수 있다. 대부분의 전문가들은 경제적인 비즈니스 논리와 이를 견인牽引하기 위한 기술만을 내세워 궁극적인 목적을 망각하고 있다는 생각을 하곤 한다. 필자들의 견해로는 디지털화의 목적은 결국 인간에 있다는 점을 강조하고 싶다. 궁극적으로는 인간의 행복한 삶을 추구하기 위한 니즈

needs와 기대wants를 충족시켜 주기 위한 기술인 것이다.

네 차례에 걸친 산업혁명을 통하여 기술의 진보와 경제가 발전하고 소득 수준이 향상되었다. 3차 산업혁명 이후 인터넷의 보급과 스마트폰의 확산은 ICT 기술의 획기적인 발전을 주도했으며, 제조분야는 초자동화를 통한 최적의 대량생산 체제를 구축하였으며, 유통분야는 e-Commerce 등의 온라인을 활용한 유통채널이 널리 확보되었다. 사회적 변화로는 SNS Social Network Service 등의 영향으로 우리의 생활 패턴을 오프라인Off-Line 위주에서 온라인On-Line화시켰다. 4차 산업혁명은 이러한 변화에 대한 고도화 과정을 거치면서 ICT 융합기술을 활용하여 예측과 맞춤이라는 현실과 가상세계를 융합하는 것이라 할 수 있겠다.

데이터를 수집하고 스마트화한다는 것 그리고 인공지능의 학습을 통한 인간의 기능을 대신하는 기술들을 개발한다는 것은, 인류에게 행복이기도 하지만 오히려 독이 될 수 있는 여지도 있다. 하지만 인공지능을 통해서 인간을 대신하는 기능들과 이를 효과적으로 변화시켜 나가는 것은 현재 인류가 직면하고 있는 문제점들을 해결하는데 커다란 도움이 될 것이다. 이러한 과정들은 현재까지의 비즈니스 혁신을 가져오고 있으며, 바로 이때 전제가 되는 것이 인공지능 기술들과 변화 방법에 대한 모색일 것이다. 어떠한 목적과 주안점을 가지고 변화해야 하는지, 도구는 어떤 것을 활용하고 어떤 방법론을 가지고 진행해야 하는지, 그리고 투입되는 자원의 성격과 스펙은 어떻게 결정하고 투입해야 하는지, 이 모든 변화 과정들이 데이터 혁신이라는 전제를 가지고 진행되어야 한다.

소비자의 상품과 서비스에 대한 새로운 경험을 요구하고 있어 공급망 관리의 중요성은 더욱 강화될 필요가 있다. 정확한 수요 예측을 통하여 최소의 비용으로 최대의 효과를 낼 수 있어야 기업의 경쟁력을 높일 수 있다. 이러한 기업의 차별화를 견인할 수 있는 것은 데이터를 어떻게 활용할 것이냐가 관건이 될 것이다. 각 개인의 데이터를 분석하고, 공통된 부분을 찾고 개별화된 내역들을 분석하는 등 이러한 작업을 가능하게 하는 것이 바로 아날로그 데이터를 디지털화해야만 가능한 것이다.

한편 ICT 융합기술이 '디지털 전환Digital Transformation, 디지털 트랜스포메이션'을 전 방위적으로 촉진하는 강력한 동인動因이 되고 있다. 디지털 전환은 4차 산업혁명과 맞물리면서 인공지능AI·빅데이터·클라우드·IoT·AR·VR·로봇 등 여러 가지 디지털 기술을 활용하여 새로운 사업 모형을 발굴하는 혁신적 활동으로 발전하면서 기업의 핵심전략으로 급부상하였다.

이제 고객 가치 창출의 극대화를 위한 지속적인 창조적 혁신 기반의 디지털 전환이 가속화되고 있다. 이에 따라 디지털 전환의 바탕이 되는 ICT의 융합화는 일터와 삶터 그리고 배움터에서의 전면적인 새로운 질서와 새로운 문법을 재촉하고 있다. 한편 디지털 전환의 최종 지향점은 고객과 시장이다. 즉, 고객의 가치 창출을 위한 것이다. 이를 위하여 고객 가치의 재해석 및 탁월한 고객 경험의 제공에 대한 실행이 그 어느 때보다도 중시되고 있다.

　한편 디지털 전환의 중심축에 해당하는 인공지능을 필두로 연계 기술과 관련하여 수반되는 각종 책임 및 법제는 신분야로서 정합적인 해법과 논의가 시급한 과제로 급부상하고 있다. 이러한 흐름을 염두에 두고 전체 내용을 크게 두 개의 파트로 구성하였다. 1부에서는 4차 산업혁명의 특징과 주요 기술 그리고 유통 물류의 사례를 다루었다. 2부에서는 혁신, 디지털 전환, 고객 가치, 책임과 법제의 순서로 살펴보았다. 본 저술著述은 디지털 전환Digital Transformation 그리고 ICT 및 참고용 사례를 포함하였다. 특히 디지털 트랜스포메이션이라는 대변혁의 관점에서 광폭廣幅의 핵심 관련 주제들에 대해서도 다루었다. 여건이 된다면 후속적인 집필의 결과물을 기대할 수도 있겠다. 끝으로 사단법인 한국과학저술인협회 이종호 협회장님, 사단법인 한국미래과학진흥원 조성호 사무총장님 그리고 도서출판 밥북 주계수 대표님의 성원과 배려에 진심으로 감사를 드린다.

2022년 1월

김인규, 황재민

Part 2

디지털 전환과 고객 및 법제

Part 1

디지털 전환과
ICT 융합기술

인류는 네 차례의 산업혁명을 겪으면서 기술이
진보하는 만큼 경제가 발전하면서 개인의 삶의
질도 향상되었다. 경제가 발전하고 삶의 질이 높
아질수록 개인의 서비스에 대한 욕구는 늘어나
고 특히 개인화의 성향이 짙어진다. 의료, 여행,
쇼핑 그리고 스포츠 등 다양한 분야에 걸쳐 새로
움에 대한 니즈가 생겨나고 있다. 4차 산업혁명
의 주요 기술인 IOT, 센서, 빅데이터, 인공지능,
로봇 및 자동화 등의 기술은 서로가 융합하여 새
로운 비즈니스를 혁신하거나 새로운 것을 창조
하는, 즉 아날로그의 디지털 변환은 지속적인 순
환 구조가 되어서 디지털화된 데이터를 사용한
결과값은 다시 아날로그화되어 새로운 데이터와
경험을 만들어 낼 수 있는 디지털 데이터로의 변
환이 이루어질 것이다. 본문에서는 이러한 과정
들을 살펴볼 수 있도록 준비하였다.

제1장

산업혁명의 진행 과정

　18세기 이후 시작된 산업혁명은 새로 발명된 기계와 기술 혁신에 힘입어 소규모 수공업 생산방식이 대규모 공장제 생산방식으로 전환되고, 이로 인해 생산성 증대와 자본주의 체제를 성립시킨 산업상의 변혁을 일으켰다. 이러한 산업혁명은 근본적인 사회구조와 삶의 방식까지도 변화시키는 커다란 변혁이었다.

　일반적으로 산업혁명은 과학의 급속한 발전을 원동력으로 이루어졌다고 알려져 있으나, 과학 기술발전이 산업혁명의 직접적인 계기가 된 것은 아니다. 산업혁명 초기부터 과학 이론이 산업 기술에 직접 응용된 사례는 거의 없으며, 초기 산업혁명에 기여한 기술들은 대부분이 숙련된 기술공들의 작품이었고, 산업혁명의 기술 혁신 과정을 통하여 발명품과 공학 기술 등 더 다양한 기계와 제품, 더 정교한 기술을 필요로 하는 제품들이 나타나기 시작했으며, 이러한 과정에서 산업·민간 분야에 널리 상용화되었다. 기술의 발전과 교역의 확대, 소득 수준의 향상, 인구의 증가, 다양한 상품의 개발 등의 정치적, 경제적, 사회적 변화들이 계속해서 기술의 발전이 필요하게 되었고 이러한 과정을 거치면서 현재의 4차 산업혁명까지 이르게 되었다.

이전과 달리 정보통신 기술이 접목되면서 변화의 폭발력은 엄청난 위력을 보여주고 있다. 특히 4차 산업혁명으로 인한 경제적인 변화는 과거의 산업혁명으로 인한 패러다임의 변화 수준이 아닌 차원이 다른 혁명 수준으로 진행되고 있다. 빠른 변화에 대응하기 위한 기업들의 노력은 디지털 트랜스포메이션이라는 새로운 기술로 진화하고 있으며, 산업의 근간인 굴뚝 산업과 재화를 만들고 활용하는 서비스, 금융산업 등에 ICT를 접목한 일대의 혁신을 일으키고 있다. 이러한 경제·사회적 변화 과정에 대하여 산업혁명의 단계별로 변화된 내용과 특징에 대하여 살펴보고자 한다.

1차 산업혁명

1차 산업혁명은 영국에서 먼저 시작되어 독일을 비롯한 유럽과 미국 그리고 아시아의 일본에 영향을 미치고 선진국으로 자리 잡을 수 있게 한 동인이기도 하다. 산업혁명 이전에는 사람, 동물, 수력, 풍력 등 자연의 동력에 의존하던 생산의 기반이 증기기관으로 변화하면서 생산성의 비약적인 향상을 가져왔다. 대표적인 발명품으로는 뮬Mule 방적기와 증기기관을 들 수 있는데, 뮬Mule 방적기는 실 1파운드의 생산 시간을 500시간에서 20시간으로 단축시켰다. 증기 기관차의 발명은 광산업, 제철업, 섬유산업 등의 발전을 통하여 사람들의 인력에 의한 작업을 기계화시키는 계기가 되었으며, 이로 인해 노동시장에도 많은 변화를 가져왔다. 풍부해진 공업 생산품은 기존 시장의 기능이 고도화되고 새로운 직업이 생겨나면서 일자리가 증가 되었다. 인력에 의존하던 생산의 패러다임을 기계화로 변화시킨 혁신으로, 수공업자들의 조합인 길드Guild와 이를 뒷받침하던 도제제도Apprenticeship System가 기계화된 공장과 저숙련 노동자로 대체 되는 사회경제적인 구조에 큰 변화를 가져왔다. 이러한 산업화로 인한 경제적인 변화의 한 현상으로 기계의 발전으로 일자리를 빼앗긴 노동자들이 기계를 부수는 등의 러다이트 운동 Luddite Movement이 일어나기도 했다.

2차 산업혁명

2차 산업혁명은 19세기 중후반에서부터 20세기 중반에 걸쳐 일어난 산업혁명이다. 섬유 제조업과 제철공업, 철도, 석탄, 증기기관에 의존하던 1차 산업혁명과는 다르게, 중화학 공업, 석유와 전기, 내연기관 등 다양한 분야에서 기계와 산업의 과학화를 통한 대량생산체제로의 변화가 일어난 시기로, 기술의 발전을 주도하고 적극적으로 수용한 나라는 미국과 독일이었으며, 두 국가가 경제적으로 영국을 추월할 수 있게 된 계기가 되었다. 다른 산업혁명에 비해 인지도가 낮고, 1차 산업혁명과 비교해 보면 커다란 차이가 없으나 2차 산업혁명은 과학과 산업이 본격적으로 결합해서, 인류가 필요로 하는 주요 산업의 생산성에 급격한 혁신이 일어났다고 볼 수 있다.

즉, 2차 산업혁명은 현대 경제의 토대를 이루는 거의 모든 산업군이 생겨난 시기라 할 수 있다. 그에 반하여 1차 산업혁명기에 혁신을 일으킨 발명들은 특별히 교육된 과학자 같은 이들이 아닌 경험을 기반으로 숙련공들에 의해 만들어졌고, 생산성 혁신 또한 제철공업과 섬유 제조업에 한정되어 있었다. 2차 산업혁명에 대하여 세계경제포럼에서는 2010년대 후반 기준 인류 문명의 발전 수준에 가장 커다란 공헌을 한 산업혁명으로 이 2차 산업혁명을 꼽았으며 그 비중은 약 70%를 차지한다고 하였다. 2차 산업혁명은 전기라는 새롭고 깨끗한 전기 에너지를 기반으로 공장에 전력을 보급하게 되어 컨베이어 벨트를 사용한 대량

생산 보급 체계를 구축하였으며 전등의 발명과 근대적 석유 시추의 시작으로 에너지 산업 성장 등의 거대 파생 산업을 창출하는 계기가 되었다. 특히 노동 분업화와 거대 산업화에 가속도가 붙으면서 대량생산으로 인한 생산 단가가 낮아지는 효과도 가져왔다.

3차 산업혁명

제3차 산업혁명은 2차 산업혁명을 통해 성장한 다양한 산업에 컴퓨터를 활용하여 정보처리를 자동화함으로써 정보 흐름의 혁신을 통한 비약적인 생산성 향상을 이루어 냈다고 볼 수 있다. 20세기 후반 전자전기 기술 기반으로 공장 자동화와 정보 혁명이라 할 수 있으며 전 산업에 걸쳐 생산성의 향상과 글로벌 ICT 기업들이 괄목할 성장세를 보였다. 미국 주도의 글로벌 IT 기업들이 부상하기 시작했으며 컴퓨터와 인터넷 기반의 지식정보 혁명이 일어난 시기라고 할 수 있다. 경제학자인 제레미 리프킨은 3차 산업혁명을 '정보화 혁명'이라고 정의했다.

정보화의 주역인 컴퓨터는 1940년대 중반, 인공위성은 1950년대 후반, 인터넷은 1969년 처음 등장했으나 바로 보급되지 않았고 일반 가정 및 개인에게 보급된 시기는 1970년대에 처음 등장한 데스크톱 컴퓨터를 통해 20세기 말1990년대이 되어서야 월드 와이드 웹World Wide Web을 계기로 보급이 활발하게 진행되었다. 노트북 컴퓨터도 데스크톱과 비슷한 시기에 등장했으나 실제 일반인에게 보급되기 시작한 것은 2000년대에 들어 가능해졌고, 1980년대에 처음 등장한 태블릿 PC, 태블릿 컴퓨터와 1990년대에 처음 등장한 스마트폰은 2010년대 초반에 들어 보급이 가속화되었다. 정보화 초기 미국의 일부 연구소 연구원들끼리 공중 통신망을 활용하여 메일을 주고받기 위해 만들어진 알파넷에서 출발한 인터넷 기술은 그 편리성을 인정받아 보급이 빠르게 확산하였고 라우터 등의 통신기기와 통신회사 들의 통신회선에 대한 대규모 투자가 병행되며 전 세계적으로 빠르게 인터넷이 확산하였다. 2차 산업혁명을 통해 성장한 다양한 산업에 컴퓨터를 활용하여 정보처리를 자동화함으로써 정보 흐름의 혁신을 통한 비약적인 생산성 향상을 이루어 냈다.

○ **산업혁명 진화 과정**

자료 출처 다보스 포럼

4차 산업혁명

제4차 산업혁명은 세계경제포럼의 창시자 중 하나인 클라우스 슈바프Klaus Schwab가 2015년에 포린 어페어즈의 기고된 글을 통해 주장한 개념이다. 2015년에 슈바브가 처음으로 제시한 이래, 2016년 1월 20일 스위스 다보스에서 열린 세계경제포럼에서도 슈바브 스스로가 키워드로 제시하여 그 개념이 퍼져나갔다.

기계학습과 인공지능의 발전으로 인한 산업의 변화를 가리키는 말임에도 불구하고, 그 정의에 대해서는 아직도 명확하게 정의되지 않아 그 실체가 불분명하다는 논란이 존재한다. 현재까지의 산업혁명은 이미 역사에서 이루어진 것을 기반으로 평가하여 산업혁명이라 불리었지만, 4차 산업혁명의 경우에는 아직 일어나지 않은 변화에 대하여 미래를 예측하는 표현을 사용하는 것이기 때문이기도 하다. 그러나 분명 변화의 흐름이 계속해서 만들어지고 있으며 이에 대한 대응으로 인더스트리 4.0, Logistics 4.0, 유통 4.0등의 사회경제적 변화가 일어나고 있다. 이는 '산업의 융합'이라는 혁신으로 구체화 되는 것으로 디지털, 물리적, 생물학적인 기존 영역의 경계가 사라지고 융합되는 기술적인 혁명을 의미한다. 클라우스 슈바프, 세계경제포럼, 2016.01.

클라우스 슈바프는 4차 산업혁명이 스마트 공장의 도입을 통해 제조업의 가상 시스템과 물리적 시스템이 유연하게 협력할 수 있다고 했으

디지털 전환과 ICT 융합기술

며, 상품의 완전한 맞춤 생산이 가능해지는 새로운 운영 모델이 만들어질 것이라 했다.

4차 산업혁명을 주도하는 세 가지 메가트렌드로는 첫째, 물리학 기술을 활용하여 자율주행차를 포함한 드론Dron, 트럭, 항공기, 선박 등의 무인 운송 기능이다. 둘째, 디지털 기술로 센서링, 사물인터넷, 빅데이터, 인공지능, AR·VR, 디지털트윈, 블록체인과 공유경제라 불리는 On-Demand Economy가 만들어 내는 우버, 페이스북, 알리바바, 에어비앤비 등의 플랫폼 비즈니스가 있다. 셋째, 생물학 기술을 활용한 유전공학, 합성 생물학, 바이오 프린팅, 뇌과학 등을 들 수 있다.

이러한 주요 트렌드가 상호 융합 과정을 통하여 가져올 주요 변화를 보면, 먼저 디지털 기술이 기업의 전통적인 가치사슬의 파괴를 가져올 것이다. 현재도 수요와 공급의 최적화를 위해 각종 정보화 기술을 활용하고 있지만, 실제 변화하는 고객이 원하는 것Wants을 분석하게 되면 기존의 소품종 대량생산, 다품종소량생산의 방식을 벗어난 소품종 소량생산체제로의 전환이 시급하게 될 것이다. 또한, 소유에서 공유로 변화하는 소비 패턴 또한 변화의 대상이기도 하다.

4차 산업혁명은 범용 기술인 ICT정보통신기술를 핵심으로 모든 산업의 자동화와 바이오 혁명을 통하여 인간 삶의 질과 환경을 변화시키는 주요 동인이 될 것이다. 특히 변화의 가장 주요한 기술로는 센서링, IOT, 클라우드, 빅데이터, 모바일과 인공지능 등의 지능정보 기술로 상호 간의 융합을 통하여 전개될 것이다. 센서링은 각종 산업체의 설비, 자율자동차, 물류센터의 자동화 설비 및 기타 제조, 물류, 유통 등에 운영하는 기계 장비의 데이터를 모아 현상을 모니터링하는 것으로 기계 장비의 정상적인 작동 상태의 데이터를 집계하여 작동의 불안정 상태 시의 조치, 주요 부품의 교환 및 수리환경 등을 확보하여 예지 보수 등의 업무를 할 수 있다. 설비의 운영 효율을 제고하기 위해 현장에서 필요로 하는 작업으로, 자동화와 각종 설비·장비의 도입 센서의 수요량은 빠르게 증가할 것이다.

또한, IOT는 거의 모든 사물과 사람들이 네트워크에 연결되고 상호 간의 연결을 통하여 많은 데이터가 만들어지고 있다. 생성된 데이터는 클라우드의 인공지능을 활용한 학습을 통하여 목적에 맞게 가공 처리되고 스마트화된 데이터로 만들어지게 된다. 즉 이러한 과정을 통하여 스마트화된 데이터들이 상호보완적으로 작용하고 한 부문의 혁신이 다른 부문의 혁신을 촉발하는 선순환 관계를 형성할 것이다.

4차 산업혁명의 기술력은 정치 및 경제 그리고 사회에 미치는 영향력이 엄청나다. 경제적인 변화 측면으로 플랫폼 경제의 확대이다. 서로 다른 고객군을 상호 연계해서 가치를 교환할 수 있게 하면서 부가가치를 창출하는 플랫폼 경제는 고객가치 제고로 새로운 산업의 탄생, 사회문제 해결 등 긍정적인 효과를 유발하고 새로운 영역으로 확장하고 있다. 다음으로 공유경제의 확산이다. 과학 기술의 발달은 직접 소유하는 대신 실물 재화를 공유하거나 서비스를 효율적으로 이용하는 공유경제를 가능하게 하였으며, 소비자들이 증가하고 있어 이에 대한 관련 시장의 발굴과 확장이 이루어지고 있다.

또한, 소비자 주도권의 변화와 밀레니엄 세대의 등장이다. 디지털을 잘 이해하는 밀레니엄 세대들은 각종 디지털 디바이스를 활용하고 축

디지털 전환과 ICT 융합기술

적된 데이터를 활용하여 소비자에 대한 권리를 확보하고 새로운 소비트렌드를 만들어 가고 있다. 정치적인 변화에서는 시민들의 정치 참여가 증대되고 정부의 규제 정책의 변화가 일어나고 있다. 특히 다양한 분야에서 업종의 장벽을 넘어 혁신적인 서비스나 제품이 개발될 수 있는 생태계 구축을 위하여 리스크를 최소화하고 혁신이 계속 진행될 수 있는 수준에서의 협력적이고 유연한 규제 정책을 구사하고 있다.

사회 및 생활의 변화 측면은 사람들 간의 관계 형성에도 변화가 발생하고 있다. 사람들과의 관계를 맺는 방식이 디지털화되면서 상호 간 공감 능력이 저하되고 이로 인해 감성 결핍으로 인한 감정 이해도가 떨어지면서 많은 사회문제가 발생하고 있다. 이러한 문제점을 해결하기 위해 인간의 감성을 체크하여 데이터화 하고 다양한 IT 기기에 활용하여 소비자의 욕구 및 기호를 충족시켜 줄 감성 ICT는 바로 미래를 선도해 갈 핵심 분야로 사람들의 다양한 감성에 맞춘 제품과 서비스를 적용할 수 있어 성장 가능성이 무한한 분야로 주목받고 있다. 감성 지능형 컴퓨터, 감성 가전, 감성 메신저, 블로그, 감성 트위터와 감성 교감형 엔터테인먼트 등 다양한 서비스 사업분야로 발전할 수 있다.

교육 측면에서는 전통적인 교육방식에 AR Augmented Reality, VR Virtual Reality, 4D 프린팅 미리 설계된 시간이나 임의 환경 조건이 충족되면 스스로 모양을 변경 또는 제조하여 새로운 형태로 바뀌는 제품(object)을 3D 프린팅하는 기술 등 다양한 ICT 기술을 활용한 스마트 교육이 빠르게 발전하고 있으며 수업 방식의 변화와 개인별 수준 높은 맞춤 교육도 가능하게 되었다.

의료산업 부분에서는 사물인터넷, 인공지능, 3D 프린팅 등 첨단 기술이 의료분야와 융합하여 원격 로봇수술, 원격 모니터링 등 시간과 공간을 넘어서는 의료 서비스 제공과 빅데이터를 이용한 인공지능을 활용하여 예측 의료 시스템으로 변화하고 있다. 특히 IBM의 의료 서비스 플랫폼인 왓슨Watson을 활용하여 암 진단 서비스, 신약 개발 등의 의료 서비스를 지원하고 있다. 암 진단 정확도는 약 96% 정도로 일반 전문의보다 다소 높은 수준으로 나타났다.[*]

생활의 변화는 주거, 업무, 오락 등 공간의 기능적 융합이 이루어져 다양한 기능을 보유한 가정용 로봇의 등장과 IOT를 활용한 홈 네트워크 시스템으로 원격으로 집안의 모든 관리가 가능해졌다. AR, VR 등을 통하여 쇼핑 및 오락 등의 새로운 지평을 만들어 가고 있다. 이와 더불어 금융업의 변화는 ICT를 통한 핀테크가 등장하면서 대면 업무가 비대면으로 전환되고 각종 금융 상담과 관련한 부분은 빅데이터 인공지능 등을 통하여 로보어드바이저, 소셜 트레이딩 등 새로운 방식의 투자 관리 확대와 모바일 결제 솔루션 등 지급 결제 방식에 많은 변화를 가져 왔다.

노동 및 고용 분야에서는 고용의 구조 및 형태와 관련 커다란 변화가 일어났다. 우선 고용 구조의 변화 부분이다. 로봇과 인공지능 등의 활용이 확산되면서 단순 표준화된 작업과 관련된 직업 대부분이 사라지고 새로운 직업들이 만들어지지만, 산업혁명이 진행되면서 직업의 소멸과 생성과정 중 소멸되는 직업이 더 많아 이에 대한 고용의 불안정으

---

[*] 줄리 바우저 (Julie F Bowser) IBM 상무 인터뷰 기사, 연합뉴스. 2016.05.26.

디지털 전환과 ICT 융합기술

로 경제적, 사회적 긴장을 초래하고 있다. 고용 형태의 변화는 전통적인 노동시장의 계약 방식에서 벗어나 사업 단위 또는 프로젝트 단위로 개인의 능력 정보를 기업에서 확인하고 자율적인 고용으로 진행되고 있다. 또한, 근로자의 근무 방식의 변화에도 영향을 미쳐 모바일 워크, 재택근무의 형태로 네트워크 중심의 협력 업무 수행 체계로 변화할 것으로 예측된다. 4차 산업혁명은 국가의 경제, 사회 그리고 우리의 삶을 혁신적으로 변화시켜갈 것으로 예상된다.

제2장

4차 산업혁명의 특징

　4차 산업혁명은 3차 산업혁명의 연장선상에서 명확하게 통일된 정의가 존재하지 않지만 발전된 정보통신기술을 활용하여 초기 인더스트리 4.0과 연관된 '제조업 혁신' 관점에서 정의되었다. 현재는 그 범위와 핵심기술을 폭넓게 바라보고 있는데, 최근 제조업의 혁신을 넘어 다양한 '과학 기술에 기반한 디지털 혁명' 또는 '물리 세계와 사이버 세계의 연결 확장'이라는 개념에서 많은 논의가 이루어지고 있다.

　4차 산업혁명의 일반적인 특징으로 첫째, 초연결성이다. 사람과 사물, 사물과 사물, 사람과 사람을 인터넷 통신망을 통하여 상호 간 연결하는 것으로 이를 가능하게 하는 기술 요소는 IOT, 클라우드, 모바일, 인터넷 등이 있으며, 이러한 연결을 통하여 막대한 데이터를 분석하고 일정한 목적에 맞는 패턴을 만들어 내는 초지능성이 있으며 이를 가능하게 하는 요소 기술로는 인공지능, 기계학습, 빅데이터 컴퓨팅 등이 있고 마지막으로 분석 결과를 토대로 인간의 행동과 각종 사회적 변화 요인 등을 예측하는 예측 가능성을 들 수 있다.

초연결성

초연결성은 4차 산업혁명이란 정보통신기술ICT이 제조업 등 다양한 산업들과 결합하며 현재까지 볼 수 없던 새로운 형태의 제품과 서비스, 비즈니스를 만들어 내고 있으며 5G, IOT, 클라우드, 모바일, 인터넷 등 새로운 혁신 기술들을 통하여 가능하게 되었다. 이러한 기술들의 핵심은 연결에 있고 지금까지의 기술이 단순히 사람과 제품, 제품과 제품의 연결에 집중되었지만, 4차 산업혁명의 기술을 기반으로 초연결 사회로의 전환이 빠르게 진행되고 있다.

초연결사회로 변화하는 과정을 살펴보면 주위에서 흔히 볼 수 있는 스마트폰, SNS 등을 통하여 전 세계 약 20억 명의 인구가 인터넷에 연결되어 있으며, 디지털기기는 세계 인구수보다 많이 보급되었다. 인터넷은 24시간을 함께 보내는 가까운 존재가 되었고 스마트폰을 통해 버스의 도착 정보를 확인하거나 웨어러블 디바이스를 통해 전송된 운동 정보를 확인하고 있다. 현재의 사회가 사람, 사물, 공간 등 세상 만물이 인터넷을 통해 연결되는 초연결사회로 진입했다.

초연결사회란 사람, 사물, 공간 등 모든 것들Things이 인터넷Internet 으로 서로 연결되어, 모든 것에 대한 정보가 생성·수집되고 공유·활용되는 사회를 의미하는 것으로 모든 사물과 공간에 새로운 생명이 부여되고 이들의 소통으로 새로운 많은 데이터와 정보가 공유되는 사회가 열리는 것이다. 즉, 초연결사회에서는 인간 대 인간은 물론, 기기와 사물 같은 무생물 객체까지도 네트워크를 바탕으로 상호 유기적인 소통이 가능해진다고 할 수 있다. 컴퓨터, 스마트폰으로 소통하던 과거의 정보화 사회, 모바일 사회와 달리 초연결 네트워크로 긴밀히 연결된 초연결사회에서는 오프라인과 온라인의 융합을 통해 새로운 성장과 가치 창출의 기회가 어느 때보다 훨씬 많아질 것이며 무엇보다 사물인터넷, 인공지능, 센서 등 기술 발달로 제조, 유통, 의료, 교육 등

다양한 분야에서 지능적이고 혁신적인 서비스 제공이 가능해질 것이다. 초연결사회가 가져올 변화는 단지 기존의 인터넷과 모바일 발전의 맥락이 아니라 타 산업 분야와 융합을 통하여 교육, 의료, 금융, 교통, 공공, 제조산업, 유통물류산업 등 다양한 영역에서 변화를 가져올 것이다.

교육부문은 교육과 기술의 결합을 통하여 에듀테크EduTech 교육환경을 경험하게 될 것이다. 이러한 흐름이 교육환경에서 많은 사물과 사람이 연결되고 이를 통하여 학생과 교사 간, 학생과 학생 간 상호작용이 강조되고 개개인의 학생들은 IOT, 인공지능 등을 바탕으로 최적화된 개인 맞춤 학습을 받을 수 있으며 감정컴퓨팅 기술 등을 결합하여 학습자의 반응과 태도뿐만 아니라 감정 흐름을 이해하고 도움을 주는 학습 개발도 가능할 것이다. 또한, AR, VR을 활용한 실감형 교육을 통하여 공감각적인 체험을 제공하는 실감형 교육이 가능해진다.

의료부문에서는 IBM을 비롯하여 삼성, Apple, Google 등 세계적 IT 기업들의 의료분야 진출이 두드러지고 있다. 5G, 사물인터넷, 클라

우드 컴퓨팅 등 IT 기술의 발달은 원격 모니터링 및 관리의 최적화뿐만 아니라 원격 의료를 가능하게 함으로써 시간과 공간의 경계를 넘어서는 의료 서비스를 제공하고 있으며, 지속적인 서비스 수요의 증가가 예측된다. 이미 영국 NHS National Health Service 는 HP와 협력하여 웨어러블 센서 및 사물인터넷 기기를 개발, 테스트베드를 설치했으며, 치매 환자를 대상으로 가정에 사물인터넷 기기를 설치·모니터링하는 시범사업을 시행 중이다. 세계경제포럼2015에서는 2022년 세계 인구의 약 10%는 인터넷이 연결된 의류를 착용하고 의류 내 센서 등을 통해 심박 수, 호흡, 혈류량 등의 실시간 신체 정보를 얻게 될 전망이며 수집된 데이터는 건강 기초자료로 활용되어 원격진료, 자가 통증 치료를 비롯한 다양한 의료 서비스를 받을 수 있게 될 것이라고 예측했다. 또한, 정밀 의료분야에서는 이미 인공지능 IBM Watson이 도입되었으며 의사들이 암 환자들에게 데이터에 근거한 개별화된 치료 방법을 제공할 수 있도록 지원하는 역할을 수행하고 있다.

이 밖에도 병명과 확률, 필요한 검사 등을 알려주는 '화이트 잭', '로봇 페퍼'뿐만 아니라 약 제조나 음성 커뮤니케이션을 통해 환자를 간호하는 인공지능 간호사 '몰리'도 등장했다. 의료부문의 인공지능은 의료 환경을 바꾸고 진단을 넘어 꿈의 의학인 '정밀 의학'을 가능하게 할 것으로 기대된다. 양질의 데이터를 기반으로 개인의 의료·유전체·생활 데이터 분석 등으로 개인 맞춤형 진단을 제공하고, 진단 중심의 의료에서 예측 의료 시스템으로 의료 시스템 전반에 큰 변화를 가져올 것이다. 향후 의료 현장에서 인공지능이 가져올 영향력이 큰 만큼 인공지능을 의료분야에 적용하기 위한 노력 역시 전 세계 곳곳에서 활발하게 이루어지고 있다.

교통부문은 지능형 교통시스템ITS, Intelligent Transportation System과 Connected Car 시대가 다가오고 있다. 초연결 사회의 지능형 교통시스템은 사물인터넷을 기반으로 자동차의 지능화뿐만 아니라 도로시설 및 공간의 지능화가 이루어져 교통으로 인한 혼잡과 공해 등의 문제들을 해소시켜 줄 것으로 기대된다. 교통정보의 수집·제공 장치가 설치된 특정 도로 지점에 차량이 통과해야만 교통서비스가 가능했던 기존의 교통시스템은 스마트 교통시스템 구축을 통해 차량과 차량이 상호 통신하며 교통정보를 공유하는 방향으로 빠르게 변화할 것이다. 미래 도로에는 각종 스마트 센서가 설치되며 이들 센서로부터 수집된 정보는 데이터 플랫폼을 통해 도로 이용자, 관리자, 각종 전자기기에 자동으로 전달될 것이다. 전달된 정보는 도로의 파손 상태, 사고정보 확인 등 도로 유지 관리가 자동으로 이루어질 수 있도록 정보화되어 도로의 유지 보수 및 사고 사례 등의 분석을 통하여 사고와 도로 파손으로 인한 불편 등의 문제를 짧은 시간에 해결할 수 있을 것이다. 도로시설의 지능화는 교통혼잡 감소뿐만 아니라 교통 인프라의 유지·관리 등 사회적 비용 절감에도 기여할 것이다.

Connected Car와 관련하여서는 2021년 이미 세계적인 완성차 업체들인 테슬라, 포드, BMW 등 2021년 자율주행 자동차를 상용화하겠다고 밝혔다. 자율주행자동차는 5G, 사물인터넷, 클라우드 컴퓨팅 등 첨단 기술의 집약체라 할 수 있다. 부착된 센서는 실시간으로 차량 내부의 중앙 컴퓨터와 통신을 하며, 사람보다 더 빠르게 주변 상황에 대한 인지를 통해 사고를 사전에 방지하고 주행을 가능하게 한다. 자율주행자동차의 보급은 사람이 운전하는 자동차보다 더 효율적이고 안전한 주행이 가능하게 되어 현재의 교통기관과 물류시스템을 획기적으로 변화시킬 것으로 판단된다. 이동 중 다양한 생산활동이 가능하게 되어 운전자에게 도로의 새로운 가치를 제공하는 서비스 개발도 가능할 것이다. 자동차는 이동 수단에서 '모바일 생활공간'으로 변화할 것이다.

제조 부문은 스마트 공장의 보편화와 소비자가 직접 제품의 개발과정에 참여할 수 있을 것이다. 제조업 위기의 돌파구로 주목받고 있는 스마트 공장은 GE, Intel, Siemens 등 글로벌기업을 중심으로 확산되고 있다. Markets and Markets 2016에 따르면 세계 스마트 공장은 2016년~2022년 연평균 약 10.4%의 지속적인 성장을 하였고 2022년에는 약 74.8억 달러에 이를 전망이다. 스마트 공장을 이루는 주요 요소 중 하나인 스마트 기계는 기업 안팎의 클라우드 네트워크와 실시간으로 데이터를 교환하며 최적의 생산효율을 가능하게 하였다. 가상현실 시스템Cyber Physical Product System은 실제 생산 프로세스와 동일한 상태를 사이버상에 구현함으로써 기업의 생산성 증진에 기여할 것이다. 또한, 스마트 공장은 R&D, 구매, 물류, 판매와 사후관리 서비스 등 모든 기업활동 영역과 긴밀한 관계를 맺고 기업에 더 많은 데이터를 스마트 정보화하여 의사결정 도구, 비용 절감과 혁신 등 이전에 경험하지 못한 새로운 가능성의 기회를 제공할 수 있을 것이다. 향후 블록체인 기술과의 융합을 통하여 스마트 공장은 공급사슬관리 상의 가시성과 투명성을 증대시키고 기업경영 전반에 더 큰 영향력을 가져올 수 있을 것이다. 또한, 소비자들의 제품 개발과정에 적극적인 참여로 인하여 소비자에게 제조자로 소비자의 정체성이 점점 제조의 주체로 변화하고 있다. 소비자들은 점점 더 자신들의 필요에 맞는 개인화 및 맞춤화된 제품들을 찾고 있으며, 디지털 기술의 발달은 많은 소비자가 자신의 Needs를 충족시킬 방법을 찾게 해주었다. 특히 개인이나 벤처, 중소기업 등 혁신적인 아이디어를 디지털화하고 시제품 공유를 통한 피드백을 사회관계망 등을 활용하여 많은 소비자의 의견을 접하면서 제품의 완성도를 높이고 있으며, 제조업체에서 고객에게 잠재해 있는 Wants를 구체화하여 새로운 경험을 체험하고 이를 제품화하는 소비자 중심의 제조 변화가 일어나고 있다.

유통부문에서 많은 변화가 주목된다. 소유의 개념이 공유의 개념으로 변화하는 공유경제의 보편화와 다변화된 유통채널이 결합 된 옴니채널의 등장이다.

공유경제에 대하여 세계적인 미래학자 제러미 리프킨Jeremy Rifkin 교수는 자본주의의 미래는 사물인터넷이라는 혁명적인 플랫폼을 통해 공유사회로 나아가고 있다고 주장한다. 공유경제를 활용하는 소비자는 점차 증가하고 있다.

초연결사회에서 공유경제는 다양한 사회경제적 모델을 탄생시키면서 삶을 빠르게 변화시키고 있다. 그 가운데서도 유통과 관련한 영향력은 상당히 크다고 볼 수 있다. 모든 것이 실시간으로 연결된 세상에서 소비자는 재화를 직접 소유하지 않고 필요할 때마다 온라인과 모바일 등을 통하여 간단하게 이용할 수 있다. 새로운 유통의 시대에는 자동차, 가전, 장난감, 도서, 집뿐만 아니라 다양한 영역에서 공유경제가 적용될 것이며, 인공지능과 같은 첨단 기술과 결합해 소비자의 소비방식과 생활양식에 더 큰 변화를 가져올 것으로 예상된다. 초연결사회에서 소비자들의 구매 행동과 유통 서비스의 혁신을 보여주는 가장 대표적인 사례는 바로 옴니채널Omni-channel의 등장이다. 옴니채널은 전통적인 오프라인 환경과 온라인, 모바일 및 다양한 정보 기술이 결합하여 소비자들이 다양한 유통경로가 연결된 환경에서 쇼핑하는 것을 의미하는 것으로 원하는 상품을 동일한 가격에 다양한 플랫폼을 활용하여 구매하고 원하는 장소와 시간에 상품을 받을 수 있다. 이러한 소비자 편리성으로 옴니채널을 활용한 옴니 비즈니스Omni-business 전략에 대한 인식이 높아지고 있으며, 가상·증강현실, 챗봇 등을 활용하여 오프라인 공간과 온라인 공간의 개념을 하나의 가상공간으로 만들어 증강현실 기술을 활용해 구매하고 싶은 의류, 신발 및 각종 가구 등도 본인이 거주하는 집에 배치해 볼 수 있으며, 다양한 모바일, 웨어러블 및 센서 등과 연동하여 초개인화Hyper Personalized된 서비스를 제공할 수 있어 원스톱 쇼핑을 가능하게 할 것이다. 앞으로 초연결 기술을 활용하여 옴니채널 서비스는 더욱 혁신적으로 변화할 것이다.

금융과 공공부문에서도 많은 변화가 이루어지고 있다. 금융 부문에서는 Capgemini와 BNP Paribas의 World Payment Report 2016에서는 세계적으로 비현금 결제 거래 규모가 증가하고 주요국의 현금 결제 비중이 계속 감소하고 있다. 이는 최근의 모바일·간편결제 등의 증가에 원인이 있다. 모바일·간편결제는 사용 편의성, 간편한 휴대성 등으로 폭넓게 확산되고 있으며, 이러한 추세는 블록체인 기술이 도입되면 더욱 심화할 것으로 판단된다. 비트코인Bitcoin과 같은 가상화폐에서부터 시작된 블록체인 기술은 디지털 화폐 구현을 가시화하고 있으며, 금융사와 IT 기업들은 보안성 확보에 주력하고 비트코인을 대체할 수 있는 다양한 가상화폐 개발을 진행하고 있다. 블록체인 기술이 현실에서 직접 적용되어 온 만큼 앞으로도 관련 기술 및 상품 개발에 금융권의 적극적인 행보가 나타날 것으로 보인다.

실제 다양한 금융기관들이 상호 협력을 통해 블록체인 플랫폼을 구축하고 있으며, 향후 송금·환전·지급 결제 등 기존 금융 시스템을 현금 없이 사용할 수 있는 현금 없는 사회Cashless Society가 도래할 것으로 예상된다. 또한, 금융 서비스의 디지털화가 확산하면서 은행 및 증권 산업과 보험산업의 패러다임이 변화하고 있다. 로보어드바이저의 보편화로 수많은 사람들이 시공간을 초월한 고객 맞춤형 재무 자문 서비스 혜택을 누리고 있으며 앞으로 더욱 정교화된 로보어드바이저를 통한 고객 서비스가 가능하게 될 것이다. 특히 현재에도 많은 새로운 콘텐츠를 통한 서비스를 수행하고 있는 보험산업은 고객 맞춤형 상품 개발과 다양한 채널을 통한 신규고객 확보, 자동화된 언더라이팅 시스템을 통한 비용 효율성 제고 등 디지털 기술로 인한 혁신으로 가치사슬Value Chain이 지속적으로 재정립되고 발전할 것이다. 기존 계약인수 심사기능을 IT 기술로 대체하는 '보험계약 자동심사시스템'을 활용하는 보험사가 늘고 있으며, 자동화 시스템을 통해 개별 고객과의 커뮤니케이션이 모객 맞춤형으로 발전할 것이다. 향후 금융산업은 인공지능과 빅데이터 분석을 기반으로 더 고차원적이고 고객 지향적인 서비스를 제공할 수 있을 것으로 기대된다.

공공부문에서 시민 공동의 노력으로 사회문제를 해결할 수 있도록 공공데이터 활용이 확대되고 지능형 재난 안전망이 구축 운영될 것이다. 세계적인 언론학자 Clay Shirky는 정보 기술의 발달이 폭넓은 개

디지털 전환과 ICT 융합기술

방과 협업의 기회를 제공하고 이로 인해 사회 전체의 가치가 증대될 것이라 언급했으며, 국가는 국민에게 다양한 공공데이터를 개방하여 새로운 가치를 창출할 수 있도록 지원하고 국민은 공동의 노력으로 문제를 해결할 방안을 모색할 것이다. 우리나라를 비롯한 영국, 호주, 미국 등 대부분의 선진국은 국가가 보유한 공공데이터 개방을 확대하고 있으며, 시민들은 데이터를 아동복지, 장애인 처우 개선, 노인복지 및 임금 체불 등 다양한 사회문제 해결을 위해 활용하고 있으며, 대표적인 사례로는 미국 뉴욕시가 오픈한 도시 데이터인 오픈 스트릿 맵Open Sreet Map으로 Web 상의 열린 지도로 최초의 기본 지도를 기준으로 여러 사람이 함께 지도를 현행화해서 발전해 가는 방식이다.

또한, 워싱턴 DC의 스팟히로Spot Hero APP는 주차 부족 문제를 해결하기 위해 인터넷이 가능한 도시의 주차 가능 여부를 트랙킹하고 사용자는 주소나 지도에서 특정 위치만 지정하면 그 부근의 사용 가능한 주차 위치, 가격 및 시간대 확인이 가능하다. 서울시에서 제공한 '올빼미 버스' 역시 공공데이터를 빅데이터와 사물인터넷, 인공지능 등의 기술과 결합하여 활용한 대표적인 사례이다. 초연결사회에서는 공공데이터의 활용을 통해 숨어 있던 가치를 찾아내고, 시민들이 능동적으로 사회문제 해결에 참여할 기회가 더욱 확대될 것으로 기대된다.

또한, 예상하지 못한 재난도 안전, 생존에 대한 국가적 관심이 최고조에 달하고 있으나 위험 요소에 대한 사전 예측의 어려움, 불확실성의 증대로 불안 역시 가중되고 있다. 초연결사회에서는 도시 곳곳에 적용된 센서 기술과 빅데이터 등의 분석과 시민들의 참여를 통해 안전과 밀접한 연관이 있는 다양한 상황 정보를 얻고 재난 현상을 패턴화하여 위험에 대한 사전 예측 및 선제적 대응을 할 수 있을 것이다. 미국의 경우 시민들이 지진, 암반 함몰사례를 직접 신고·접수하는가 하면 더블린에서는 센서가 부착된 자전거를 이용해 환경 정보를 수집하는 등 시민들의 참여를 통해 상황 정보를 얻고 있으며, 우리나라에서도 국가재난안전통신망 사업을 추진하여 국민안전처에서는 무인항공기를 활용한 안전시스템을 구축하고 있다. 향후 재난 상황에 대한 효율적인 감지와 도시 곳곳에 센서 기술을 도입하여 빅데이터를 분석 활용하고 시민들의 적극적인 참여를 통하여 재난의 사전 감지를 통한 사전 대처가 가능할 것이다. 초연결Hyper Connectivity과 관련하여 우리 생활에 밀접하게 관련된 교육, 유통, 공공, 의료, 교통, 제조, 금융 부문의 변화가 진행되고 있으며 향후 센싱 기술, 빅데이터, AI 등의 기술 진보를 통하여 빠르게 변화할 것으로 예측된다.

초지능성

4차 산업혁명의 또 다른 특징으로 다양한 분야에서 인간의 두뇌를 뛰어넘는 인공지능AI을 의미하는 초지능이다. 단순히 사람보다 계산을 더 잘하는 정도의 능력을 넘어 과학 기술의 창조성, 일반적인 분야의 지식, 사회적인 능력에 있어 사람보다 기계의 지능이 우수할 것으로 미래학자 레이 커즈와일은 예측했다. 특히 그의 저서에서는 '특이점 Singularity; 싱귤래리티에 도달하게 되면 인공지능이 인간의 능력을 넘어서는 현실이 올 수 있다'고 하였다. 초지능이 현실화되면서 초지능을 개발하는 것에 대한 우려도 커지고 있다. 이론 물리학자 스티븐 호킹 박사는 2018년 타계하기 전 "인공지능AI이 급성장하며 사람의 힘으로 통제할 수 없는 시점이 다가오고 있다"며 초지능 시대에 대한 우려를 표명하기도 했다. 우리나라에서도 인공지능AI이 빠르게 발전하면서 이에 대한 규제나 윤리 기준 확립의 필요성을 인지하고 2020년 11월 과학기술정보통신부에서는 '인공지능 시대 바람직한 인공지능 개발, 활용 방안을 제시하기 위한 국가 인공지능 윤리기준안'을 발표하고 '사람 중심의 인공지능'을 위한 원칙을 수립하기도 했다. 초지능에 있어 대표적인 서비스로는 홈 서비스일 것이다.

실내에 설치된 많은 센서를 통하여 실내의 온도, 공기 오염도, 습도 등 다양한 정보를 수집하여 최적의 환경을 만들어 주는 공조 서비스를 가능하게 하고 실내의 밝기를 적당하게 유지하기 위하여 조명과 햇빛의 양에 따라 조절하는 기능 등 다양하게 원하는 조건을 자동으로 제어할 수 있다. 초지능은 다양한 분야에서 우리 삶의 질을 변화시킬 것이고 이 변화를 주도하는 핵심은 데이터의 수집과 분석 그리고 실행하는 ICT 기술의 융합과 진보를 통하여 가능하게 되었다.

초지능성의 주요 사례로 구글의 듀플렉스Duplex를 들 수 있다. 구글 듀플렉스는 안드로이드 또는 iOS 기기에 설치할 수 있는 구글 어시스턴트 앱의 확장 프로그램으로 사용자는 구글 어시스턴트에 식당이나 매장에 전화를 걸도록 하는 것을 포함해 여러 업무를 시킬 수 있다. 지시를 내리면 듀플렉스는 전화를 걸어 상대방과 실시간으로 대화를 나눌 수 있다. SF 영화에서 나온 것처럼 들리는 이야기지만 자연스럽게 이루어진다. 구글은 통화 상대방이 사람과 대화하는 것처럼 느낄 수 있다고 자신하고 있다. 구글 CEO는 구글 듀플렉스의 통화 사례를 녹음해 제시하기도 했다. 첫 번째의 예로 듀플렉스가 미용사에게 전화를 걸어 특정 날짜와 시간에 예약하는 것이었는데, 해당 통화에서 듀플렉스는 '음', '아'와 같은 감탄사를 말하기도 하고 목소리 톤을 바꾸기도 한다. 두 번째 예는 강한 악센트를 가진 사람이 식당에서 약간 어색한 태도로 대답하는 상황을 연출했는데 필요한 정보를 해독했을 뿐 아니라, 사람에 따라서는 어려울 수도 있는 대화를 쉽게 처리했다.

초실감성

가상과 현실의 경계가 사라지는 초실감의 등장이다. 사람들의 수익이 늘어나고 삶의 질이 향상되면서 고품질·고실감 서비스에 대한 요구가 증가하고 있어 이러한 초실감 사회 실현을 위해서 시각·청각·촉각 등의 감각을 디지털화해서 실제 상황처럼 느끼게 하는 VR·AR·UWVUltra Wide Vision 등 다양한 실감 콘텐츠와 완전 입체영상 기술, 몰입형 AV 기술 등의 개발이 이루어지고 있으며 이를 실현하기 위하여 고용량 데이터의 압축·전송의 고효율화뿐만 아니라 스마트미디어 플랫폼 구축 기술 등의 확보를 위하여 지속적인 연구를 하고 있다. 초실감 서비스를 실현하기 위해서는 초지연 기술매우 낮은 지연시간을 가지는 통신기술이 필요하다. 지연시간이 짧아야 정확한 데이터 수신과 원격 조정의 간 극이 없어 실시간으로 다방면에 적용할 수 있으며 현재까지는 4세대 이동통신 기술인 LTE의 경우 지연시간은 20밀리세컨드ms인 반면, 5G는 거의 실시간 급으로 통하는 1ms급이며 네트워크 대비 속도도 300Mbps에서 100Gbps로 약 30배 이상 빨라졌다. 이렇게 초저지연이 되면 초연결, 초실감 시대가 가능하게 될 것이다. 초실감을 활용하면 장비 또는 부품의 조작 방법을 고글이나 헤드마운트디스플레이Head Mount Display를 통해서 조립이나 조작 등이 가능하다. 또한, 스마트폰이나 컴퓨터 모니터를 활용해서도 구매하고자 하는 가구를 실제 공간에 증강현실을 통한 배치를 해보거나, 구매하고자 하는 의상이나 액세서리 등을 확인해 보는 것 등 다양하게 우리의 생활에 접근해 올 것이다. 특히 AR·VR을 융합한 MR Mixed Reality과 XR eXtended Reality 등 기술의 융합을 통하여 사람들은 새로운 경험을 체험할 수 있다. 이러한 기술들이 의료, 교통, 유통 및 물류와 전 산업부문에 도입될 것이다. 우리 주위에서 흔히 접할 수 있는 몇 가지 사례를 들어 보면 다음과 같다.

자동차산업에서의 가상현실의 활용은 디자인, 안전, 구매의 과정을 변화시켰다. 현실에서 실제로 여러 모델을 구축해보지 않고도 가상현실의 사실적 요소를 활용하여 미리 자동차가 어떤 모습일지, 어떻게 기능할지 알 수 있다. 또, 외부환경을 복제함으로써 시간과 노력의 소모를 단축하면서 자동차에 실시하는 안전 시험이 가능해졌다. 이뿐만이 아니라 일부 주요 자동차 회사들은 가상현실을 판매 영역에도 활용하고 있으며, 자동차 제품군이 가상현실에서 테스트 드라이브, 기능 시험 등을 할 수 있게 되었다.

의료부문에서는 인체에 작업하기 전에 가상 환경이나 신체 가상 모델을 활용함으로써 작업 성공률을 높일 수 있다. 가상현실 애플리케이션은 환자들의 증상과 상태에 대하여 학습을 통하여 진단할 수 있어 시간과 비용의 절약을 돕는다. 또한, 관광부문에서도 여행 전에 가상현실을 통하여 먼저 가이드와 함께 여행하면서 현장을 체험해볼 수 있다. 호텔 관광 업체도 인터랙티브 기술을 활용하여 숙소와 목적지를 구체적으로 보여줄 수 있다.

건축분야에서는 가상현실을 이용하여 조명, 재질, 배치 등 건물 측면에 대한 다양한 시험을 해볼 수 있다. 건축물의 가상 투어를 통하여 고객에게 보다 구체적인 이해를 전달할 수 있으며, 도급업자와 건설업자는 건축을 위한 설계 시 설계의 변경이 편해져서 비용과 시간의 절약을 할 수 있다.

소매유통에서는 매장에 제품을 진열해놓지 않고도 고객에게 가상현실을 통해 제품에 관련한 정보를 충분히 받아 볼 수 있고 체험 또한 가능하다. 특히 의류나 신발 등을 구매할 경우 고객의 신체를 스캔하여 옷을 입은 모습을 미리 보여주는 방식도 있다. 이러한 가상현실의 체험을 통하여 더 높은 고객 만족과 구매 증진 효과를 얻을 수 있고, 서비스 제공 후 소비자 행동의 통찰을 소매업체에 전달해서 추가적 혜택을 얻을 수 있다. 마지막으로 우주항공 분야에서는 인터랙티브 기능이 커뮤니케이션을 편리하게 하여 다양한 부서 내 직원들의 이해를 돕는다. 즉, 가상현실의 시각적 속성을 활용하여 각 부서 간의 커뮤니케이션 격차를 줄일 수 있는 것이다. 제품 행동 테스트와 시각화를 이용하여 더욱 빠른 제품 생산이 가능해진다. 또, 효율적 제품 개발이 가능하다.

실제 현실   증강현실   가상현실

제 3 장

4차 산업혁명을 가능하게 한 ICT 융합기술

4차 산업혁명의 특징이라고 할 수 있는 초연결, 초지능, 초실감을 가능하게 한 기술 요소는 ICT 기술이다. ICT 기술발전의 원동력은 컴퓨터 기술력의 향상과 센서의 제조 비용 감소 및 대량생산, 그리고 이동·무선 기술의 고속·대용량화된 통신 인프라의 구축이라 할 수 있다. 이러한 ICT의 발전은 전 산업 분야 및 인간의 삶에 많은 영향을 미치면서 공급자 중심의 산업 사회 구조를 수요자 중심의 구조로 변화시키고 있으며, 사람과 사람, 사람과 사물, 사물과 사물 관점에서 벗어나 융합, 맞춤형, 지능정보 기술로 진화하면서 사회구조의 전반적인 혁신을 촉진 시키고 있다. 이러한 진화의 단계는 인터넷 정보 사회를 시작으로 초연결 융합 지능형 사회로의 변화와 맞춤형 지능정보사회의 전환이라 할 수 있다.

먼저 인터넷정보 사회는 초고속인터넷 네트워크 사회로 이를 활용하는 스마트폰과 클라우드 컴퓨팅을 주요 특징으로 볼 수 있으며, 초연결 융합 지능형 사회는 IOT 기술과 이를 활용한 감성 가전, 감성 메신저,

블로그, 감성 트위터와 감성 교감형 엔터테인먼트 등의 다양한 서비스 사업이 발전할 수 있으며, 맞춤형 정보 지능사회는 체험형인 AR, VR, MR, XR 등 증강·가상체험 등의 아바타 기술을 활용한 증강 휴먼사회로의 변화가 주목되며 사물에도 인간의 지능 수준과 비슷하거나 우수한 초지능을 보유하게 되어 스스로 사고하고 판단하는 자율적인 생산과 주행 등이 이루어질 것이다. ICT 융합기술은 데이터의 생성을 위한 수단과 방법, 데이터를 수집하고 보관, 관리 및 정제 그리고 목적에 맞추어서 스마트화하고 이를 활용하는 기술을 중심으로 기술하였다.

Sensor 기술

최근 사물인터넷IoT: Internet of things, 인공지능AI: Articial Intelligence, 빅데이터가 산업의 큰 성장동력으로 주목받으면서, 자동차, 모바일, 로봇을 필두로 한 제조업과 농업, 유통, 의료 등 다양한 산업 분야에서 데이터 수집 및 활용의 가치와 중요성이 부각되고 있다. 이러한 산업변화 분위기 속에서 압력, 온·습도, 가속도 등의 물리량을 전기적 신호 및 데이터로 변환하는 센서의 수요가 폭발적으로 증가하고 있어, 2020년에는 센서의 연평균 생산량이 1조 개에 달하는 트릴리언 센서 시대에 진입할 것으로 예상 했었고 이것은 지구의 인구를 약 72억 명으로 계산하면 한 사람당 평균 140여 개의 센서가 주변에 있다는 것을 의미한다.

4차 산업혁명이라는 새로운 패러다임이 만들어지고 지속적인 성장을 가능하게 하는 주요 ICT 기술은 데이터를 생성하는 기술, 데이터의 수집, 분석하는 기술과 데이터를 목적에 맞게 스마트 데이터화 하는 학습 방법과 그리고 이를 사용하여 사회의 변혁을 만들어 내는 기술에 대하여 살펴볼 필요가 있다. 우선 데이터의 생성은 각종 센서와 IOT 기술이다. 센서에서 발생하는 데이터의 수집 방법은 크게 자동 수집 방법과 반자동 수집 그리고 수동 수집 방법이 있다. 자동 수집 방법으로 생산 설비의 경우 제어기Controller가 외부시스템과 표준 인터페이스 장치를 통하여 생산 설비의 운전상태 정보를 자동으로 수집하는 것이고, 반자동 수집은 생산 설비의 PLC 등 순차적 제어기를 사용하여 센서와 제어기기 사이에 연결된 Process I/O 정보로부터 이벤트, 운전정보 및 실적 정보를 수집을 위해 추가로 센서를 부착하여 데이터를 수집하는 방법이다. 수동 수집 방법은 바코드, RFID, 터치스크린, PDA 및 모바일 디바이스 등 작업자가 직접 활동 정보를 입력하는 것이다.

데이터의 생성은 각기 운영 환경과 수집 방법, 보관 방법 등에 많은 차이가 있다. 데이터수집 작업의 효율성을 높이기 위해서는 기기에 대한 데이터 기록 작업은 모든 기기를 대상으로 현장에서 진행하는 것이 필요하고, 수집된 데이터는 유·무선으로 클라우드 및 중앙 서버에 모으는 구성이 필요하다. 데이터 기록은 정확하고 체계적이어야 하며 기기마다 데이터 체계 및 기록 방식이 다르면 정확한 데이터 처리 작업에 과도한 시간과 비용이 발생하게 되므로, 데이터 기록 체계와 표준화 수준을 제고해야 기기에서 수집한 데이터를 잘못 해석할 가능성이 줄어들고 실제 분석하고자 하는 데이터수집이 가능하다. 수집할 데이터 관점에서 고려할 사항으로 첫째, 수집된 데이터가 담당자가 목표한 지점에서 기록되었다는 것을 확신할 수 있어야 한다. 다른 데이터와 섞이지 않았는지? 그리고 누락된 데이터 부분은 있는지? 등이며, 이를 위해서 데이터 기록 목록을 이용해야 한다. 목록에는 기기별 기록할 항목, 기록 지점 및 방향 그리고 어떤 파라미터 값을 사용하는지 등이 상세하게 포함하여 작성해야 한다.

기존 센서 기술은 반도체 및 MEMS Micro Electro Mechanical System 기술, 유연 공정 기술 등 소재 및 공정 기술에 의존하는 소품종 저가의 센서

품목 중심으로 시장이 형성되어 왔으나, 최근 인공지능AI, 빅데이터 기술의 발전으로 센서 수요가 급성장하면서 센서 원가 상승의 부담을 줄이면서 다수의 센서 기능을 통합하는 융·복합 센서 기술로 진화하고 있다. AI 및 빅데이터 기술을 통해 새로운 고부가가치의 정보를 생산하기 위한 디지털 센서 기술로 인공지능 프로세서와 신호처리를 포함하는 지능형 모듈 형태로도 빠르게 발전하고 있다. 스마트 제조, 스마트 홈, 스마트 팜, 스마트 시티 등 수많은 스마트 IT 융합 서비스에 적용되는 지능형 센서 기술은 기존의 고성능 센서 기술을 뛰어넘어 인지, 추론, 판단의 과정을 거쳐 새로운 정보를 생산하는 IoT 시대 핵심 부품이 되고 있으며, 이를 위해 지능형 센서 소자는 소형화, 저전력화 및 융·복합화, 유연·신축의 새로운 폼팩터화, 고해상도 센서 어레이 집적화 전략으로 개발이 가속화되고 있다.

1. 소형화 및 융·복합화 기술

자율주행 자동차, 로봇, 무인항공기, 스마트폰 등 다양한 사물에 탑재되는 지능형 센서는 소자의 크기가 작을수록 유리하다. 이에 따라 하나의 칩에 센서와 반도체 회로를 집적한 System-in-Package SiP 형태의 지능형 센서가 활발히 개발되고 있다. 반도체 미세 공정을 이용한 MEMS Micro Electro Mechanical System 기술의 진보와 더불어 센서의 크기는 점점 작아지고 있으며, 예로는 가속도 센서의 칩 크기가 2009년에 비해 1/9 수준으로 줄어 $2 \times 2 \times 1 mm^3$의 초소형으로 개발 중이다. 또한, 복수의 센서를 탑재함으로써 서로 다른 소스의 감지 데이터를 결합하여 불확실성을 낮춰 더 정확한 정보를 생성하는 복합 센서 모듈이 개발되는 추세이다.

MEMS 기반 지능형 센서의 선두 그룹으로는 독일의 보쉬Bosch, 프랑스와 이탈리아의 ST마이크로일렉트로닉스, 미국의 인벤센스Invensense 등이 있다. ST는 3축 가속도 센서, 3축 자이로스코프를 신호처리회로, 머신러닝 코어와 결합한 저전력, 고정밀 모션센서 칩LSM6DSOX을 2019년 출시하였다. ST의 모션센서 칩은 $2.5 \times 3 \times 0.83 mm^3$의 크기이며, 내부 모션, 자유 낙하 같은 가속도 검출, 단일 또는 이중 탭 검출, 동작·무동작, 보행 수 카운터, 보행 검출 등 다양한 모션 감지 등의 처리가 가능하다. 이러한 지능형 모션센서는 스마트폰, 스마트 워치에 탑재되어 피트니스 트래킹에 활용되고 있으며, 칩 상에서 효율적으로 모션 관련 계산을 수행하여 배터리 수명에 거의 영향을 미치지 않고 지속적인 추적이 가능하게 한다. 또한, 자율주행 자동차, 협업 로봇 등에 활용되어 사물의 자동화와 지능화에 활용될 것으로 기대된다.

2. 유연·신축 새로운 폼팩터 기술

지능형 센서 소자의 소형화 및 융·복합화 경향에 더불어, 첨단소재와 공정 기술을 접목한 새로운 폼팩터제품의 크기·형태의 센서 기술에 관한 연구가 활발하게 진행되고 있다. 다양한 자유 곡면에 부착할 수 있고 고무처럼 늘어날 수 있는 형태의 유연·신축 센서 기술로, 기존의 딱딱하고 큰 부피의 센서 모듈이 접근할 수 없었던 곡면이나 가동부에 부착 또는 접합이 가능할 뿐만 아니라 생체와의 인터페이스에도 유리하여 웨어러블Wearable, 임플란터블Implantable 디바이스의 형태로 헬스케어 분야를 지능화하고 있다. 또한, 협동 로봇, 간병 로봇, 로봇 의수 등과 같은 로봇의 전자 피부에 활용되어 인간처럼 촉각을 인지하는 로봇에 활용될 것으로 기대된다. 최근에는 유연·신축 단일소자들을 복합화하여 더욱 지능화된 기능을 수행할 수 있는 센서들도 개발되고 있다. 미국 일리노이대학의 연구그룹은 기하학적 형태 변형을 통해 신축성을 가지는 Serpentine 배선구불구불한 모양으로 생기는 배선 형태을 활용하고 3차원으로 신축성 회로를 쌓아 집적도를 높임으로써 50%까지 신축 가능한 복합 센서 모듈을 구현하였다. 이 센서는 가속도 및 생체 전기신호를 감지하고 이를 무선으로 전송할 수 있어, 센서를 몸에 부착한 후 움직임과 근육에서 발생하는 전기신호로 로봇을 조종할 수 있다. NFC Near Field Communication를 이용하여 무선 데이터, 전력 송신이 가능한 패치형 유연 압력 온도 센서 모듈을 개발하고 수면 중인 환자의 몸 전체 체온 및 압력 분포를 융합하는 데 성공하였다.

3. 고해상도 센서 어레이 집적화 기술

지능형 센서 소자는 미세한 픽셀 구조를 갖는 센서 소자를 고해상도로 어레이 집적화하여 정밀하고 복합적인 정보를 수집하는 기술로도 빠르게 진화하고 있다. 미국 매사추세츠공대MIT의 연구그룹은 548개의 유연 압력센서 어레이를 장갑에 집적함으로써 다양한 형태, 재질, 무게의 26가지 물체를 잡는 동안의 손바닥 압력 분포 데이터를 취득하고, 기계학습을 활용해 각 물체의 형태와 무게를 식별하는 데 성공하였다. 2.5mm 간격으로 분포된 센서 어레이는 초당 7.3프레임으로 압력 분포를 읽어내 135,000프레임의 데이터 셋을 만들어 냈으며, 이러한 대용량의 촉각 데이터를 이용하여 합성곱 신경망 네트워크CNN:

Convolutional Neural Network 기반의 학습을 통해 복잡한 압력 패턴을 구별해냈다. 이 기술은 센서 소자에 신호처리나 통신 기능이 집적된 형태는 아니지만, 유연 센서의 대면적 고해상도 어레이 집적화를 통해 기존보다 정밀하고 정확한 촉각 정보를 제공하는 지능형 촉각 센서 기술이다. 센서 픽셀을 고해상도로 어레이 집적화한 지능형 센서 기술은 인간의 섬세한 손 조작 메커니즘의 이해를 돕고, 미래의 로봇 의수의 정밀도 향상에 기여할 수 있을 것으로 기대된다.

수많은 스마트 IT 융합 서비스에 적용되는 지능형 센서 기술은 기존의 고성능 센서 기술을 뛰어넘어 인공지능을 기반으로 인지, 추론, 판단의 과정을 거쳐 새로운 정보를 생산함으로써 4차 산업혁명 시대를 이끄는 핵심 부품이 될 것으로 인식되고 있으며, 5G를 통한 홈 IoT, 스마트 시티, 스마트 카, 스마트 제조, 스마트 팜 등 미래 신성장 산업에 적용되는 지능형 센서 플랫폼 기술은 발전하는 센서 산업 견인과 열악한 센서 분야 국가 경쟁력 제고에 크게 기여할 수 있을 것으로 기대된다.

IOT 기술

사물인터넷IoT, Internet of Things의 개념은 1999년 케빈 애쉬톤Kevin Ashton
이 처음으로 사용하였다. 케빈 애쉬톤이 사용하던 사물인터넷이라는
용어는 RFID 태그를 활용한 근거리 통신 시스템을 의미했지만, 지금은
유무선 네트워크로 연결된 모든 사물의 통신 시스템으로 범주가 넓어
졌다. IOTInternet Of Things는 스마트폰, PC를 넘어 자동차, 냉장고, 세탁
기, 시계 등 모든 사물이 인터넷과 연결되는 기술로 각종 사물에 통신,
센서 기능을 도입하여 사물 간 데이터를 교환하면서 환경에 따라 스스
로 작동하는 것이 가능하다. 교통상황이나, 주변 환경 등을 실시간으로
확인하고 통신하여 사람의 간섭 없이 운행이 가능한 자율주행 자동차
나 외부에서 스마트폰을 이용하여 집안의 가전제품이나 온습도를 조절
할 수 있는 스마트 홈이 대표적인 사례이다. 이미 삼성전자, LG전자, 구
글, 아우디 등 세계 각 분야의 기업들은 사물인터넷 서비스 개발·상용
화에 박차를 가하고 있으며, 구글은 스마트 온도 조절기 업체인 네스트
랩스를 인수해 스마트 홈 시장에 진입했다. 삼성전자·LG전자도 사물인
터넷 기능이 들어간 생활가전 제품을 대거 개발해 시장에 선보이고 있
으며, 간단한 사용으로 가전제품의 작동을 제어할 수 있다.

스마트 홈은 현관문을 열고 들어오면 나의 움직임을 감지하여 조명
이 자동으로 점등되고, 공기청정기는 미세먼지와 실내 공기 질을 측정

하여 모니터링하고 있다가 상태가 나빠지면 스스로 동작하여 실내 공기의 질을 최적의 상태로 유지해 준다. 에어컨과 가습기와 같은 공조 시스템은 최적의 실내 온도와 습도를 찾아내어 상태에 맞게 조절하면서 쾌적한 생활이 가능하도록 지원해 준다. 또한, 좀 더 나아가서는 냉장고에 있는 식자재들의 재고 현황과 신선도 상태를 모니터링하여 스마트폰에 정보를 전달해주면서 장보기 기능을 통하여 주문 및 결재 등의 기능도 가능하게 될 것이다. 정수기는 연결된 앱을 통해서 월별 물의 사용량을 온수와 냉수로 구분해서 알려주고 사용 전력량에 대한 정보와 현재 수질의 상태 등도 확인할 수 있도록 정보가 만들어지며, 물의 온도도 사용 목적에 따라 선택해서 조절할 수 있도록 하고 필터 교환 시기를 알려주고 담당 코디에 대한 정보도 확인시켜주면서 방문 가능 시간 확인도 가능하게 될 것이다.

스마트 시티는 첨단 정보통신기술ICT을 통하여 다양한 유형의 전자적 데이터수집 센서를 사용해서 정보를 취득하고, 이를 자산과 리소스를 효율적으로 관리할 수 있는 도시를 의미한다. 정보통신기술을 이용하여 도시 생활 속에서 유발되는 교통 문제, 환경 문제, 주거 문제, 시설 비효율 등을 해결하고 시민들이 편리하고 쾌적한 삶을 누릴 수 있도록 하는 것이 목적이다. 스마트 시티는 각국 경제 및 발전 수준, 도시 상황과 여건에 따라 매우 다양하게 정의·활용되고, 접근 전략 측면에서도 차이가 있다. 비용의 절감과 편의성의 증진, 그리고 이를 융합해서 시민들의 삶의 환경 최적화를 동시에 추구하는 것이다.

화장실, 길거리 기타 조명이 필요로 하는 시간과 공간에 센서가 움직임과 음영 등을 감지하여 작동하는 에너지를 절약하는 스마트 LED 조명, 스마트 가로등을 통하여 무선 인터넷의 공유기 역할을 하는 동시에 소음 수준과 공기 오염도를 분석하고 인구 밀집도까지도 파악하는 기능, 원격 관개 제어를 설치해 분수를 원격으로 제어하고, 빌딩을 스마트화하여 에너지 사용량 등 모니터링을 하며, 주차 공간에 주차 여부를 감지하는 센서를 설치한 스마트 주차 기능 등 다양한 기능을 통하여 인간의 삶을 윤택하게 하고 있다.

리테일 분야는 고객의 쇼핑 환경을 최적화하여 만족도를 향상시키는 것이다. 더 빠르고 안전하며 스마트한 경험을 제공하도록 설계된 일련의 스마트 기술이 지원되어야 한다. 셀프 스토어에서 상품의 구매가 가능해지고 아마존 고Amazon Go라는 소비자의 동선을 카메라, 센서가 추적하고, 소비자의 행동을 인식하며, 계산대를 지나갈 때 캐셔 앞에 줄을 서지 않고 계산대를 지나가면 소비자가 구입한 물건을 정확하게 소비자의 계정에서 결제 처리까지 한 번에 해결하는 방식의 서비스가 가능해졌다. 현장에서 고객과 구매 데이터의 수집–처리–완료까지 지연 없이 해결하는 엣지컴퓨팅 기술 도입으로 쇼핑의 새로운 경험을 제공한 것이다.

스마트 팜 분야는 사물인터넷, 빅데이터, 인공지능 등의 기술을 이용하여 농작물, 가축 및 수산물 등의 생육 환경을 적정하게 유지·관리하고, 컴퓨터와 스마트폰 등을 활용하여 원격으로 관리하고 생산의 효율성뿐만 아니라 편리성도 높일 수 있다. 스마트 팜 기술을 통해 농작물 재배 환경 정보온도·상대습도·광량·이산화탄소·토양 등 및 생육 정보에 대한 정확한 데이터를 기반 생육 단계별로 정밀한 관리와 예측 등을 통하여 수확량, 품질 등의 효율적 관리가 가능하여 수익성을 높일 수 있다. 또한, 노동력과 에너지의 효과적 관리를 통하여 생산비가 절감된다. 스마트 팜은 분야에 따라 스마트 농장, 스마트 온실, 스마트 축사, 스마트 양식장 등의 이름으로 사용되고 있다. 스마트 팜은 발전 레벨에 따라 농장 1.0, 2.0, 3.0으로 분류한다.

농장 1.0의 단계는 주로 노지 농장 형태로 곡류 쌀, 보리, 밀, 옥수수와 면화류 등의 작물 재배가 이루어지는 대체로 연중 온화하고 노동력이 저렴한 지역에 주로 위치하며, 인공위성과 드론을 활용하여 기후와 작물의 수확 시기, 병충해 등을 파악하고, 무인 트렉터로 작물을 수확하는 등 스마트 팜으로의 변화가 진행되고 있다.

농장 2.0 레벨은 유리온실·비닐하우스와 같은 형태의 재배시설이며, 주로 과채류 토마토, 파프리카, 딸기 등을 재배하고 센서를 활용하여 환경을 모니터링하고, 자동관수와 방제 시스템과 같은 농장 제어 기술이 활용된다. 최근 국내 통신사들을 중심으로 원격제어와 모니터링이 가능한 형태의 스마트팜 개발이 진행되고 있다.

레벨 3.0인 농장은 완전 밀폐형으로 실내에서 LED 등의 인공 광원을 활용하고, 외부와 차단하여 여러 층으로 재배효율을 극대화하고 있다. IoT 센서와 데이터를 기반으로 완전 자동화된 스마트 팜으로 업그레이드되고 있다.

스마트 홈, 스마트 리테일, 스마트 시티, 스마트 팜뿐만 아니라 스마트 카, 스마트 그리드, 스마트 팩토리, 스마트 헬스케어, 스마트 유통물류 등 전 산업에 걸쳐 사물인터넷을 기반으로 스마트하고 편리한 세상을 만들고 있으며, 시간이 갈수록 더욱 확대되어 우리의 삶 전체에 영향을 주게 될 것이다. 이러한 스마트화가 가능하게 하는 것은 각종 센서와 IOT를 통하여 생성되고 수집된 데이터를 분석 가공하는 기술력이 그 기반이 된다.

BigData 기술

일반적으로 빅데이터를 생각하면 '빅Big'이라는 단어 특성으로 데이터의 크기만을 생각할 수 있으나 수집되는 정보의 종류, 처리 속도 등 다양한 속성들이 존재한다. 빅데이터는 모든 일상에서 발생하는 모든 데이터를 '빅데이터'라 정의할 수 있다. 특히 제조 및 금융과 모든 서비스업 등 전 산업 분야에서 만들어지는 데이터와 인터넷, 카카오톡, 페이스북, 트위터 등을 통해 오가는 모든 메시지, 이미지, 이메일, 영상 등 소셜네트워크 서비스가 활성화되기 시작하면서 활자뿐만 아니라, 업데이트되는 데이터의 80%~90%가 이미지, 동영상 등 다양한 형태로 발생하고 있다. 다양한 속성과 특징을 지닌 빅데이터에 대하여 여러 기관과 학자들은 서로의 관점으로 다양한 정의를 제시하고 있다.

주요 기관의 빅데이터 정의

구분	빅데이터의 정의
Gartner	정확한 의사결정, 시사점 발견 및 프로세스 최적화를 위해 새로운 형태의 정보처리가 필요한 대용량, 초고속 및 다양성의 특성을 가진 정보 자산
McKinsey	일반적인 데이터베이스 소프트웨어 도구가 수집, 저장, 관리, 분석하기 어려운 대규모의 데이터
IDC	빅데이터 기술을 초고속 수집, 발견, 분석이 가능하여 매우 다양한 종류의 대규모 데이터로부터 경제적으로 가치를 추출할 수 있도록 고안된 차세대 기술 및 아키텍처로 구성

또한, 국내외 학자들 간에도 빅데이터에 대한 정의가 다종다양하게 내려지고 있다.

국내외 학자들의 빅데이터 정의

구분	빅데이터의 정의
Hunter (2013)	매우 크고 복잡하여 데이터베이스 관리 도구나 전형적인 데이터 처리 프로그램으로 쉽게 다루기 어려운 데이터들의 집합
Wigan&Clarke (2013)	대규모의 세부적인 데이터의 집합뿐만 아니라 다양한 정보원에서 많은 데이터 집합을 통합하는 것까지 포함하며, 나아가 데이터를 관리하고 분석하는 기술까지 포함
강만모 외 (2012)	− 일반적인 데이터베이스, 소프트웨어로는 관리하기 어려운 정도의 큰 규모로서 현재 수십 테라바이트에서 향후 페타바이트, 엑사바이트 정도 크기의 대용량 데이터를 의미 − 최근 빅데이터는 대용량 데이터의 수집, 저장, 분석, 체계화를 위한 도구, 플랫폼, 분석 기법 등을 포괄하는 용어로 변화고 있으며, 대용량 데이터를 활용, 분석하여 가치 있는 정보를 추출하고 생성된 지식을 바탕으로 능동적으로 대응하거나 변화를 예측하기 위한 정보화 기술
배동민 외 (2013)	기존 데이터 분석에 비해 100배 이상 많은 데이터를 로그 데이터, 구매기록 등 정형 데이터뿐만 아니라 소셜미디어, 위치, 센서 등 비정형 데이터까지 분석 대상에 포함하여 다양한 데이터들의 관계를 동시에 가능한 한 빠르게 처리할 수 있는 새로운 컴퓨팅 기술을 적용해 다양하고 신뢰할 만한 분석 결과를 제시하여 가치를 창출하는 데이터 처리 방식

학술적으로도 다양한 견해가 존재하고 있다. 최근의 흐름으로 보면 빅데이터가 가지는 양적 측면의 중요성은 줄어드는 반면 데이터 품질에 대한 중요성은 증대되고 있다. 정형 데이터가 차지하는 빅데이터 내의 비

중은 약 10%~ 20% 정도를 차지하는 반면 SNS, 채팅, 멀티미디어 등으로 인한 비정형 데이터의 양은 약 80%~ 90%를 차지하고 있으며 각종 비정형 센서 데이터 및 사진, 동영상, 목소리Voice 등 직관적인 데이터가 빠르게 증가할 것이다. 이처럼 빅데이터는 가치 창출을 위한 부가가치를 지닌 정보와 트랜드를 예측하는 분야로 발전하게 될 것이다.

1. 빅데이터의 등장 배경

빅데이터BigData 의 등장은 인터넷이 일상화되고 1인 1PC 시대를 거치면서 인터넷 통신 속도의 개선과 PC 메모리 용량의 증대 및 데이터 처리 속도가 빨라지면서 각종 PC를 통한 온라인 서비스가 증가하였다. 특히 Portal, 검색엔진, 홈페이지의 증가, e-커머스 등의 다양한 온라인 서비스를 통한 많은 데이터가 만들어졌으며, 이후 모바일 스마트폰 시대가 되면서 모바일을 통한 의사소통, 쇼핑 그리고 소셜화 및 손 안의 컴퓨터로서 일상과 업무 등을 동시에 처리하도록 각종 애플리케이션이 개발되었으며 이를 통하여 폭발적으로 데이터가 증가하였다. 이렇게 변화하는 시대적인 IT 이슈는 빅데이터의 활용이 핵심이 되고 경제적 자산과 경쟁력의 척도로 주목받는 시대가 되었다.

빅데이터 발전 과정

구분	PC 시대	인터넷 시대	모바일 시대	스마트 시대
패러다임 변화	디지털화	온라인화	소셜화, 모바일화	지능화, 사물정보화
IT 이슈	PC 통신	초고속인터넷, 웹	모바일, 인터넷, 스마트폰	빅데이터, 사물인터넷
핵심 분야	PC, OS	포털, 검색엔진	앱, SNS	미래전망, 상황인식
IT 비전	1인 1PC	클릭, E-KOREA	손안의 PC	신가치 방출, 사물인터넷

출처 NIA, 새로운 미래를 여는 빅데이터 시대(2013)

인터넷상의 데이터를 통합하고 분석하여 비즈니스 인사이트Insight를 찾아내고, 이를 정책 또는 비즈니스 향상에 활용하려는 노력이 증가하고 있다. 1분 동안 구글에서는 200만 건의 검색, 유튜브에서는 72시간의 비디오, twitter에서는 27만 건의 트윗이 생성되고 있을 정도로 엄청나게 많은 데이터가 짧은 시간 동안에 만들어지고 있다. 빅데이터는 불확실성, 리스크, 스마트, 융합 등 미래사회의 특성에 대응하는 역할을 수행할 것으로 예측된다. Cisco사에서 전망한 '2014~2019 시스코 비주얼네트워킹 인덱스 글로벌 모바일 데이터 트래픽 전망 보고서'에 의하면 데이터를 수집하는 모바일 디바이스는 2014년 약 530만 개에서 2019년 약 2,450만 개로 4배가량 증가할 것으로 예상하였으며, 웨어러블 디바이스 트래픽의 경우 2014년 약 1억900만 개에서 2019년 약 5억 8,000만 개로 5배 이상 증가할 것으로 예상했다. 우리나라의 모바일 클라우드 트래픽은 2019년 약 604.4 페타바이트로 예상하고 전 세계 모바일 클라우드 트래픽은 약 21.8 엑사바이트로 예상하였다. 위키본 Wikibon에 따르면 글로벌 빅데이터 시장 규모는 2026년 846억 달러 이상으로 예측하고 2011년~ 2026년까지 연평균 약 17% 이상 성장을 전망하고 2025년에는 매년 100 제타바이트의 데이터 트래픽이 발생할 것으로 예측하면서 향후 데이터 증가 속도는 2020년에는 2014년 대비 약 50배 이상 폭발적인 증가가 전망된다.

데이터양을 나타내는 단위

구분	이름	값
KB	킬로바이트	10^3 Bytes
MB	메가바이트	10^3 KB = 10^6 Bytes
GB	기가바이트	10^3 MB = 10^9 Bytes
TB	테라바이트	10^3 GB = 10^{12} Bytes
PB	페타바이트	10^3 TB = 10^{15} Bytes
EB	엑사바이트	10^3 PB = 10^{18} Bytes
ZB	제타바이트	10^3 EB = 10^{21} Bytes
YB	요타바이트	10^3 ZB = 10^{24} Bytes

2. 빅데이터의 속성

가트너의 애널리스트 더그레이니 Doug Laney 는 빅데이터의 속성을 규모 Volume , 다양성 Variety , 속도 Velocity 3V로 구분하여 정의하였다. IBM에서는 여기에 정확성(Veracity을 추가하였으며, 최근에는 시각화 Visualization , 가치 Value 등을 추가하여 V6로 구분하기도 한다.

빅데이터의 속성

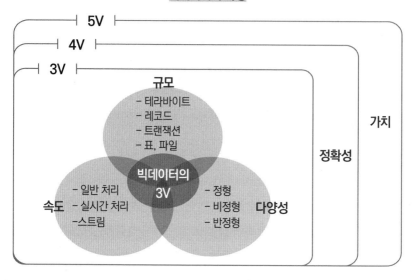

이러한 빅데이터의 속성을 살펴보면 첫 번째, 규모Volume로 ICT의 기술적인 발전과 IT 일상화가 진행되면서 디지털 정보량이 기하급수적으로 증가하면서 데이터양이 제타바이트ZB 시대로 진입이 이루어지고 있다. 두 번째는 다양성Variety이다. 기존의 생산 현장, 금융기관, ERP 데이터 등 정형화된 데이터 외에도 log 기록, 소셜데이터, 위치기반 데이터, 현실의 각종 데이터 등 데이터 종류와 텍스트 이외의 멀티미디어 등 비정형 데이터 유형이 다양화되었다. 세 번째로 속도Velocity이다. 대부분의 데이터가 실시간으로 발생하고 수집되고 처리된다는 것으로 사물의 센서, 모니터링 정보, 영상 스트리밍 정보 등의 실시간 정보기 증가하고 이러한 대규모 데이터의 처리 및 실시간 활용을 위한 데이터 처리 및 분석 속도가 중요시되면서 속도가 더욱 빨라지고 있다. 네 번째로는 정확성Veracity이다. 데이터의 질에 따라서 의사결정에도 많은 영향

디지털 전환과 ICT 융합기술

을 가져오게 되어 데이터의 저장 및 처리 과정도 정확하고 안전하게 처리되어야 한다. 다섯 번째로는 가치Value이다. 수집된 데이터들이 문제의 해결을 위한 통찰력이 있는 정보를 제공해야 하는 것이다.

즉 데이터를 통해서 얻을 수 있는 산업 경제적 가치가 있어야 한다는 것이다. 그리고 시각화Visualization이다. 수집되고 분석된 데이터들이 사용자로 하여금 쉽고 빠르게 이해될 수 있도록 지원되어야 한다. 마지막으로 복잡성Complexity으로 데이터의 종류와 양이 늘어나면서 구조화되지 않은 데이터인 비정형 데이터가 계속해서 빠르게 증가할 것이며, 데이터의 저장 방식에서도 많은 차이가 발생하고 중복성의 문제도 배제할 수 없을 것이다. 그리고 데이터의 종류가 다양화되면서 외부 데이터의 활용 증가로 인한 관리 대상이 증가할 것이며, 이로 인한 데이터의 관리와 처리 작업이 더욱 복잡해지고 이를 처리하기 위한 새로운 기술에 관한 많은 연구가 필요하게 될 것이다.

빅데이터의 주요 속성

구분	주요 내용
규모 (Volume)	기술적인 발전과 IT의 일상화가 진행 되면서 디지털 정보량이 기하급수적으로 폭증 ⇨ 제타바이트(ZB)의 시대로 진입
다양성 (Variety)	- log 기록, 소셜, 위치, 소비, 현실 데이터 등 데이터 종류의 증가 - 텍스트 이외의 멀티미디어 등 비전형 데이터 유형의 다양화
속도 (Velocity)	- 사물정보(센서, 모니터링 등), 스트리밍 정보 등 실시간 정보증가 - 신시간성으로 인한 데이터 생성, 이동 속도의 증가 - 대규모 데이터 실시간 활용 위해 데이터 처리 및 분석 속도 중요
정확성 (Veracity)	- 데이터 정장 및 처리 과정의 정확하고 안전한 상태 - 데이터의 질에 따라 의사결정의 질도 달라짐으로 중요한 속성

가치 (Value)	– 데이터를 통해서 얻을 수 있는 경제적 가치 – 도출된 최종 결과물은 문제 해결에 통찰력이 있는 정보를 제공하 고 가치 창출
시각화 (Visualization)	– 정보의 사용 대상자가 쉽게 이해할 수 있도록 지원
복잡성 (Complexity)	– 구조화가 안 되는 데이터, 데이터 저장 방식 차이, 중복성문제 등 – 데이터 종류 확대, 외부 데이터 활용 증가로 관리 대상 증가 – 데이터 관리 및 처리 복잡성이 심화되고 새로운 기법 연구 필요

3. 빅데이터의 특성

ICT 기술의 발달로 IT가 일상생활에 적용되면서 엄청난 규모의 데이터가 발생하고 있다. 1990년 이후 인터넷의 확산으로 정형화된 데이터와 비정형화된 데이터가 만들어지면서 정보 홍수의 개념이 등장하였다. 이로 인해 현재의 빅데이터 개념이 자리 잡게 되었다고 할 수 있다. 특히 인터넷 속도와 컴퓨터에서 데이터 처리 양과 속도의 증가와 손안에 PC라고 불리는 스마트폰의 영향으로 개인화 서비스 그리고 SNSSocial Network Service의 확산은 전 세계의 디지털 데이터양이 제타바이트 단위로 2년 마다 2배씩 증가하여 2020년에는 40 제타바이트에 이를 것으로 예측하였다.

이러한 빅데이터의 특징을 4가지로 분류한다면 첫 번째로 대규모 Huge Scale이다. ICT 기술발전으로 네이터의 수집, 처리, 보관 능력이 향상되었고 현실 세계를 기반으로 정교한 패턴 분석이 가능해졌다. 특히 데이터의 양이 많을수록 유용한 데이터와 전혀 새로운 패턴의 정보를 찾아낼 수 있는 확률이 증가한 것이다. 두 번째로는 현실성Reality이다.

사회 일상에서의 데이터 기록들의 증가, 즉 개인의 경험, 인식, 선호도 등 인지적인 정보의 유통이 늘어나면서 현실 정보가 실시간으로 축적되고 이를 통하여 새로운 인지 패턴 및 정보 등을 만들어 낼 수 있다. 세 번째로는 시계열성Trend이다. 현재 시점뿐만 아니라 과거 데이터를 유지하고 시계열적인 연속성을 갖는 데이터를 구성하여 시간 흐름상의 추세 분석이 가능해졌다. 이러한 분석을 통하여 일정한 패턴을 만들고 미래를 예측할 수 있는 기반을 갖출 수 있게 되었다. 마지막으로 결합성 Combination이다. 의료, 범죄, 환경, 안보, 경제 등 다양한 분야의 데이터 간 결합을 통하여 새로운 의미의 정보를 만들어 내고 이를 통하여 다양한 분야의 융합 가능성에 대한 시뮬레이션 및 안전성 검증을 통해 여러 분야에서 융합된 발전을 이룰 수 있다.

빅데이터의 주요 특성

구분	주요 효과
대규모 (Huge Scale)	– 기술발전으로 데이터를 수집, 처리, 보관 능력의 향상 – 현실 세계 데이터를 기반으로 한 정교한 패턴 분석 – 데이터가 많을수록 유용한 데이터, 전혀 새로운 패턴의 정보를 찾아낼 수 있는 확률의 증가
현실성 (Reality)	– 사회 일상에서의 데이터 기록물의 증가 등 현실 정보, 실시간 정보의 축적이 급증 되고 있으며 더 늘어날 전망 – 개인의 경험, 인식, 선호 등 인지적인 정보 유통 증가
시계열성 (Trend)	– 현재 시점분만 아니라 과거 데이터의 유지로 시계열적인 연속성을 갖는 데이터의 구성 – 과거, 현재, 미래 등 시간 흐름상의 추세 분석 가능

결합성 (Combination)	– 의료, 범죄, 환경, 안보, 경제 등 타 분야 이종 데이터 간의 결합 　으로 새로운 의미의 정보 발견 – 실제 물리적인 결합 이전에 데이터의 결합을 통한 사전 시뮬레이 　션, 안전성 검증 분야 발전 가능

데이터의 생성되고 수집되는 유형에 따라 정형 데이터, 반정형 데이터, 비정형 데이터로 구분할 수 있다. 정형Structured 데이터는 정형화된 스키마Schema 구조에 DBMS에 저장될 수 있는 구조로 되어 있고, 고정된 필드속성에 저장되는 데이터를 의미한다. 반정형Semi-Structured 데이터는 데이터 내부의 데이터 구조에 대한 메타Meta 정보가 포함된 구조로 고정된 필드에 저장되어 있으면서 메타데이터나 데이터 스키마 정보를 포함하는 데이터로 이메일이 대표적이다. 비정형Unstructured 데이터는 수집 데이터 각각이 데이터 객체로 구분되어 있으며 고정 필드 및 메타데이터가 정의되어 있지 않은 텍스트 문서, 사진 파일, 이미지 동영상 등이 대표적이다. 빅데이터에서 데이터의 차지하는 비중을 보면 정형 데이터는 약 20% 나머지 80%는 반정형 및 비정형 데이터가 차지하고 있으며 향후 비정형 데이터의 비중은 더 높아질 것으로 보인다.

빅데이터 유형

구분	주요 효과
정형 (Structured)	– 성형화된 스기마(Schema) 구조, DBMS에 저장될 수 있는 구조 – 고정된 필드(속성)에 저장된 데이터 ex) 관계형 데이터베이스(Oracle, MySQL, MS_SQL

반정형 (Semi -Structured)	– 데이터 내부의 데이터 구조에 대한 메타 정보가 포함된 구조 – 고정된 필드에 저장되어 있지만, 메타데이터나 데이터 스키마 정보를 포함하는 데이터(XML, HTML, JSON 등)
비정형 (Unstructured)	– 수집 데이터 각각이 데이터 객체로 구분 – 고정 필드 및 메타데이터(스키마 포함)가 정의되지 않음 – Crawler, API, RSS 등의 수집 기술을 활용 ex) 텍스트 문서, 사진 파일, 이미지, 동영상 등

현재 빅데이터라고 할 수 있는 정해진 기준은 없으나 수십 테라바이트TB 이상의 정형·비정형 데이터로부터 가치를 추출하고 그 결과를 분석하여 통찰Insight과 지혜를 얻는 과정으로 Ackoff Lincoln은 DIKW 피라미드로 이를 도식화하였다.

○ DIKW 피라미드

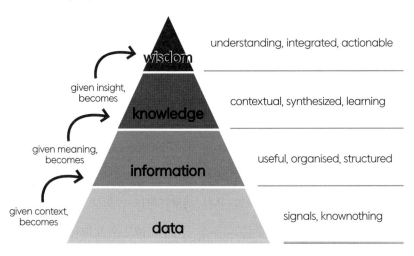

DIKW 피라미드의 구성 요소는 데이터Data, 정보Information, 지식Knowledge, 지혜Wisdom로 이루어져 있다. 데이터Data는 객관적인 사실로

서 다른 데이터와의 상호관계가 없는 가공하기 전의 순수한 수치나 기호이며, 특정 목적에 대하여 평가되지 않은 단순한 여러 사실이다. 정보Information 는 수집된 데이터를 가공·처리하여 데이터 간의 연관 관계와 함께 의미가 도출된 데이터를 패턴으로 정리되면 정보가 되어 특정 목적에 맞추어 사용할 수 있다. 지식Knowledge 은 획득한 다양한 정보를 구조화하여 유의미한 정보로 분류하고 일반화시킨 결과를 사용하여 의사결정이나 새로운 아이디어를 만들어 내는 등 실제 부가가치를 만들어 낼 수 있다. 지혜Wisdom 는 근본 원리에 대한 깊은 이해를 바탕으로 도출되는 창의적인 아이디어로 상황이나 맥락에 맞게 규칙을 적용하는 요소로서 지식을 얻고 이를 이해하고 응용하여 발전해 나가는 정신적인 능력을 의미한다.

DIKW 피라미드 요소

구분	주요 효과
데이터 (Data)	- 객관적인 사실로서 다른 데이터와의 상관관계가 없는 가공하기 전의 순수한 수치나 기호 - 아직 특정 목적에 맞게 평가되지 않은 상태의 여러 사실 - (例) A 마트 3,000원, B 마트 3,500원에 라면을 판매한다.
정보 (Information)	- 가공, 처리하여 데이터 간의 연관 관계와 함께 의미가 도출된 데이터 - 데이터가 의미 있는 패턴으로 정리되면 정보가 되며 특정 목적을 달성하는 데 필요한 정보가 생성 - (例) A 마트 라면의 가격이 더 싸다.
지식 (Knowledge)	- 획득한 다양한 정보를 구조화하여 유의미한 정보로 분류하고 일반화시킨 결과물 - 정보가 의사결정이나 창출에 이용되어 부가가치가 발생 - 동종의 정보가 집적되어 일반화된 형태로 정리된 것 - (例) 상대적으로 저렴한 A 마트에서 노트북을 사야겠다.

디지털 전환과 ICT 융합기술

지혜 (Wisdom)	– 근본 원리에 대한 깊은 이해를 바탕으로 도출되는 창의적인 아이디어로 상황이나 맥락에 맞게 규칙을 적용하는 요소 – 지식을 얻고 이해하고 응용하고 발전해 나가는 정신적인 능력 – 例) A 마트의 다른 상품들도 B 마트보다 저렴할 것으로 판단

또한, 기존 데이터와 빅데이터와의 차이점을 보면 기존 데이터는 정형화된 구조인 데 반하여 빅데이터는 비정형화된 동영상, 사진 데이터 등이 대부분을 차지하고 있으며, 데이터의 처리 및 분석 과정에서도 기존 데이터는 정형화되고 원인과 결과 규명의 중심이었다면 빅데이터는 비정형화된 것이 많아 처리 복잡도가 매우 높아지고 상관관계의 규명이 중심의 분석을 지향하고 있다.

기존 데이터와 빅데이터의 비교

구분	기존 데이터	빅데이터
데이터양	테라바이트 수준	– 페타바이트 수준 (최소 100테라바이트 이상)
데이터 유형	정형 데이터 중심	– 정형 데이터 외에도 소셜 미디어 데이터 동영상, 사진, 대화 내용, 검색어 통계 등 비정형 데이터 비중이 높음
프로세스 및 기술	– 처리, 분석 과정이 정형화 – 원인, 결과 규명 중심	– 다양한 데이터 소스, 복잡한 로직 처리 등 처리 복잡도가 매우 높음 – 상관관계 규명 중심

출처 배농빈 능 3명, 2013 「빅데이터 동향 및 정책시사점」 방송통신정책 제25권 10호, 통권 555호, 정보통신정책연구원

4. 빅데이터의 처리 과정과 기술

빅데이터의 생성과정은 데이터의 생성과 수집, 저장, 처리 및 분석과 분석된 내용을 보여주는 표현의 방법 순으로 볼 수 있다. 빅데이터는 수집하는 데이터 소스가 어느 곳에서 수집하느냐에 따라 내부 데이터, 외부 데이터로 구분되며, 수집 방법에 따라서 수동과 자동으로 분리하여 수집된다. 즉 수집하는 소스가 일반 데이터베이스인지 아니면 인터넷과 연결된 파일인지 등의 여부로 판단한다. 로그 수집기나 센싱을 통한 방법이라면 자동 수집이 되는 것이다. 저장 방법은 정형 데이터인지 비정형 데이터인지에 따라 저장 방법이 다르고 처리방식에서도 일괄 처리 방식, 실시간이나 배치 방식과 분산 병렬 처리 방식이 있다. 또한, 데이터의 분석 과정은 적당한 포맷으로 데이터 전처리 과정을 거쳐서 중요한 개념과 용어를 텍스트 마이닝으로 추출하여 추출된 개념과 용어의 패턴을 분석하고 그 결과를 보고하는 것이 데이터 분석이다.

○ 빅데이터 처리 과정과 기술

디지털 전환과 ICT 융합기술

빅데이터 처리 과정별 기술 영역

과정	영역	개요
생성	내부 데이터	데이터베이스, 파일관리시스템
	외부 데이터	인터넷으로 연결된 파일, 멀티미디어, 스트림
수집	크롤링	검색엔진의 로봇을 사용한 데이터수집
	ETL	소스 데이터의 추출, 전송, 변환, 적재
저장	NoSQL	비정형 데이터 관리
	스토리지	빅데이터 저장
	서버	초경량 서버
처리	맵리듀스	데이터 추출
	프로세싱	다중업무처리
분석	NLP	자연어 처리
	기계학습	기계학습으로 데이터의 패턴 발견
	직렬화	데이터 간의 순서화
시각화	가시화	데이터를 도표나 그래픽으로 표현
	획득	데이터의 획득 및 재해석

1) 빅데이터수집

데이터 소스 생성과 수집 기술은 내부 데이터와 외부 데이터의 수집으로 구분하며, 내부 데이터는 내부 파일 시스템, 데이터베이스 관리 시스템, 센서 등에서 발생하는 정형 데이터를 수집하는 과정이고, 외부 데이터는 인터넷과 연결된 외부에서 생성된 각종 비정형 데이터를 수집하는 과정이다. 수집하는 방법으로는 로그 수집기, 크롤링, 센싱, 오픈 API, RSS Rich Site Summary 리더와 ETL Extract, Transform, Load 등이 있다.

빅데이터 소스 생성과 수집 기술

방법	주요 내용
로그 수집기	내부에 있는 웹 서버의 로그를 수집, 웹 로그, 트랜젝션 로그, 클릭 로그, DB 로그 데이터 등 수집
크롤링	주로 웹 로봇으로 거미줄처럼 얽혀 있는 인터넷 링크를 따라 다니며 방문한 웹사이트의 웹 페이지나 소셜 데이터 등 인터넷에 공개된 데이터수집
센싱	각종 센서로 데이터수집
RSS리더/오픈API	데이터의 생산/공유/참여 환경인 웹 2.0을 구현하는 기술로 필요한 데이터를 프로그래밍으로 수집
ETL	데이터의 추출, 변환, 적재의 약자로 다양한 소스 데이터를 취합해 데이터를 추출하고 하나의 공통된 형식으로 변환하여 데이터 웨어하우스(DW)에 적재하는 과정 지원

2) 빅데이터 저장 기술

빅데이터의 저장 기술로는 분산파일 시스템, NoSQL, 병렬DBMS, 네트워크 구성 저장 시스템이 있다. 분산파일 시스템은 저장되는 데이터에 대해 종속적이지 않아 스키마가 없는 데이터 저장소를 지원한다. 일반적으로 분산파일 시스템 저장 장치는 복제를 통해 데이터를 여러 위치에 복사하여 중복성 및 높은 가용성을 제공한다. 분산파일 시스템으로 구현되는 저장 장치는 반정형 데이터 및 비정형 데이터와 같은 관계가 없는non-relational 대형 데이터 세트를 저장할 수 있는 간단하고 접근이 빠른 데이터 저장을 제공하고, 동시성 제어를 위한 간단한 파일 잠금 메커니즘을 기반으로 하고 있으며, 빅데이터의 속도velocity 특성이라고 할 수 있는 빠른 읽기와 쓰기 기능을 제공할 수 있다.

NoSQL은 확장성 및 결함 포용성이 뛰어난 차세대 비관계형 데이터베이스를 개발하는 데 사용되는 기술로서 RDBMS의 복잡도와 용량 한계를 극복하기 위한 목적으로 생겨났으며, 페타바이트급의 대용량 데이터를 저장할 수 있다. 이것은 데이터베이스가 분산형 구조여서 데이터를 여러 대의 서버에 분산해 저장하며, 분산 시 데이터 상호 복제를 통하여 특정 서버에 장애 발생 시 데이터 유실이나 서비스 중지가 없도록 설계되어 있다.

빅데이터 저장 기술

구분	주요 내용	제품
분산파일 시스템	컴퓨터 네트워크로 공유하는 여러 호스트 컴퓨터 파일에 접근할 수 있는 파일 시스템	– GFS(Google File System) – HDFS(Hadoop Distributed File System) – 아마존 S3 파일 시스템
NoSQL	데이터 모델을 단순화해서 관계형 데이터 모델과 SQL을 사용하지 않는 모든 DBMS 또는 데이터 저장 장치	– Clouddata – Hbase – Casandra
병렬 DBMS	다수의 마이크로프로세서를 사용하여 여러 디스크의 질의, 갱신, 입출력 등 데이터베이스 처리를 동시에 수행하는 데이터베이스 시스템	– VoltDB – SAP HANA – Vertica – Greenplum – Netezza
네트워크 구성 저장 시스템	다른 종류의 데이터 저장 장치를 하나의 데이터 서버에 연결하여 총괄적으로 데이터를 저장 및 관리	– SAN(StorageArea Network) – NAS(Network Attached Storage)

또한, 효율적인 빅데이터 관리 및 활용을 위해서는 다음과 같은 빅

데이터를 저장하기 위한 요소들의 고려가 필요하다.

① 비용의 문제이다. 저장 단가를 절감할 방안 검토가 필요하다. ② 데이터의 저장과 인출 속도를 고려한 성능을 확보해야 한다. ③ 저장하는 데이터의 신뢰도와 안정성의 문제이다. 저장 중 데이터의 훼손이 일어나 보안상의 문제점들이 없어야 한다. ④ 확장성의 고려이다. 저장 공간이 늘어나게 되면 보관 공간에 대한 확장이 편리해야 한다. ⑤ 기존의 시스템과 빅데이터 저장 시스템 전반에 걸쳐 콘텐츠 인덱스 유지 관리, 데이터 스키마 및 구조에 상관없이 검색, 수집, 저장, 편집이 자유롭도록 환경을 구축해야 한다. 이러한 요소들을 검토하고 저장 공간의 확보를 통하여 언제, 어디서나 데이터를 손쉽게 저장하고 검색하면서 가공 등의 업무가 가능하여야 한다.

3) 빅데이터 처리기술

빅데이터 처리기술은 빅데이터 일괄처리, 실시간 처리 그리고 프로그래밍 지원 기술이 있다. 빅데이터 일괄처리기술은 빅데이터를 여러 서버로 분산하여 각 서버에 나누어 처리하고 이를 다시 모아서 결과를 정리하는 분산·병렬기술 방식이다. 이 기술 방식은 다수의 독립된 컴퓨팅 자원을 네트워크상에 연결하여 이를 제어하는 미들웨어를 이용해 하나의 시스템으로 동작하게 하는 기술이다. 빅데이터의 실시간 처리기술은 대용량 스트림 데이터를 실시간으로 처리하는 것이다.

빅데이터 처리기술

용어	주요 내용
빅데이터 일괄 처리기술	빅데이터를 여러 서버로 분산하여 각 서버에 나누어 처리하고 이를 다시 모아서 결과를 정리하는 분산/병렬기술 방식
빅데이터	구글 맵리듀스, 하둡맵리듀스, 마이크로소프트 드라이애드(Dryad) 등이 있음
실시간 처리기술	스트림 처리기술로 강화된 스트림 컴퓨팅을 지원하는 IBM의 InfoSphereStreams, 분산 환경에서 스트리밍 데이터를 분석할 수 있게 해주는 트위터의 스톰(Storm)
빅데이터 처리 프로그래밍 지원기술	분산 데이터를 처리하는 프로그래밍 언어인 구글의 소젤(Sawzall)과 병렬 처리를 하는 고성능 데이터- 플로우 언어와 실행 프레임워크인 하둡Pig

빅데이터의 처리 프로그래밍 지원 기술은 분산 처리 환경에서 대용량 데이터 처리 및 분석을 지원하는 오픈소스 소프트웨어 프레임워크인 하둡Hadoop이 대표적 솔루션이다. 기타 아파치 스파크, 맵리듀스 등 여러 가지 솔루션이 있다.

빅데이터 처리 솔루션

용어	주요 내용
Casandra	- 분산시스템에서 대용량 데이터를 처리할 수 있도록 설계된 오픈소스 데이터베이스 관리 시스템 - 페이스북이 개발했으며 현재는 아파치 소프트웨어 재단에서 한 프로젝트로 관리

Hadoop	- 분산시스템에서 대용량 데이터 처리 분석을 지원하는 오픈소스 소프트웨어 프레임워크 - 구글이 개발한 맵리듀스를 오픈소스로 구현한 결과물 - 야후에서 최초 개발, 현재는 아파치 소프트웨어 재단에서 한 프로젝트로 관리 - 주요 구성 요소로는 하둡분산 파일 시스템인 HDFS와 분산 컬럼 기반 데이터베이스인 Hbase, 분산 컴퓨팅 지원 프레임워크인 맵리듀스포함
Hbase	- 구글이 빅테이블을 참고로 개발한 오픈소스 분산 비관계형 데이터베이스 - 파워셋에서 개발하였고 현재는 아파치 소프트웨어 재단의 한 프로젝트로 관리
MapReduce	- 분산시스템에서 대용량 데이터 세트를 처리하려고 구글이 제안한 소프트웨어 프레임워크 - 하둡에서도 구현
NoSQL	- Not-onlySQL 또는 NoSQL을 의미 - 전통적인 관계형 데이터베이스와 다르게 설계된 비관계형 데이터베이스 - 대표적인 NoSQL 솔루션으로 Casandra, Hbase, MongoDB 등이 있음

4) 빅데이터 분석 기술

빅데이터 분석 방법은 탐구요인 분석, 확인 요인 분석으로 구분하고 탐구 요인 분석은 데이터 간 상호관계를 파악하여 데이터를 분석하는 방법이며, 확인 요인 분석은 관찰된 변수들의 집합 요소 구조를 파악하기 위한 통계적 기법을 통해 데이터를 분석하는 방법이다.

디지털 전환과 ICT 융합기술

빅데이터 분석 기술

용어	주요 내용
텍스트 마이닝	– 자연어 처리기술로 인간의 언어로 쓰인 비정형 텍스트에서 유용한 정보를 추출하거나 다른 데이터와의 연계성을 파악하며, 분류나 군집 등 빅데이터에 숨겨진 의미 있는 정보를 발견하는 것
웹 마이닝	– 인터넷에서 수집한 정보를 데이터 마이닝 기법으로 분석하는 것
오피니언 마이닝	– 다양한 온라인 뉴스와 소셜미디어 코멘트, 사용자가 만든 콘텐츠에서 표현된 의견을 추출, 분류, 이해하고 자산화하는 컴퓨팅 기술 – 텍스트 속의 감성과 감동, 감정 상태를 식별하려고 감성 분석 사용 – 마케팅에서는 버즈(BUZZ) 분석이라고 함
리얼리티 마이닝	– 휴대폰 등 기기를 사용하여 인간관계와 행동 양태 등을 추론하는 것 – 통화량, 통화위치 및 상태, 대상, 내용 등을 분석하여 사용자의 인간관계, 행동 특성 등 정보를 찾아내는 것
소셜 네트워크 분석	– 수학의 그래프 이론을 바탕 소셜네트워크 서비스에서 소셜네트워크 연결 구조와 연결 간도를 분석하여 사용자의 명성 및 영향력을 측정하는 것
분류	– 미리 알려진 클래스들로 구분되는 훈련 데이터군을 학습시켜 새로 추가되는 데이터가 속할만한 데이터군을 찾는 지도 학습 방법 – 가장 대표적인 방법으로 KNN(K-Nearest Neighbor)이 있음
군집화	– 특성이 비슷한 데이터를 합쳐 군(Group)으로 분류하는 학습 방법 – 분류와 달리 훈련 데이터군을 이용하지 않기 때문에 비지도 학습(Unsupervised Learning) 방법 – 트위터에서 주로 사진/카메라를 논의하는 사용자 군과 게임에 관심 있는 사용자군 등 관심사나 취미에 따라 분류
기계학습	– 인공지능 분야에서 인간의 학습을 모델링 한 것 – 컴퓨터가 학습할 수 있도록 하는 알고리즘과 기술을 개발하여 수신한 이메일의 스팸 여부를 판난할 수 있노록 훈련 – 결정 트리(Decision Tree) 등 기호적 학습, 신경망이나 유전자알고리즘 등 비기호적 학습, 베이지안(Bayesian)이나 은닉 마코프(Hidden Makov) 등 확률적 학습 등 다양한 기법이 있음

감성 분석	- 문장의 의미를 파악하여 글의 내용에 긍정/부정, 좋은/나쁨을 분류하거나 만족/불만족 강도를 지수화하여 지수를 활용 고객의 감성 트랜드를 시계열적으로 분석하고 고객 감성 변화에 기업의 신속한 대응 및 부정적인 의견의 확산을 방지하는 데 활용

5) 빅데이터의 표현 기술

빅데이터의 분석 결과를 직관적으로 표현하는 방법은 시각화이다. 시각화는 도표나 그래프를 활용한 분석 결과의 표현과 버튼을 활용한 변숫값 조정 등의 기능들을 포함하고 있어야 하며, 중요한 것은 분석 시나리오에 따라 관련 분석 정보들을 순차적으로 확인할 수 있거나 동시에 분석하는 '분석 경로'를 설계하여 시각화에 반영할 필요가 있다.

시각화 기술로는 시간 시각화, 분포 시각화, 관계 시각화, 비교 시각화, 공간 시각화, 인포그래픽 기술 등이 있다. 시간 시각화는 분절형과 연속형의 두 가지로 구분할 수 있고, 분절형의 데이터는 특정 시점 또는 특정 시간의 구간 값어떤 시험의 평균 통과율을 막대그래프, 누적 막대그래프, 점 그래프 등으로 표현하는 것이며, 연속형은 기온 변화와 같이 지속적으로 변화하는 값, 시계열 그래프, 계단식 그래프, LOESS 곡선 추정 등으로 표현할 수 있다. 분포 시각화는 전체 분포와 시간에 따른 분포로 표현할 수 있는데 전체 분포는 최대, 최소, 전체 분포를 나타내는 그래프로 파리차트, 도넛 차트, 누적 막대 그래프 등으로 표현하며, 시간에 따른 분포의 경우에는 시간에 따라 어떤 분포가 있었는지 나타내는 기술로 누적 연속 그래프, 누적 영역 그래프, 선 그래프 등으로 표현할 수 있다. 관계 시각화는 각기 다른 변수 사이에서 관계를 찾는 기술로 상관관계, 분포 비교로 구분한다. 비교 시각화는 여러 변수의 비교하는 히트 맵, 체르노프페이스, 스타 차트, 평행좌표 그래프, 다차원 척도법Multi-Dimensional Scaling, 아웃라이어Outlier 찾기 등이 있다.

○ 체르노프페이스　　　　　　　　○ 아웃라이어

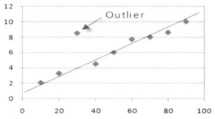

체르노프페이스는 다차원 통계 데이터를 얼굴로 이미지화한 차트이다. 아웃라이어는 평균치에서 크게 벗어나서 다른 대상들과 확연히 구분되는 표본을 통곗값으로 보여주는 것이다. 공간 시각화는 위치

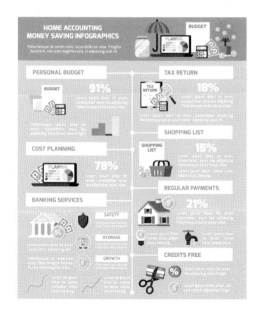

○ 인포그래픽

를 점이 찍힌 지도, 선을 그린 지도, 버블을 그린 지도 등으로 특정하고 색상으로 영역을 구분하고, 시간과 공간에 따라 작은 지도를 하나로 그려 패턴의 변화를 보여주는실업률변화 등 스몰 멀티플이나 애니메이션 확산 지도를 활용한다. 인포그래픽은 인포메이션Information과 그래픽 Graphic의 합성어로 다량의 정보를 차트, 지도, 다이어그램, 로고, 일러스트레이션 등을 활용하여 표현한다.

AI(인공지능) 기술

인공지능이란? 컴퓨터를 사용하여 인간의 지능을 모델링 하는 기술로서 인간과 같이 인식, 사고, 학습 활동 방법 등을 연구하는 분야이다. 컴퓨터를 통해 지능을 구현하는 기계 지능Machine Intelligence으로 컴퓨터가 언어를 인식하고, 스스로 학습하고, 인간의 감정을 이해하는 인간과 유사한 지능이 요구되는 기계장치를 만드는 기술이다. 컴퓨터 정보 용어 사전에 의하면 인공지능의 분야는 크게 세 가지로 나눌 수 있는데,

첫 번째로 정보의 인식에 관한 분야 그리고 두 번째로 지식의 체계화에 관한 분야와 마지막으로 학습에 관한 분야이다. 먼저 정보 인식 분야는 시각에 의한 2차원 패턴의 인식, 3차원 세계의 인식, 음성의 인식, 언어의 인식 등을 연구하는 것으로, 지식과 추론 규칙을 사용한 검색을 기반으로 이루어지며, 화상의 이해, 로봇 비전, 음성 이해, 자연 언어 이해의 분야로 이루어져 있고, 상호 간의 융합을 통하여 이루어진 음성 합성, 문장 생성, 로봇의 행동 계획 등, 생성과 행동에 관한 분야도 포함된다.

다음으로 지식의 체계화에서는 실제 사실로서의 지식을 어떤 방식으로 컴퓨터에 기억시키는가 하는 지식표현 문제, 추론 규칙으로서의 지식을 어떤 형식으로 구성하여, 입력되는 정보와 사실 지식에서 추론

규칙을 작용시켜서 원하는 결론을 얻느냐 하는 검색 문제, 그리고 정리 증명 등 주어진 문제를 푸는 순서를 발견하는 문제 해결 등을 다루는 분야이다. 시행착오적 검색이 중심이 되고 검색을 효율적으로 행하기 위해 절대 확실하지는 않지만, 대부분의 경우에 성립하는 휴리스틱한 지식을 사용한다.

마지막으로 학습에 관한 분야는 외부로부터 정보를 얻어서 사실 지식을 축적하여, 추론 규칙을 스스로 형성하는 방법을 명백히 밝히고, 더 나아가서는 몇 가지 지식의 구조가 그 어떤 의미에서 유사하다는 것을 추출해서 이들을 통합하는 메타 지식을 형성해 가는 방법을 연구하는 것으로 컴퓨터 상의 모델에 의한 심리학적 연구, 또는 인지과학에서의 인지 시스템의 연구로 간주할 수 있다.

인공지능의 연구는 컴퓨터의 탄생과 거의 같은 시기부터 시작되었다고 볼 수 있다. 1950년에 섀넌의 체스머신에 관한 논문, 1956년에 섀넌과 맥카시가 편집한 「오토머턴 연구」가 발표되었으며, 같은 해에 다트머스 대학에 모인 연구가들이 인공지능이라는 이름으로 인간의 지적 기능을 모방한 기계의 연구가 시작되었는데 인공지능의 명칭은 이 시기부터 생겨났다고 한다. 그 후 1960년대 전반에 걸쳐서 정리의 자동 증명, 게임 프로그램, 일반문제 해답자General Problem Solver와 같은 해답을 발명하는 프로그램, 수식의 미분, 적분, 인수분해 등을 자동으로 행하는 수식 처리 프로그램 등, 많은 지능적인 프로그램이 만들어졌다.

1. 인공지능의 진화 과정

인공지능을 사용하는 주요 목표는 인간의 지능 활동을 접목하는 것으로 지능적인 원리를 컴퓨터에 적용하고 현실 생활에 활용하는 것이다. 인공지능에 관한 연구는 앞에서도 언급했듯이 1950년 중반에 시작되었으며 인간처럼 생각하고, 판단하고, 학습하는 면에서 많은 발전을 이루었다. 초기에는 게임이나 문제 해결과 문자 인식 등에 국한하여 연구해 왔지만, 현재는 지식 처리 면에서도 많이 고도화되고 음성과 영상까지도 인식이 가능한 수준에 이르고 있다. 이러한 발전은 주로 소프트웨어 부분에서 이루어졌으며, 현시점에서는 인공지능을 구현하는 하드웨어 분야도 많은 발전을 이루고 있다. 지능형 로봇들이 대표적인 사례라 할 수 있는데 연주하는 로봇, 자율주행 로봇, 그리고 대표적으로 일본 소프트뱅크의 감성인식 로봇이라고 하는 페퍼의 개발이다. 이처럼 인공지능의 발전은 인간의 삶에 많은 영향을 미칠 것이다.

인공지능의 발전 역사는 1956년부터 7단계로 나누어서 볼 수 있다. 1단계는 인공지능의 준비기1943년~ 1956년로 1943년 Warren McCulloch과 Walter Pitts는 인간의 두뇌를 논리적 서술을 구현하는 이진 원소들의 결합으로 추측했는데, 이진 원소인 뉴런은 on이나 off 상태를 나타낸다. 또한, 1949년 도널드 올딩 헵은 뉴런의 작용이 학습과 같은 과정에 어떻게 작용하는가에 관한 연구를 진행하였으며 두 개의 뉴런 A, B가 서로 반복적이고 계속해서 점화firing하여 어느 한쪽 또는 양쪽 모두에 어떤 변화를 발생시킨다면 상호 간 점화의 효율이 점점 더 커진다고 하였다.

1950년 앨런 튜링은 기계가 인간과 대화 가능성을 제시하였고, 기계의 지능을 판별하는 튜링 테스트Turing test를 제안하였다. 튜링 테스트는 인간의 것과 동등하거나 구별할 수 없는 지능적인 행동을 보여주는 기계의 능력에 대한 테스트다. 튜링은 인간 평가자가 인간과 같은 반응을 하도록 설계된 기계 사이의 자연 언어 대화를 판단하는 것을 제안하였다.

평가자는 대화의 두 파트너 중 한 명이 기계라는 것을 알고 모든 참가자는 서로 분리되는 것이다. 대화는 컴퓨터 키보드와 화면과 같은 텍스트 전용 채널로 제한되어 그 결과는 단어를 연설로 렌더링하는 기계의 능력에 좌우되지 않을 것이다.* 평가자가 기계와 인간을 확실하게 구분할 수 없는 경우, 그 기계는 시험에 합격했다고 볼 수 있다. 시험 결과는 기계의 질문에 대한 정답을 제시하는 능력을 평가하는 것이 아니라, 기계가 제시하는 답이 얼마나 인간다운 대답인지를 평가하는 것이다. 이 시기에 인공지능에 대하여 실질적인 정의가 이루어지고 기계의 지능을 판별하는 방법이 제시되었다.

2단계로는 인공지능의 요람기라고 할 수 있는 시기로 1956년부터 1974년까지의 기간이다. 인공지능은 1956년 미국 다트머스 대학의 하계 워크숍에서 시작하여 수학자, 생물학자, 심리학자 등 10명이 모여 인공지능의 개념을 정의하였다. 존 매카시가 인공지능 명칭을 제안하였고 컴퓨터를 통한 인공지능 연구에 대해서 새롭게 의견을 나누기로

* Turing originally suggested a teleprinter, one of the few text-only communication systems available in 1950. 「Turing 1950」, 433쪽

디지털 전환과 ICT 융합기술

하였다. 초기에는 간단한 게임이나 수학적인 정리를 증명하는 실험적인 성격이 강하였으나, 1957년 로젠블럿이 '마크 I 퍼셉트론perceptron'이라는 신경망 모델을 개발하였고 퍼셉트론 알고리즘은 하드웨어로 구현된 최초의 인공 신경망이었다. 1962년에 존 매카시가 최초의 인공지능 프로그래밍 언어인 Lisp를 개발하였는데 리스프 설계는 존 매카시가 1960년에 쓴 논문 「Recursive Functions of Symbolic Expressions and Their Computation by Machine기호로 나타낸 재귀 함수와 기계를 이용한 계산, CACM에 발표」에서 밝힌 이론에 바탕을 두고 있으며, 리스프Lisp란 이름은 LISt Processing리스트 처리란 말의 줄임말이다.

1965년에는 최초로 전문가 시스템인 DENDRAL이 개발되었다. DENDRAL은 최초의 실용적인 인공지능으로 1965년 스탠퍼드 대학교의 에드워드 파이겐비움Edward Feigenbaum등이 개발하기 시작한 인공지능 프로젝트로서 알려지지 않은 유기화합물에 질량 분석법을 적용해 화합물의 구조를 파악해서 분석하는 것으로 원래 화학자가 할 일을 자동화한 세계 최초의 전문가 시스템으로 Dendral 구성은 두 가지로 구분할 수 있다. 휴리스틱경험적 분석을 실행하는 Heuristic-Dendral 과 분자 결합 구조와 질량 스펙트럼 세트를 지식 기반에 등록해 두고 Heuristic-Dendral에 피드백하는 Meta-Dendral로 나눌 수 있다.

1966년에는 ELIZA 프로그램이 개발되었으며, ELIZA는 초기의 자연 언어 처리 컴퓨터 프로그램으로 MIT 인공지능 연구소의 조지프 와이젠바움Joseph Weisenbaum이 1964년부터 1966년까지 3년여에 걸쳐서 개발하였다. 프로그램은 간단한 대화형으로 되어 있으며, 가장 유명한 스크립트는 'DOCTOR'라고 불리는 것으로, 사용자는 의사 ELIZA 를 찾아온 환자 역할로 설정되어 프로그램이 간단한 질문에 답하고 묻기도 한다. 1969년 마빈 민스키 교수와 페퍼트가 『퍼셉트론즈』라는 책을 출판하였다. '인공지능의 아버지'라고 불리는 민스키 교수는 인공지능을 '사람의 지능이 필요한 일을 기계가 하도록 만드는 과학'이라고 정의했고, '인간은 생각하는 기계'라는 철학으로 인공지능을 연구했는데 인간이 생각하는 기계라면 이를 실제 기계가 할 수 있도록 프로그램을 만들어 내는 것이 가능하다고 생각했다. 또한 『퍼셉트론즈』라는 책을 통하여 퍼셉트론의 한계점을 지적하고 이론적으로 증명하고 다층 퍼셉트론을 제시하였지만, 적절한 해결 방안을 제시하지 못하였고 인공 신경망 연구는 그 후 약 20년간 침체기를 맞이하였다.

제3단계는 인공지능의 첫 번째 침체기1974년~1980년이다. 1958년 사이먼과 뉴웰은 '인공지능이 10년 안에 체스 게임 세계 챔피언'이 될 것이라 하였고, 1970년 민스키는 '8년 이내에 인간 지능의 기계가 만들어질 것이다'라는 인공지능 연구에 대한 지나친 낙관과 기대에 대한 실망감으로 인공지능 연구는 1974년부터 어려움에 봉착하게 되어, 인공지능의 연구 방향이 전문가 시스템으로의 방향 전환을 가져오게 되었다.

제4단계는 인공지능의 발전기1980년~1987년로 1980년대부터 인공지능계 최대 화두는 신경망의 부활이었다. 사라졌던 '단층 퍼셉트론' 모델이 '다층 퍼셉트론'으로 화려하게 부활했으며, 러멜하트Rumelhart 등의 PDPParallel Distributed Processing 그룹에 의해 신경망에 존재하는 가중치들을 어떻게 업데이트할지 결정하기 위해 epoch/batch사건 내역 일괄적 처리마다 출력층에서 입력층 방향역방향으로 미분 값을 계산하고 가중치를 업데이트하여 신경망을 학습하는 역전파Back Propagation of error 알고리

디지털 전환과 ICT 융합기술

즘을 제안하였으며, 신경망은 패턴Pattern 인식을 통해 문자, 인식, 영상 등의 인식률 향상에 많은 역할을 했다.

제5단계는 인공지능의 두 번째의 침체기1987년~1993년로 1987년부터 인공지능 연구는 두 번째 침체기를 맞이하게 되는데 다층 신경망의 성능과 느린 컴퓨터의 속도로 신경망 연구가 정체되었다. 인공지능 연구가 새로운 시대의 대안이 아니라는 불신과 함께 미국에서는 300개 이상의 상업용 인공지능 관련 회사가 사라지고 미국 국방성 등 인공지능 연구 기금의 대폭 축소 등으로 침체기를 맞이하게 되었다.

제6단계는 인공지능의 안정기1993년~2011년로 1990년대에 들어 지능을 가진 인공물 구현을 목표로 하는 지능형 에이전트Intelligent Agent연구가 시작되었다. 또한, 머신러닝이 인공지능 연구에 도입되었고, 1997년 IBM 딥블루Deep Blue가 체스 세계 챔피언인 러시아의 게리 카스파로프라에게 승리하면서 많은 사람이 인공지능이 곧 실현될 것 같은 지배적인 분위기가 만들어졌다. 2004년 딥러닝의 아버지라 불리는 제프리 힌튼Geoffrey Everest Hinton 교수가 딥러닝 기반의 학습 알고리즘을 제안하고, 딥러닝은 사진, 동영상, 음성정보를 분류하는 분야에 많이 활용되었다. 2011년 IBM의 왓슨Watson이 미국의 유명한 TV 퀴즈쇼 Jeopardy에서 무려 74회 우승 경력을 가진 켄 제닝스와 사상 최고 누적 상금 기록을 가진 브레드 리터를 모두 제치고 우승을 하였다.

그리고 2011년 이후 이후부터 현재까지는 인공지능의 부흥기라 할 수 있다. 2012년 구글의 앤드류 응Ng 교수와 함께 심층신경망Deep Neural Network을 구현하고, 1만6천 개의 컴퓨터로 무려 10억 개 이상의 신경망을 구성하여 유튜브에 등록된 동영상에서 심층신경망의 고양이 영상인식에 성공하고 2014년 페이스북은 '딥 페이스'라는 얼굴 인식 알고리즘을 개발하였다.

2. 인공지능의 발전 배경

인공지능 기술이 빠르게 발전할 수 있었던 것은 몇 가지의 배경이 존재한다. 첫 번째로 데이터의 폭발적인 증가이다. 데이터를 통해서 배우고 반복적인 학습을 통하여 스스로 상황을 이해하면서 진행해야 할 방향을 스스로 찾아갈 수 있는데, 이것은 빅데이터를 기반으로 인공지능 알고리즘을 통하여 가능한 것이다. 최근 1년간 발생한 데이터의 양이 과거 100년 동안 생성된 양보다도 많다. 이는 기본적으로 산업혁명을 통한 인간의 삶이 복잡하고 다양하게 변화되면서 데이터의 흐름이 작은 신호에서 문자 그리고 사진, 동영상 등 데이터의 양이 늘어나고 크기가 커지면서 데이터를 상호 교환하고 축적할 수 있는 인프라의 구축을 통하여 가능하게 되었다. 미국의 IT 마켓 리서치 회사인 IDC International Data Corporation에서는 2025년까지 63 제타바이트1조 기가바이트/제타바이트의 데이터가 생성될 것으로 전망했다.

2016년 Dell의 최고 경영자는 '데이터를 지배하는 자가 미래를 지배한다'라고 할 정도로 데이터의 중요성을 강조하였다. 또한, 케빈 켈리는 인공지능의 혜택을 보는 순서는 데이터를 많이 보유한 순서로 이루어질 것이라 했으며, 인공지능이 산업에 미치는 영향력도 데이터 축적량과 비례하게 될 것이라 하였다. 현재 데이터 집약산업이라고 할 수 있는 금융계와 의료계가 인공지능의 영향을 많이 받을 것이며 현재에도 많은 데이터를 생성하고 있다.

보험회사인 AXA에서는 머신러닝과 신경네트워크 모델을 사용하여 고객이 사고를 일으킬 확률을 예측하는 기술을 개발하여 운전자의 운전 습관 등을 고려하고 보험료 산정 시 분석 내용을 적용하여 보험료를 산출하는 데 인공지능을 사용하고 있다. 또한, 의료계도 마찬가지로 환자의 진료 데이터 등을 보유하고 인공지능을 통한 의료 서비스를 진행하고 있다. 대표적인 사례로는 IBM의 왓슨Watson 헬스케어 솔루션을 들 수 있다. 패턴 인식 기반의 기술을 이용해 이미지를 정확하게 판독하여 암 진단에서 대장암 98%, 방광암 91%, 췌장암 94% 진단하고 자궁경부암의 경우 100% 정확하게 진단하였다. 이러한 인공지능의 활용으로 암으로 인한 사망률과 치료비용의 절감 효과를 가져왔으며, 20%에 이르던 암 오진율을 현저히 낮출 수 있었다.

두 번째로는 알고리즘의 발전이다. 알고리즘은 주어진 문제를 풀기 위한 절차나 방법을 공식화하여 표현한 것으로 컴퓨터 프로그램을 설명한다면 실행 명령어들을 실행하기 위한 단계적 절차이다. 아랍의 수학자인 알고리즈미Al-Khowarizmi의 이름에서 유래하였다. 알고리즘에서 가장 중요한 것은 효율성이라고 할 수 있는데 동일한 문제를 해결하는 데 있어 결과는 같아도 해결 방법에 따라 실행속도나 오차·오류 등에 차이가 있을 수 있기 때문이다. 알고리즘을 통하여 지속적인 학습을 진행하고 이를 수행하기 위해서는 데이터라는 재료를 통하여 인공지능의 성장이 가능한 것이다.

아마존 알렉사의 소통 능력, 예측 배송을 통한 유통혁명, 자율주행 등의 발전 등은 모두 알고리즘의 발전으로 이루어졌다고 할 수 있다. 최근 들어서는 딥러닝 알고리즘의 발전으로 예측의 정확성이 비약적으로 향상되었고, 대용량 데이터를 기반으로 머신러닝 및 딥러닝 설계를 자동화하는 메타러닝Meta Learning 기술은 인공지능 학습 기능의 최적화를 주도하는 주요 기술로 부각 되고 있으며, 인공지능은 강화학습 단계로 진입하면서 스스로 시행착오와 반복 학습을 진행하면서 발전하고 있다.

세 번째는 컴퓨팅 능력의 향상이다. 컴퓨팅 기술은 자가촉매적 발전 구조를 따르는데 이는 한 기술이 다른 기술의 발전을 촉진하며 각각의 기술 단계가 다음 기술을 더 빠르게 발전할 수 있도록 하는 것이다. 대용량의 연산처리를 가능하게 하는 그래픽 프로세서Grahic Processor Unit, GPU의 발전은 인공지능 알고리즘이 대용량의 데이터를 학습하고 해석하는 능력을 향상하면서, 하드웨어 기술이 인공지능 기술을 발전시키고, 인공지능 기술은 효율적으로 연산할 수 있는 길로 하드웨어 기술을 향상시켜 가고 있다. 클라우드 컴퓨팅과 데이터 저장 기술, 사물인터넷 기술의 결합 등으로 다양한 기술이 상호보완적으로 발전하면서 시너지 효과를 내고 있다.

3. 인공지능의 수준별 분류

인공지능의 관련 이론과 기술 수준은 빠른 속도로 발전하고 있다. 초기의 인공지능은 인간의 지능을 흉내 내는 수준이었으나 점차 인간

디지털 전환과 ICT 융합기술

의 지능과 같거나 그 이상을 갖춘 인공지능 기술을 목표로 발전하고 있다. 심지어 자아의식까지도 가진 강력한 인공지능을 추구하고 있기도 하다. 1980년 미국의 존 설Searl 교수가 최초로 인공지능을 수준에 따라 강한 인공지능strong AI과 약한 인공지능weak AI으로 분류하였다. 이와 다르게 인공지능의 수준을 3가지로 분류하기도 하는데 좁은 인공지능, 일반 인공지능 그리고 슈퍼 인공지능으로 구분한다.

강한 인공지능은 고차원적인 사고 능력을 갖추고 어떤 문제를 실제로 해결할 수 있는 인공지능으로, 지각력과 스스로 인식하는 능력을 갖춘 것을 의미하고, 약한 인공지능은 학습을 통해 지능을 특정 분야로 한정 지을 수 있어 특정 문제를 인간처럼 풀 수 있는 정도의 수준을 의미하는데 가장 좋은 사례로는 체스를 두는 인공지능이다. 현재는 약한 인공지능을 실생활에 적용하는 기술 개발이 주류를 이루고 있고, 강한 인공지능을 추구하고 있지만, 이를 달성하기 위해서는 많은 시간과 비용의 투자가 필요하며 현재까지도 강한 인공지능의 목표에 도달하지 못한 상태이다. IBM의 왓슨, 구글의 알파고와 같은 인공지능이 개발되었으나 실제 활용되는 서비스는 자율주행자동차, 가상 개인 비서, 기후 예측, 무인항공기 등 지식서비스 형태의 약한 인공지능 수준에 머물고 있다. 옥스퍼드 대학의 인류 미래 소장인 닉 보스트롬에 따르면, 인간 수준의 강한 인공지능을 구현하기 위해서는 앞으로 30~40년 후에야 가능하다고 하였다.

첫 번째로 약한 인공지능은 특정 분야 내에서 인간의 지능을 흉내 내는 지능적인 활동으로 사진에서 물체를 찾거나 소리를 듣고 상황을 파악하는 것과 같이 기존에 인간이 쉽게 해결할 수 있으나 컴퓨터로 처리하기에는 어려웠던 각종 문제를 컴퓨터로 수행할 수 있도록 하는 것에 중점을 두고 있다. 막연한 인간의 지능을 목표로 하기보다는 더 현실적으로 실용적인 목표를 가지고 개발되고 있는 인공지능이라고 할 수 있다. 지능을 가졌다고 하기보다는 특정한 문제를 해결하는 도구로의 역할을 하는 것이다. 컴퓨터는 인간과 비교하면 압도적인 계산속도, 기억 능력, 정확성, 근면성 등의 장점이 있지만, 물체 인식, 음성 인식, 문자 인식 등 인간의 오감을 활용하는 모든 행위에 대해서는 컴퓨터가 처리하기에는 한계가 존재하고 있다. 현재까지 인간이 만들어 낸 인공지능이라고 불리는 것들은 거의 약한 인공지능이라고 볼 수 있다. 즉 지금까지의 개발된 물건들은 미리 정의된 알고리즘, 많은 양의 데이터를 기반으로 비교적 지능적으로 보이는 행동이나 결정을 할 수 있게끔 구현한 수준으로, 인공지능이 스스로 규칙을 찾아내서 문제를 해결할 수 있어도 왜 그렇게 해결했는지에 대한 것은 알 수가 없으며, 제한된 범위에서만 문제를 해결할 수 있을 뿐이다.

약한 인공지능의 활용 사례로는 IBM 왓슨Watson이 미국의 퀴즈대회에서 인간 챔피언에게 승리하였고, 의료계에서는 암 진단의 획기적인 성과를 마련해 내었다. 또한, 프로 기사보다 바둑을 잘 두는 구글의 알파고AlphaGo도 결국, '바둑 두기'라는 인간 능력의 극히 일부를 흉내 냈을 뿐이며 학습 범위와 활용도가 대단히 제한적이라서 장기를 두게 할 수도 없고 바둑의 룰Rule을 조금이라도 변경하면 이에 적응하지 못한다. 결국, 알파고의 능력도 인간이 설계한 범위 이상으로 발전하지 못한다는 한계가 있는 것이다. 그러나 이처럼 다양한 활용 측면에서 강한 인공지능에 접근해 가고 있다고 볼 수 있다. 하지만 현재의 약한 인공지능도 자신이 할 수 있는 기능으로는 이미 인간의 능력을 초월하고 있는 부분도 상당 부분 존재하고 있으나 인간의 지능을 모방하는 차원이지 자아의식이나 감정 등과 관련한 인식과 문제 해결 능력을 지닌 것은 아니다.

강한 인공지능이란 약한 인공지능Weak AI에 대비되는 의미로 만들어진 용어로, 약한 인공지능은 어떤 특정한 한 가지 분야의 주어진 일을 인간의 지시에 따라 수행하는 인공지능을 의미하는데 이러한 약한 인공지능의 제한된 기능을 극복한 더 발전된 인공지능이 바로 강한 인공지능이다. 즉 인간 수준으로 다양한 일을 할 수 있다는 것이다. 인간과 같이 생각하고, 판단하며, 상황을 이해하는 SF 영화에서의 미래 지향적인 인공지능 수준이라 하겠다. 하지만 단순히 인간과 비슷한 수준의 일을 할 수 있게 되었다고 해도 강한 인공지능을 실현하기 위해서는 많은 장벽이 존재하고 있는데, 그 가운데서도 인간의 의식이나 마음, 생각이 어떤 과정을 통하여 어떻게 발생하는지 알 수 없는 영역이 너무 많기 때문이다.

현재의 강한 인공지능 연구라는 것은 이론을 기반으로 만들어지는 것이 아니라 뇌의 동작 방식을 직접 연구하거나 시뮬레이션을 목표로 연구가 진행되고 있다. 어떤 방법이건 가까운 시일 내에 결과물을 보기 어렵다는 것은 확실하다. 결론적으로 인간의 지성이라는 것이 어떻게 구성되고 만들어지는가에 대한 의문이 풀어지지 않는 이상 진정한 인공지능으로 가는 길은 쉽지 않다.

약한 인공지능과 강한 인공지능 비교

약한 인공지능	강한 인공지능
특정 분야에서만 활용 가능	다양한 분야에서 활용 가능
인간의 지능을 흉내 내는 수준	인간과 유사하거나 지능 수준이 높음
인간 두뇌의 제한된 일부 기능	인간 두뇌와 같은 기능
현재의 인공지능 수준	미래지향적 인공지능 수준
제작자나 소유주가 책임	인공지능 자체가 책임
지능적인 것처럼 행동	실제 지능적인 행동
시리, 알파고, 전문가 시스템 등	공상소설, SF영화에 등장
느낌이나 감정이 없음	자아의식과 감정이 존재
특정 분야(체스, 퀴즈, 바둑 등) 인간 능가	인간이 하는 모든 분야로 예측 어려움

인공지능의 다른 분류 기준인 좁은 인공지능, 일반 인공지능 그리고 슈퍼 인공지능으로 분류하는 것이다. 좁은 인공지능은 한 가지 업무에 특화된 인공지능으로 체스, 바둑, 또는 일기예보 등 특정 분야에 국한된 인공지능으로 일기예보 인공지능이 체스를 할 수 없는 것과 같은 것이다. 주요 응용 시스템으로는 체스의 딥블루, 퀴즈의 왓슨, 그리고 얼굴 인식, 알파고, 자율자동차, 애플의 시리 등이 있다. 일반 인공지능은 인간 수준의 인공지능으로 모든 분야에 적용될 수 있는 인공지능이다. 생각하는 능력, 사회적인 능력, 창의적인 능력도 보유하고 있으며, 인간의 학습 수준 또는 그 이상으로 학습도 가능하다. 단순 응용의 수준을 넘어 일반화에 초점을 두고 있는 인공지능 기술이다. 슈퍼 인공지능은 인간의 지능보다 뛰어난 인공지능으로 모든 면에서 인간보다 훨씬 뛰어난 지능을 가진 인공지능이라 할 수 있다. 과학적 창의력, 일반적인 지

혜, 사회적 능력 등을 가고 있으며, 〈어벤저스〉, 〈매트릭스〉 등 SF 영화 속에서만 존재하고 있다. 하지만 이것이 현실화되면 영화에서처럼 뛰어난 지능과 능력으로 인간을 지배하려 할 가능성도 있다.

좁은·일반·슈퍼 인공지능 비교

구분	좁은 인공지능	일반 인공지능	슈퍼 인공지능
특징	특정한 영역에 국한	인간의 두뇌와 대등	인간보다 지능 높다
구현 시기	현재	2045년까지	2060년 이후
응용 분야	체스, 바둑, 퀴즈 등	다양하게 활용	공상소설, SF영화
지능 수준	인간을 흉내	인간과 유사한 지능	인간을 뛰어넘음
대응 분류	약한 인공지능	강한 인공지능	강한 인공지능

4. 인공지능의 5가지 특징 및 장점

인공지능은 시간이 지날수록 우리 생활에서 차지하는 비중이 높아지고 있다. 각종 비즈니스 부문에서도 인공지능이 도입되고 있으며, 앞으로도 인공지능의 역할은 기하급수적으로 증가할 것이다. 빠르게 변화하는 사회 환경은 인간이 처리하기 어려운 부분을 중심으로 인공지능으로 대체될 것이다. 인공지능은 뛰어난 성능과 정확하고 빠른 일 처리 그리고 24시간 365일 계속해서 작업을 처리할 수 있는 근면성이라는 장점 때문이라 할 수 있다. 이러한 인공지능을 제대로 활용하기 위해서는 인공지능에 대한 특징 및 장점을 살펴볼 필요가 있다.

1) 인공지능의 학습 기능

인공지능은 스마트화된 데이터를 활용한 반복적인 학습을 통하여 인사이트를 찾아낸다. 인간과 동물의 차이점은 학습에 있고 학습을 통하여 인류가 형성되었다. 인간의 장점이면서 특징인 학습 기능을 인공지능이 할 수 있다는 것은 인공지능 자체가 발전할 수 있다는 것이다. 예를 들어 보면 우리 주위에 흔히 접할 수 있는 가전기기의 경우 전기밥솥은 예약한 시간에 맞춰 밥을 짓는 기능만 하였던 것이 점차 밥 짓기 기능 외에 찜기, 죽 끓이는 기능 등 다양한 기능이 추가되고, 원하는 시간대에 밥을 짓고 쌀의 종류에 따라 물량 조절, 시간 조절과 온도 조절 등의 학습된 기능을 통하여 최적의 밥맛을 만들어 낸다. 또한, 가정마다 음성 비서 등을 통하여 TV의 제어와 각종 일상생활 정보 등의 정보를 쉽게 접할 수 있다. 이러한 변화들은 학습을 통하여 이루어진 것이다.

머신러닝은 작동원리 자체가 사람의 학습 과정과 유사하여 이해하고 연관시켜 적용해 보고 경험하는 것으로 이는 컴퓨터에 정보를 계속해서 제공하는 것이다. 헬스케어 사업에 인공지능을 적용하려고 한다면 수많은 헬스케어에 대한 기본 정보와 사업 정보 등을 입력하는데, 약 1,200만 개의 화학구조, 2만 개의 유전자 정보, 100여 종이 넘는 의학 교과서와 11,000 여 개 이상의 드럭 라벨Drug label과 특허 정보 등을 입력하여 헬스케어 사업에 대한 기본적인 학습이 필요하며, 어느 정도의 지식이 축적되고 지속적인 이해를 통해 지식 기반이 축적되면 이를 텍스트화하여 컴퓨터가 읽을 수 있는 형태로 언어 자료를 만들어 놓아야 하는데 이를 '코퍼스Corpus'라 한다.* 지식 기반과 다양한 영역의 지식 사이의 관계를 분석하고 데이터 간의 관계를 파악하면서 한 단계 더 높은 학습을 진행해 나간다. 어느 정도의 지식과 인사이트를 갖추게 되면 테스트의 단계로서 현실 문제에 대한 인공지능 시스템에 질문을 던지면 인공지능 시스템은 이를 분석해서 학습한 지식 기반을 통해 다시 분석하고 나름의 가설을 세운 후 근거와 함께 최적의 해결 방안을 제시한다. 제시한 솔루션이 얼마나 신뢰성이 있는지 측정하고 최종 신뢰도의 순위에 따라 결과를 제시하는데, 이러한 과정을 통하여 제시된 결과는 하나의 경험이 되고 다시 머신러닝을 통하여 반복적으로 학습이 이루어진다. 인공지능은 이런 방법을 통하여 적용하려는 산업에 최적화된 학습을 반복적으로 진행하면서 성장하고 또한 축적된 기술과 기능을 더욱 발전시켜 나간다.

....

* 『AI 초격차 시대가 온다』, 정두희, 청림출판, 2019.

2) 인공지능이 추구하는 정확성

정확성은 바르고 확실한 성질을 의미하는데, 인공지능과 비교해 보면 사물의 이미지를 구분하거나 글의 문맥을 파악하고 창작을 하는 것 등은 인간이 인공지능보다 월등하게 우수한 영역으로 인공지능으로는 불가능한 영역이었다. 그러나 인공지능의 지속적인 발전으로 최근 들어 정확성을 필요로 하는 다양한 분야에 적용할 수 있게 되었고 앞으로도 더 많은 분야에 적용이 가능할 것이다. 스탠퍼드대학에서 2018년 IT 기업들의 인공지능 시스템을 대상으로 독해력 테스트를 실시하였다. '읽고, 문제 맞히기' 방식으로 진행되었고, 500개가 넘는 위키피디아 기사를 읽고, 그에 따른 10만 개 이상의 질문에 답하도록 하였다. 스탠퍼드대학 인공지능 전문가가 컴퓨터의 독서 능력을 측정하기 위해 별도로 고안한 방식으로 인공지능의 자연어처리기술이 대량의 정보를 입력한 후 필요한 요소를 잘 추출할 수 있는지를 고안한 것이다.

알리바바의 딥 신경망 모델과 마이크로소프트가 공동으로 1등을 차지하였다. 인간의 평균적인 독해력을 초월하는 성적82.44점 vs 82.30점을 기록했다. 알리바바의 기술은 챗봇을 통하여 고객상담 등의 업무에 사용되었고 고객들의 문의 내용의 90% 이상을 이해하면서 대응할 수 있다.[*]

형체 인식 수준의 향상은 엔비디아가 이스라엘 스타트업 애니비전과 공동으로 개발한 CCTV로 사람 얼굴을 인식하는 인공지능 시스템으로 연속적으로 얼굴을 스캔하여 짧은 시간에 사람을 인식하는데 99%

---

* https://www.bloter.net 2018.01.16

디지털 전환과 ICT 융합기술

의 정확도를 가지고 있다. 스마트폰이나 노트북 같은 모바일 기기에도 적용 사용 가능한 기술로 찾고 싶은 인물을 DB에 저장하면 CCTV에 동일한 사람이 포착되면 바로 알람이 올 수 있도록 할 수 있다. 이러한 정확도로 여러 기업에서 기술의 도입을 원하고 있다. 특히 엔비디아는 이 기술을 시스코, 제네텍, 옴니 등에 기술 제공과 관련한 파트너십을 체결하면서 기술을 확장하고 있다. 페이스북은 세계에서 가장 많은 양의 사진 데이터를 보유하고 있으며, 이를 토대로 대부분 사람들의 얼굴을 알아보는 기술을 개발했다. 2014년 딥러닝 기술을 적용해 딥페이스라는 얼굴 인식 알고리즘을 발표하였는데 뉴욕대학교 얀 르쿤 Yann LeCun 교수 팀이 개발을 주도하였으며, 인식 정확도는 2017년 기준 97.25%로서 인간의 97.53%의 근거리에 접근하고 있다.[*] 실제로 딥 페이스는 종이에 인쇄된 배우의 얼굴을 정확히 인식하는 데 성공했으며, 사람조차 구별하지 못하는 얼굴을 체계적으로 분석했다.

인공지능의 질병 진단 수준은 이미 전문의를 능가하고 있다고 할 수 있다. IBM의 왓슨 헬스케어 솔루션은 패턴 인식 기반의 기술을 이용해 이미지를 정확하게 판독하는 기술을 가지고 있다. 암 진단에서 대장암 98%, 방광암 91%, 췌장암 94%, 자궁경부암 100%의 정확도를 보이고 있다. 일반적으로 질병으로 인한 사망에서 암으로 인한 사망률의 비중이 약 1/3을 차지하고, 암 치료비 부분은 일반 치료비 증가율의 약 3배 정도를 차지하고 있다. 의사의 암 진단 오진율이 약 20%에 비하면 인공지능이 가져오는 혜택이 상당히 크다 할 수 있다.

....

[*] http://www.dailycnc.com. 2017.04.10.

인공지능의 정확성은 지적, 감각적인 정확성만을 의미하지 않는다. 하드웨어적인 정확성도 포함하고 있다. 도요타는 인공지능을 스포츠 로봇에 도입했다. 로봇 큐는 농구선수로 키는 190센티미터, 단거리 슛 정확도는 거의 100%에 이르고 있다. 이 인공지능 로봇은 반복적인 슛 연습을 통하여 정확도를 향상시켰으며 결과적으로 인간 프로선수보다 월등한 실력을 지니게 되었다.

또한, 인공지능의 정확성은 하드웨어인 로봇과 융합하여 인간을 대신하여 많은 용도로 사용할 수 있는데 위험지역에서의 작업과 위험물 취급 등 인간이 기피 하는 환경의 작업과 정확성을 크게 확보할 필요가 있는 현장 구조 작업 등에 적용이 가능하고, 특히 24시간 365일 지속적인 업무가 필요로 하는 공장 및 창고 등에 활용이 가능하다.

3) 인공지능의 빠른 처리 속도

인공지능의 머신러닝은 데이터를 기반으로 지식을 축적하고, 패턴을 인식하고, 의사결정을 하는 처리 속도가 매우 빠른 특징을 가지고 있다. 방대한 데이터와 병렬 및 선형컴퓨팅을 통해 인간보다 빠르게 학습하고 빠르게 일을 처리한다. 마이크로소프트는 2014년 'MS 리서치 컨퍼런스'에 개 품종을 컴퓨터로 분류하는 인공지능 프로젝트 '아담Adam'을 공개했다. 사용자가 스마트폰으로 찍은 사진을 보여주면 지능형 비서 코타나와 연동해 컴퓨터가 품종을 알려주는 것으로, 이 알고리즘은 약 1,400만 장의 개 사진을 기반으로 학습했으며, 구글의 인식기술과 비교하면 약 50배 정도의 빠른 분석 속도를 보유하고 있다. 인공지능 기반의 의료영상 분석 기업 아테리스Arterys 는 딥러닝을 통해 심장 MRI 분석 소프트웨어 딥 벤트리클Deep Ventricle 를 개발하였다. 딥 벤트리클은 심장의 대동맥이나 판막 관련 질환의 치료에 사용하는데 10분 정도 촬영한 환자의 MRI 데이터를 클라우드 플랫폼으로 보내면 이 정보를 인공지능이 분석해 심장 속 피의 흐름까지 시뮬레이션하여 4D 영상으로 의사에게 전달하는 시스템이다. 머신러닝 기술을 기반으로 1,000건 이상의 심장 영상 데이터를 지속적으로 분석해 진단 정확도를 높였으며, 약 1시간 정도 분석해야 가능했던 진단을 동일한 정확도로 10분 이내에 끝낼 수 있다. 치료의 촌각을 다투는 혈관 질환을 최대한 빠른 시간 이내에 진단할 수 있고. 의사가 환자의 예후를 살피고 커뮤니케이션하는데 집중할 수 있게 되어 의료의 질이 더욱 향상될 것으로 보인다.[*]

시간 전쟁이라고 일컬어지는 신약 개발의 속도 또한 획기적으로 단축되었다. 특히 2019년 말 코로나 19 Covid-19가 처음 인체 감염이 확인되면서 예방 백신과 치료제에 대한 개발이 필요하게 되었고, 백신 개발이 1년도 걸리지 않아 개발되고 접종을 할 수 있게 되었다. 이러한 과정에 인공지능의 활용을 통하여 빠르게 백신과 치료제의 개발이 가능하였다. 일반적으로 신약 개발은 보통 5년~7년의 기간과 3조 원 이상의 자금이 투입되고 임상 실험 전까지 실시되는 2~3년 동안의 연구는 70% 정도가 조사업무로 이루어지고 있다. P53 유전자 항암 유전자에 대해서만 매년 5,000개 이상의 보고서가 만들어지고 있으며, 관련 논문만 70,000개가 넘어 이를 다 읽는데 만 약 38년의 세월이 소요되는데 인공지능은 이를 일주일 이내에 해결할 수 있다. 런던의 스타트업 베네볼벤트AI BenevolventAI도 신약 개발에 관련하여 새로운 전기를 마

---

* https://www.arterys.com

련하였는데, 신약 물질 대상을 선정하는데 2년 이상 걸리던 시간을 인공지능을 활용하여, 한 달여 만에 검증을 끝내는 인공지능 기술을 개발하였다. 인공지능 기반 머신러닝 프로그램을 이용해 기존 치료제 가운데 코로나 19의 분자 구조와 가장 맞닿아 있는 치료제들을 검색해 바이러스 전염을 제한할 만한 잠재적 치료제로 올루미언트Olumiant, baricitinib를 제시했다. 올루미언트는 일라이 릴리Ely Lilly의 류머티스성 관절염 치료제로 염증성 사이토카인의 생성을 막는 기전을 가지며, 코로나 19의 감염과 염증 반응을 감소시키는 데 효과적일 것이라는 예측 결과를 제시했다.

금융 분야에서도 인공지능을 통하여 고객 서비스를 개선하고 있다. 중국의 대형 보험사 평안보험Ping An Insurance은 인공지능 기반 얼굴 인식 기능을 활용하여 고객의 얼굴을 빠르고 정확하게 식별하여 3분 안에 온라인 대출을 가능하게 하였다. 이 시스템은 3억 개 이상의 고객 얼굴 데이터를 통한 반복적인 학습을 통하여 가능하였다.

항공 산업 분야에 있어서 항공기 A350 생산에 인공지능 기술을 도입한 에어버스Airbus는 생산 시간을 약 1/3로 단축하였다. 이것이 가능했던 것은 지속적인 입력, 퍼지 매칭Fuzzy Matching, 두 가지를 비교할 때 완전히 같은가가 아니라 비슷한가를 판단하는 방법, 자체 학습 알고리즘을 결합하여 생산 프로세스에서 나타나는 문제의 패턴을 인식하고 즉시 처리하여 생산함으로써 생산의 중단이 일어나지 않고 생산공정이 현장에 최적화되어 빠른 속도로 제품 생산이 가능하였다.

의료계도 인공지능의 도입으로 의료 서비스 만족도가 향상되었다. 의료 서비스의 만족도는 소요 시간에 의하여 결정되는데, 환자들은 빠르고 간편한 진료와 검사를 원한다. 인공지능의 도입은 의료 검사의 속도를 향상시키고 있는데, MRI 검사는 최고의 안전한 진단 도구이지만 진단 시간이 오래 걸리고 밀실 공포증을 유발하기도 하는 단점을 지니고 있다. 이러한 단점을 페이스북은 MRI 진단을 10배 빠르게 수행할 수 있는 인공지능 기술인 '패스트 MRI'를 개발하였다. 환자가 사진을 찍을 때 더 작은 용량, 더 작은 데이터수집을 지향하면서 훈련된 신경망 기술을 사용해 사진 간 간격을 정확하게 이어 나가면서 진단 속도를 높이는 원리이다. MRI 진단 시간을 15분 이내로 하고 작은 종양이 누락 되는 위험을 낮추는 것이 관건으로 임상 환자 1만 명의 MRI 영상 3만 개를 포함한 많은 양의 데이터를 지속적인 학습을 통하여 패스트 MRI는 속도와 정확도를 높이고 있다.

4) 인공지능을 통한 인사이트 확보

사물을 환히 꿰뚫어 보는 능력을 통찰력인사이트이라고 한다. 이것은 겉모습뿐만 아니라 어떤 성향을 지녔는지 파악할 수 있는 것으로 인공지능이 단순한 사람 인식이 아닌 성향의 파악까지도 가능하다는 것이다. 스탠퍼드 대학교 연구진은 구글 이미지를 분석하여 개인의 투표 성향까지 파악하는 알고리즘을 개발하였다. 이것을 활용하면 정치적 성향뿐만 아니라 각 개인의 소득, 구매 습관 등 사진을 통해 예측할 수 있는데, 이 알고리즘은 구글 스트리트 뷰Google Street View에서 5,000만 개의 거리 장면을 수집하고, 2,200만 대의 차량을 식별한 후 총 2,657개의 분석 틀을 만들었다. 이러한 작업을 사람이 직접 수행한다고 하면 이미지 하나를 보고 10초 안에 분류한다고 해도 15년 이상이 소요된다. 그러나 인공지능을 활용하여 2주 만에 분석을 완료하였다. 인공지능은 스트리트 뷰에 있는 차량 이미지, 모델, 연도정보, 지역 정보 등을 결합하고 지역별 대통령 선거 투표 성향까지 학습하고 보유한 자동차를 통해 주민의 인구동태 통계, 사회경제적 속성, 정치적 선호까지도 추정할 수 있다.[*]

인공지능의 통찰력은 기업의 가치를 제고시키는 중요한 역할을 한다. 장이밍이라는 중국인이 만든 스타트업 바이트댄스ByteDance는 설립 당시 '오늘의 헤드라인'이라는 뜻의 진르터우타오今日頭條 앱 서비스를 시작하였는데, 일반적인 뉴스 서비스와는 다르게 인공지능을 통해 이용자가 좋아하는 뉴스 테마 및 구독 패턴을 예측하여 고객에게 맞춤형 뉴스를 제공하였다. 진르터우타요는 뉴스 제공자의 입장이 아닌 구독자의 입장에서 모든 뉴스 서비스를 재구성한 것이다. 중국 모바일 뉴스 시장 점유율이 10%를 기록하면서 텐센트의 48%에 이어 2위를 차지하고 있으며 누적 이용자는 6억 명을 넘는다.[**]

5) 인공지능의 자율성

인공지능의 자율성은 인간의 간섭없이 24시간 365일 쉬지 않고 작업이 가능하다는 것이다. 인공지능은 인간이 지능을 가지고 해야 할 일을 기계에 지능을 담아서 인간이 할 일을 대신한다고 하였으며, 인

---

[*] http://www.aitimes.com/news/2019.12.05.

[**] https://liszzmword.com

디지털 전환과 ICT 융합기술

간이 해야 하는 많은 일을 대신해서 자율적으로 처리할 수 있다는 것이다. 인공지능이 구현된 실내 에어컨은 실내 온도를 감지하고 외부 온도와 햇빛에 의한 온열 효과까지 고려하여 체감 온도를 예측하고 체감 온도 변화를 0.1도 단위로 측정하고 최적의 온도를 자동으로 조절한다. 또한, 수족관 관리에 적용된 먹이 공급 전용 앱인 블루네로Bluenero를 사용하여 항시 고기 상태를 확인할 수 있는 가정용 스마트 수족관이다. 스테인리스 스틸은 부식되지 않아 친환경적이며 아크릴로 제작된 수족관은 유리로 된 수족관보다 더욱 깨끗하고 안전하며, 아크릴은 유리보다 17배나 강하다. 그리고 수족관 내부에서도 다양한 기능을 제공한다. 우선 LED를 내장하고 있어 물고기들이 있는 수중 환경에 이상적인 조건을 제공하며 산호와 식물들의 원활한 성장을 도와준다. 이처럼 자율처리는 다양한 업종과 결합하여 새로운 형태의 서비스로 진화하고 있다.

유통업에도 새로운 인공지능을 활용한 사례들이 많이 만들어지고 있다. 자율주행 기능을 가진 마트 로봇이 대신 매장관리를 하는 무인 마트보다 진보한 것으로 고객이 앱을 통하여 호출하면 자율적으로 이동하는 로보마트RoboMart이다. 로보마트는 바퀴 달린 식료품 자율 매장으로 앱으로 호출하면 가장 가까운 무인 차량이 집 앞 현관까지 찾아와 채소와 과일 등의 식료품과 생필품을 쇼핑할 수 있는 마트로서 고객의 사전 주문 없이 물건을 살 수 있고 집 앞까지 매장이 오는 편리한 시스템이다. 구글에서는 뉴로Nuro라는 식료품 자율주행 배달 서비스 출시하였는데 기존의 상품 배송용 자율 이동 로봇은 인도로 이동하지만 이 로봇은 도로를 주행한다. 뉴로는 물품의 배달, 반납 또는 구매를 위해 설계되었다. 향후 자율주행 기능이 있는 로봇이 내가 원하는 상품을 집까지 가져오는 방식의 비즈니스는 상거래 패러다임을 완전히 바꿀 수 있을 것이다.

5. 인공지능을 활용한 비즈니스 혁신

인공지능의 5가지 특징과 장점을 활용한 많은 융합 상품과 신기술, 개념의 변화 그리고 기존의 기술이나 개념을 대체할 수 있는 비즈니스가 만들어지고 있다. 향후 미래의 비즈니스는 인공지능과 이를 활용한 로봇, 자율주행 등 ICT 산업을 기반으로 한 콘텐츠가 다양하게 등장하고 인간을 대상으로 하는 많은 영역에서의 새로운 산업이 만들어질 것이다. 센서와 IOT가 만들어 내는 폭발적인 데이터, 이를 수집하고 정제하는 빅데이터 가공 및 데이터를 스마트화하는 분석 처리와 반복적인 학습을 통한 인공지능의 초지능화는 새로운 비즈니스를 창출해 낼 것이다.

인공지능 비즈니스 혁신은 인공지능의 기술을 기반으로 하여 새로운 가치를 만들어 내는 것이다. 인공지능 기술에 대한 이해가 필요하고, 이러한 기술을 가지고 무엇을 혁신할 것인지에 대한 대상, 어떠한 방법으로 혁신할 것인지에 대한 방법과 궁극적으로 목적하는 바가 명확하게 정의되어야 비즈니스 혁신이 가능하다. 또한, 이를 추진하는 조직과 전문적인 지식을 지닌 구성원들의 역할이 매우 중요하다.

인공지능 비즈니스를 개발하기 위해서는 세 가지의 핵심 요소가 필요하다. 알고리즘, 데이터 그리고 비즈니스 모델이다. 데이터가 풍부해야 인공지능이 학습할 수 있고, 알고리즘을 통한 지속적인 학습을 통하여 고객이 요구하는 서비스 제공이 가능하다. 비즈니스 모델은 데이터와 알고리즘 같은 기술적인 자원을 기반으로 고객에게는 가치를 창출해 주고 기업에게는 효율화를 통한 이윤을 극대화 시켜주는 역할을 한다. 인공지능 혁신은 이 세 가지 기술 요소를 기반으로 창조적인 응용을 통하여 가능하다.

기술 및 제품을 혁신하는 방법에는 크게 두 가지 접근 방식이 존재한다. 첫 번째, 시장 끌어오기Market Pull이다. 이는 시장이 혁신을 주도하는 형태로 고객의 니즈와 문제가 대두되어 이를 해결해 주는 제품과 서비스를 개발하는 형태이고, 두 번째, 기술 밀어 넣기Technology Push로 기술이 제공하는 기능을 기반으로 소비자에게 필요할 것으로 생각되는 제품을 개발하는 방법이다. 기술 밀어 넣기 방법은 실제 제조 우선의 소품종 대량생산 시대에 적용되던 방법이었으나 현재 인공지능의 기술 발달로 고객의 니즈를 만족시키면서 새로운 경험에 대한 기대에 대한 새로운 기술로 고객에게 미래 기술 상품을 제공할 수 있다.

1) 인공지능 기능 혁신 기술

인공지능 혁신은 인공지능의 요소 기술에 의한 혁신이다. 인공지능의 요소 기술은 머신러닝이나 딥러닝처럼 핵심 알고리즘을 통해 구현한 기술이며 상업화가 가능한 애플리케이션이나 솔루션을 개발하는 데 쓰이는 핵심기술로 이를 통해 특정 기능을 극대화하거나 새롭게 창조하는 것이다. 선도 기업들의 사례에서 보면 인공지능 요소 기술로 혁신할 수 있는 기능은 인식, 예측, 자동화, 소통 그리고 생성 등이 있는

데 이것은 구글, 아마존, MS 등의 기업들이 개발한 인공지능 관련 솔루션을 분석한 결과이다. 인공지능 혁신을 위해서 선행해야 할 우선 과제는 어떤 기능을 혁신할 것인가를 결정하는 것이다.

2) 비즈니스 혁신 진행 방법

혁신의 대상이 결정되면 이를 어떤 방법으로 진행할 것인가를 정해야 한다. 접근 방법은 네 가지로 요약할 수 있다. 각 모델의 핵심 요소 기술을 기반으로 기존 제품 및 서비스의 일부 혹은 전체 기능의 고도화Advencement Approach, 다른 기능으로의 대체Substitution Approach, 전혀 새로운 제품이나 서비스를 창조Creation Approach와 동일한 제품 및 서비스에 대한 가치 제안Value Proposition 및 가치 전달Value Delivery 방식을 변경하는 방식Pivoting Approach으로 진행할 수 있다.

3) 인공지능 요소 기술을 활용한 비즈니스 혁신

혁신의 대상과 방법이 결정되면 지향하는 목적이 명확해야 하고 범위 및 방법을 최적화시켜야 혁신의 완성도가 높아질 수 있다. 인공지능 비즈니스 혁신의 대상은 궁극적으로 고객이고, 고객 경험의 혁신이 지향점이 될 것이다. 혁신 활동은 기술 개발 및 제품 구현 활동 자체에만 집중해서는 안 된다. 고객 경험이 획기적으로 향상되고 고객 만족도가 제고되는 결과를 가져올 수 있어야만 하는 것이다. 인공지능 비즈니스 혁신은 경영자나 창업자 누구나 가능하고, 기업 운영자는 인공지능 기술을 신사업 전략에 활용하거나 기존 제품 및 서비스를 혁신하는데 비중을 둘 수도 있고, 창업자는 고객의 경험을 어떻게 혁신할 것인지를 염두에 두고 혁신적인 아이템을 개발하는 용도로 활용이 가능할 것이다.

① 인식기술을 활용한 혁신

인식은 인공지능 기술을 다른 컴퓨팅 기술과 구별하는 속성이다. 이는 사용자가 원하는 것이 무엇인지 인식하여 그에 맞추어 반응하고 상황을 이해한다. 인식 기능이 없던 비즈니스에 인식 기능을 추가하면 새로운 비즈니스가 만들어질 수 있다. 인공지능이 인식하는 기능은 음성 인식, 이미지 인식, 안면 인식, 감정 인식, 맥락 인식 등으로 이런 인식 기능들은 기존의 비즈니스 모델에 추가되어 고객에게 새로운 경험을 제공해 주고 있다.

음성을 인식하는 기술은 컴퓨터가 마이크 센서 등을 통하여 얻은 음향적 신호가 디지털 정보로 변환되는 것으로, 아날로그 음성을 디지털로 변환시키는 것으로 사람의 목소리가 인공지능을 학습시킬 수 있는 데이터로 변환되는 것이다. 스마트폰의 공급과 각종 소리를 수집하는 디바이스의 대량 보급 등으로 소리 데이터가 빠르게 증가하면서 음성을 인식하는 알고리즘이 발전하였으며, 음성 인식기술 주도의 혁신은 통상적인 제품과 서비스에 생동감 있는 음성을 통한 인식기술을 도입하여 문제 해결 능력을 갖추는 것이다. 인공지능을 활용한 음성 인식기술의 수용 속도가 가장 빠른 것이 가상 비서를 활용한 혁신 모델이다. 아마존의 가상 비서 알렉사는 말로 지시하면 전등을 끄고, 음악을 듣고 싶으면 음악을 들려주고, 우버와 연결해 차량 예약도 하는 등 1만 가지 이상 업무가 가능하다. 알렉사의 자체적인 혁신으로 스크린이 탑재된 인공지능 스피커 에코쇼EchoShow를 출시하였는데, 음성 인식을 기반으로 화상 대화를 할 수 있도록 7인치 스크린을 장착한 홈 허브 기기이다. 화상통화, 아마존 쇼핑, 일기예보, 일정관리, 노래 가사,

유튜브, 요리 시, 제품 사용법 확인 및 악기 등을 연주할 때 다양한 기능으로 도움을 주고 있다. 음성 인식에 기반한 혁신 모델의 가치는 사람들을 편안하게 해주는 것에 있으며, 움직이는 대신 모든 것을 말로 표현하여 해결해 주는 것이다. 자동차 분야의 음성 인식기술은 길 찾기, 음성 문자 보내기, 전화 통화, 장소 검색 등 다양하게 적용이 되어 운전자에게 많은 효용가치를 제공하고 있다.

BMW 인텔리전트 퍼스널 어시스턴트Intelligent Personal Assistant를 사용하여 운전자 음성으로 차량 설정을 컨트롤 하고 차량의 상태도 확인할 수 있으며, 다른 브랜드와의 차별화 가치로 차량의 기본 설정을 개인의 선호에 맞게 세팅한 내역을 기억한다. 즉, 사용자가 했던 모든 명령과 질문 및 설정을 시스템이 기억하고 학습을 한다는 것이다. 이러한 인공지능 모델이 적용된 차량은 다른 동일 모델의 차량과는 다르게 나만의 차량으로 학습이 가능한 것이다. 이처럼 음성 인식기술을 보유한 업체인 보이스 봇Voice Bot에 따르면 2019년 기준 미국 성인 중 약 7,700만 명이 자동차 음성서비스를 월 1회 이상 사용하여 가정용 음성 인식 서비스보다 많은 사용을 하고 있으며, 베이비붐 세대의 의료분야 음성서비스에 관한 관심이 높은 것으로 나타났다.[*]

검색 플랫폼에도 음성 인식기술을 적용하여 기존 텍스트 기반의 검색 방식에서 오디오 기반으로 상호작용을 하면서 정보검색 디바이스도 PC뿐만 아니라 가상 비서인 알렉사와 구글 어시스턴트 등 가상 비서

* http://www.aitimes.com/news.2019.11.04

의 음성 인식을 통해 검색할 수 있다. 현재의 인공지능 비서는 텍스트 기반의 검색엔진으로 음성을 텍스트로 변환하여 텍스트 DB에서 찾는 방식으로, 오디오에서 텍스트로 변환하는 과정을 거치면서 오류의 발생이 많고 검색 시간이 많이 소요되는 불편함이 존재하고 있지만, 향후 오디오 검색 서비스는 TV 또는 기타 오디오 소스의 인간 음성 자체를 쿼리Query, 정보수집 요청에 쓰이는 컴퓨터 언어화 하여 결과를 제공하는 방식으로 음성 인식을 활용한 검색이 발전할 것으로 판단되며, 현재 이 방식으로 서비스를 구현한 기업은 이스라엘의 스타트업 기업인 오디오 버스트Audioburst로 음성 쿼리에 기반한 인공지능 오디오 검색 서비스를 사용하여 간단한 검색어를 말하면 라디오, TV 또는 팟캐스트에 방송된 음성 콘텐츠를 검색할 수 있다. 오디오 버스트는 오디오를 작은 조각으로 분할하고 색인을 생성해 오디오를 검색할 수 있다.

인공지능 혁신의 중요한 특징은 사용자 학습을 통한 맞춤화가 가능하다는 것으로 오디오 버스트의 잠재성 역시 사용자별로 맞춤형 채널을 만들 수 있다. 즉 사용자가 청취하는 음악을 수집 분석하여 독특한 청취 패턴, 관심사 및 선호도를 파악하고 사용자가 선호하는 음악이 학습되어 기호에 맞는 음악만을 청취할 수 있도록 맞춤화된 콘텐츠를 제공할 수 있어, 개인 전용 음악 방송국 같은 역할을 할 수 있다.

이미지를 활용한 인식기술은 사물을 사람보다 정확하게 인식하는 능력으로 주로 딥러닝 혹은 신경망 네트워크를 사용하여 구현한다. 이미지를 여러 종류의 패턴으로 분류하고, 패턴 데이터를 학습하고 새로운 이미지가 주어질 때 이것이 무엇인지 정확하게 알아내는 원리로, 학

습량이 늘어날수록 더 정확한 판별이 가능해진다. 이미지 인식기술이 역량을 발휘할 수 있는 산업 분야로 먼저 의학 분야를 들 수 있겠다.

안과, 피부과, 방사선학 및 병리학에 많은 기술이 도입되고 있다. 특히 암 진단 분야에서는 괄목할 만한 성장을 하였다. 자궁경부암의 경우 거의 100%에 이르는 진단 결과를 보여주고 있다. 구글은 증강현실 현미경을 개발하여 조직 검사 시 암세포의 존재를 감지하고 이를 더 쉽게 볼 수 있도록 하였다. 증강현실 현미경은 기존의 현미경에 추가 장비만 부착하면 되는 것으로 비용 측면에서도 적은 비용으로 도입할 수 있다. 우리나라에서는 최근 와인에 대한 인기가 높아지면서 와인에 대한 정보를 쉽게 확인할 방법을 제공하는 애플리케이션이 개발되었다. 비비노Vivino 는 휴대폰만 있으면 와인에 대한 정보 서비스를 제공받을 수 있도록 스마트폰으로 와인 라벨만 찍으면 가격, 평점, 어울리는 안주를 추천하고 전문가 테스팅 리뷰도 제공하는데 약 2,500만 명 이상이 애플리케이션을 사용하고 있으며, 사용자는 약 4억 개의 라벨을 스캔해 와인에 대한 지식을 제공받는다. 이러한 비즈니스 모델은 의류와 식품 및 출판 시장 등에도 적용할 수 있고, 진품과 위조품을 구분하는 것이 중요한 하이−엔드High-End 명품 비즈니스에도 활용되고 있다.

전 세계적으로 짝퉁 상품 매매는 세계 무역의 약 70%를 차지하고 그 기술도 진보되어 육안으로 구별이 어려워 이를 구분해 내는 기술이 필요로 하게 되었다. 현재 국내에서도 명품 제품의 진품 여부를 검증하는 기술자들이 많이 있으나 명품을 선별하는 시간과 비용, 그리고 오류율 등을 감안하면 실시간으로 검증을 받고 싶어 하는 수요를 충족시키기는 어렵다. 엔트러피Entrupy는 명품을 실시간으로 판별해 주는 인공지능 스캐너다. 가방, 신발 등 명품 제품의 표면을 찍은 300만 장의 사진을 학습하여 이미지를 분석하고 진품 여부를 판별한다. 제품을 현미경 사진으로 찍은 다음 사물을 260배 확대하여 육안으로 찾아내기 어려운 비정상적인 패턴 등을 보고 진품 판별을 진행하는데 이 시스템의 판별 정확도는 98%에 달하고 있으며, 휴대폰을 활용하여 식별할 수도 있으며, 진품 여부 판별에 약 15초 정도의 시간이 소요된다.[*]

　안면 인식 장애를 가지고 있는 사람들이 의외로 많이 있다. 이것은 뇌졸중, 두부 외상, 퇴행성 변화 등 주로 뇌 손상으로 인해 발생하는데, 선천적인 경우도 있다. 안면 인식 장애 환자는 얼굴 대신 머리 스타일, 목소리, 신체적 특징 등을 활용하여 사람을 구분하기도 한다. 하지만 일반적인 사람들이 100% 사람들의 얼굴을 정확하게 인식한다고 할 수는 없다. 그래서 사람들이 안면 인식을 정확하게 할 수 있는 인공지능 기술들이 개발되고 있다.

　중국은 최근 4~5년 동안 안면 인식기술을 확보하기 위해 많은 비용

----

[*] https://m.blog.naver.com

을 투자하였다. 특정 인물을 찾기 위하여 14억 인구의 신원을 식별하고 추적하기 위해 약 2억 대가 넘는 CCTV를 설치하였으며, 이는 미국의 4배 정도의 규모이다. 중국은 세계 최대의 감시 네트워크인 스카이넷 프로젝트를 진행 중으로 2020년까지 인공지능 인지 시스템과 연동 가능한 6억 대 이상의 CCTV 카메라를 전국에 설치할 계획이다. 영국 IT 전문 컨설팅 업체 컴패리테크는 2022년까지 중국 내 감시카메라가 총 6억2600만 대로 늘어날 것으로 전망했으며, 이는 중국 인구 2명당 1대의 CCTV가 설치되는 것이다. 안면 인식기술은 얼굴은 물론 걸음걸이만으로도 사람의 식별이 가능한 기술도 보유하고 있다. 이처럼 안면 인식기술은 빠른 속도로 발전하고 있으며, CCTV의 한계점인 빠르게 이동하는 사람과 물체, 날씨의 변화 등 이를 식별하는 카메라의 사양 등 각종 기술적인 문제에 대한 지속적인 기술 개발로 성능이 개선되고 있다.[*]

베이징의 LL 비전테크놀로지LLVsionTechnology는 중국 경찰과 협력하여 선글라스를 통해 범인을 식별하는 기술을 개발하였다. 선글라스의 카메라가 행인 얼굴을 촬영하여 단말기로 전송하고 인공지능 시스템은 0.1초 만에 DB의 1만여 개 얼굴을 비교 확인하여 범죄자를 색출 분류할 수 있다. 선글라스 방식은 CCTV 방식과 달리 실시간으로 어디에서나 확인할 수 있다는 것이 장점이다. 선글라스 방식은 장저우 지역의 주요 사건과 관련된 용의자를 색출해 체포하기도 하였다.[**]

....

[*] https://news.mt.co.kr.2019.10.07.

[**] http://www.munhwa.com. 2019.01.30.

안면 인식기술은 금융 시스템의 혁신에도 적용된다. 알리페이Alipay는 스마트폰 없이도 얼굴만 스캔하여 결제가 가능한 안면 인식 결제 시스템인 스마일 투 페이Smile To Pay 서비스를 개발하였으며, 중국 항저우 KFC 매장에 처음으로 적용되었다. 고객이 키오스크keyosk 앞에서 3D 카메라에 얼굴을 스캔하여 본인 인증을 하고 전화번호만 입력하면 결제가 이루어지는 시스템으로, 신원확인 후 직불카드로 청구된다. 위조에 대한 우려가 있었으나 키오스크 카메라의 기능 보완을 통하여 문제를 해결하였다. 즉 앞에 서 있는 사람이 살아 있는지를 감지할 수 있도록 설계하여 사진이나 동영상 등을 통한 위조 결제를 차단하는 것이다.

안면 인식기술은 얼굴 인식뿐 아니라 인식 대상의 상태까지도 분석할 수 있다. 피부의 상태를 분석해 주는 최첨단 스마트 거울 하이미러 Himirror로 거울 앞에 서 있는 사람의 얼굴에서 주름, 잔주름, 안색, 다크서클, 반점 및 모공을 인식한 후 피부 상태를 분석할 수 있다. 정밀 촬영 장치인 히스킨Hiskin을 연결하면 육안으로 알기 어려운 수분 수준과 색소 침착 등의 상태까지 측정할 수 있다.* 이것을 통하여 현재 자신의 피부 상태를 확인할 수 있고 이러한 상태를 피부과나 병원 등에 전송하고 진단을 받을 수 있는 기술로 진보할 수 있다. 또한, 이 거울은 화장품이나 욕실용품의 바코드를 스캔하여 제품에 들어간 성분 등 심층 정보까지 확인할 수 있게 도와주며 자매품인 스마트 바디 스캐일 Smart Body Scale과 호환되어 신체 유형을 확인하고 체중, 체질량지수, 체지방, 근육량, 골격 무게, 신진대사 등을 측정하고 분석을 통하여 개선

---

* http://www.aitimes.com. 2019.12.23.

방법과 방향 제시 등을 할 수 있다. 단순히 거울이 아닌 인지 기능을 부여하여 종합 헬스케어&엔터테인먼트가 가능한 기기로 변신이 가능할 것이다.

사람의 감정 인식은 인공지능이 인간의 기분 및 느낌을 파악할 수 있다는 것이다. 인공지능을 통하여 인간의 감정 상태를 파악한다는 것은 비즈니스에 엄청난 변화를 가져올 수 있다. 쇼핑 시 고객의 감정을 잘 파악하는 것은 매우 중요한 일이다. 고객의 만족도를 높이고 불만을 최소화하기 위한 디스플레이, 매장의 동선 구축 등 고객 대응 전략을 구성하는 데 중요한 정보를 제공할 수 있기 때문이다. 글로벌 트렌드 리서치 기관인 트렌드버드TRENDBIRD는 감정 인식 및 분석 시장의 규모가 2025년까지 전 세계적으로 38억 달러로 전망하였다.

유통업에서의 감정 인식기술 적용은 매장 서비스 수준을 높이면서 고객의 새로운 경험을 체험할 수 있도록 해줄 수 있다. 미국의 월마트는 생체인식 카트 시스템Biometric Feedback Cart System이라는 새로운 서비스 특허를 소개했다. 쇼핑 중인 고객의 감정 상태를 체크하여 기분 좋은 쇼핑을 할 수 있도록 환경을 조절할 수 있는 기술로 카트의 핸들을 잡으면 생체인식 기능이 고객의 심장 박동수, 온도 변화, 속도 변화, 카트 구동 시의 힘의 변화 등을 측정하여 고객의 스트레스 수준을 파악하는 것이다. 고객이 편하게 쇼핑할 수 있는 최적의 동선을 개발하거나 추가적으로 고객의 위급 상황에 대한 안전성 확보 등에 중요한 정보를 얻을 수 있다. 카트를 통해 수집된 데이터는 월마트 상품진열 및 프로모션 전략에 도움이 될 것으로 판단된다.

사람은 스트레스를 받고 있지만, 본인 스스로는 파악이 어려운 경우가 많다. 자신의 감정과 스트레스 상황을 인식할 수 있다면 삶의 질이 더 나아질 수 있을 것이다. 심리상태를 안정적으로 유지하기 위한 기능을 갖도록 인공지능 상품에 기능을 추가하는 것도 새로운 비즈니스 혁신일 것이다.

웨어러블Wearable 기기인 아우라Aura는 시계처럼 착용하는 생체인식 센서로 스트레스와 분노, 슬픔, 행복, 만족 등의 시시각각 변화하는 감정을 인지할 수 있다.* 전자 잉크 방식의 디스플레이를 활용하여 하루 동안 시간대별로 감정 상태를 파악할 수 있다. 또한, 다양한 물건에 감정 인식 기능을 추가하여 간편한 헬스케어 제품으로도 사용할 수 있다. 영국의 의료기술 업체 타이니 로직스TinyLogics의 포시FOCI는 허리에 차는 기기로 머신러닝이 적용된 감정 인식 센서가 호흡의 패턴을 추적한다. 사용자의 호흡 패턴을 반복적으로 학습한 후 사용자의 호흡과 심리상태 관계를 정립하는 것으로, 사람은 일반적으로 긴장하거나 흥분 시 호흡이 빨라지고, 안정된 상태에서는 호흡이 느리고 규칙적인 것을 활용하여 감정 상태를 파악하는 것이다. 감정을 조절하는 능력은 사회생활에서 자신의 처신에 많은 영향을 끼치는 요소이다.

감정 조절은 사고 방지에도 커다란 영향을 미친다. 모든 사고의 대부분을 차지하는 주요 원인은 감정 조절의 실패로 인해 발생하는 경우가 많은데 주로 운전자의 집중력이 떨어지거나, 분노, 졸음 등으로 인해 사고가 발생한다. 스타트업 애펙티바Affectiva는 오토모티브 AutoMotive

---

* http://www.aitimes.com. 2019.12.19.

라는 운전자용 감정 인식 애플리케이션을 출시하여 기존 RGB red, green, blue 및 적외선 방식의 조합된 카메라를 통해 운전자가 눈을 감은 횟수, 하품의 상태 등을 관찰한 후 즐거움, 놀람, 공포, 분노 같은 감정뿐만 아니라 졸음, 피로 상태를 인지해서 위험한 상황일 경우 경고음을 보내어 위험한 상태를 피할 수 있도록 도움을 주고 있다.[*]

인공지능 인식기술 중 가장 고도화된 기능은 맥락 인식이다. 맥락의 인식은 단순히 생긴 모양이나 들리는 소리의 의미를 이해하는 차원을 넘어, 현재 시점에서 공간 내에서 이루어지고 있는 상황에 대한 인식을 할 수 있는 것이다. 즉 현재 상황에 대한 종합적인 인식을 통하여 실제 변화에 대응하는 것이라 하겠다. 케임브리지 대학교에서는 '하늘의 눈 Eye In The Sky'이라는 드론을 개발하여, 군중 속에서 폭력을 행사하는 가해자를 실시간으로 확인할 수 있는 기능을 개발하였다. AWS와 두 개의 엔비디아 테슬라 GPU를 이용해 공중에서 촬영한 다양한 다음 군중 사진을 딥러닝 신경망 네트워크를 통하여 폭력적인 행동인 주먹질, 발길질, 흉기를 사용하는 것 등 다양한 행동 패턴의 학습을 통하여 거리 상황 분석을 할 수 있도록 하였다. 시스템이 폭력적 상황을 인지하는 정확도가 약 88% 정도로 높은 인식 수준을 보여주고 있다.[**] 이 시스템은 대형 마트에도 적용하여 고객이 쇼핑 시 쇼핑 동선, 출입과 관련한 이동 동선에 문제가 발생할 수 있는 장소에 대해서도 실시간으로 확인하고 즉시 대응이 가능한 시스템을 개발하여 사용할 수도 있다. 이 기술은 여러 방면의 고객 대응 서비스 품질을 향상시킬 수 있는 대

---

[*] http://www.aitimes.com.2019.12.21.

[**] https://smartaedi.tistory.com/295

디지털 전환과 ICT 융합기술

응 방안을 마련하는 데 유용하게 활용될 수 있다.

　콜센터의 경우에는 MIT 교수인 알렉스 펜틀랜드Alex Pentland가 보스턴에 세운 코지토Cogito가 사업 초기 골드만삭스와 세일즈포스 등과 4,000만 달러의 투자를 유치하였다. 이젠 사람과 사람 간에 효율적으로 소통하는 방식까지 기계에서 배워야 하는 걸까. 회사 직원과 고객의 대화 내용을 실시간으로 듣다가 직원에게 '좀 더 공손하게 말하세요'라는 식으로 '즉석 코치'를 해주는 기업용 AI인공지능 서비스가 등장했다.

　이 서비스는 미국 테크기업 코지토Cogito가 콜센터 상담원을 대상으로 개발했다. AI가 상담 직원과 고객 간에 오가는 단어와 어조語調, 말하는 속도 등을 분석해 문제가 나타나면 즉각 반응한다. 상담 직원이 말이 빠르면 '천천히 말하세요', 목소리가 높아지면 '목소리 톤을 낮추세요'라고 알려준다. 이런 방법으로 상담 직원을 계속 독려해도 고객의 말투에 화가 나 있으면 경고empathy cue를 보낸다. 통화가 끝나면 통화 내용 전체를 다시 분석, 10점 만점으로 점수를 매겨 회사에 보고하는 기능도 있어 인사 평가와 교육 등에 반영될 수 있다. 콜센터 직원들의 감정적인 대응을 방지하고 상담 업무의 효율성을 높여줄 수 있다. 미국 보험사 메트라이프가 이 서비스를 이용 중으로, 코지토를 도입한 이후 콜센터를 이용한 고객 만족도가 13% 정도 향상되는 효과를 가져왔다.[*]

　맥락 인식기술은 헬스케어 시장에도 적용할 분야가 무궁무진하다.

．．．

* https://www.chosun.com/economy/2021.04.30.

뇌전증 환자의 경우 발작을 일으켰을 때 부적절한 대응은 사망에 이르게 할 수도 있다. 환자 스스로 몸을 제어하기 어려워 주변에서 상시 관리해주는 보호자가 필요하다. 특히 수면 중 발작의 경우 응급치료의 기회를 놓치면 바로 사망과 연결될 수 있다. 미국의 의학저널 '뉴롤러지 Neurology'에 의하면 중증 뇌전증 환자는 평생 발작으로 인해 일반적인 뇌전증 환자보다 사망 확률이 약 20% 정도 높은 것으로 발표했다. 야간에 환자를 모니터링하기 위하여 나이트 워치Night Watch라는 웨어러블 기기를 사용하여 뇌전증 환자의 발작을 바로 감지할 수 있는 팔찌 형태의 기기를 만들어 팔이나 손목에 착용하면 심박 수 센서와 모션 센서를 기반으로 환자의 심장 박동과 움직임 패턴을 인식한다.[*] 비정상적인 발작 상황이 발생하면 보호자나 병원 담당 의사 또는 간호사에게 바로 경보를 알릴 수 있다. 나이트 워치는 심각한 발작을 약 96% 이상 감지하며 수면 중 발작으로 인한 사망 사고를 2/3 수준으로 낮출 수 있다.

현재 인공지능 인식기술은 발전의 속도가 빨라지고 성숙도가 높아짐으로 인식의 정확도, 처리 속도, 적용 범위 등에서 빠른 성장을 보일 것으로 예상된다. 음성을 활용한 인식기술, 이미지를 통한 인식기술, 감정을 파악하는 인식기술, 앞뒤와 그 안에 감추어진 내용을 파악하는 맥락 인식기술이 적용되면 그 가치를 높일 수 있는 융합 상품과 서비스가 늘어갈 것으로 예상된다. 사물이 음성을 인식하면서 모든 일의 처리가 말 한마디로 가능하게 되고, 사람이 하는 동작 및 감정, 대화 등을 감시하면서, 시시각각 변화하는 감정을 분석하고, 결과를 확인하는 등의 기능

* http://www.aitimes.com.2019.12.12.

디지털 전환과 ICT 융합기술

을 인공지능을 통해 정확하게 수행하게 되면 다양한 영역에서의 인간의 편의성은 증대될 것이고 각종 데이터가 생성되고 수집되면서 지속적인 반복 학습을 통해 인공지능 기술이 발전하거나 새로운 인공지능 인식기술이 개발되어 새로운 영역으로의 융합 발전을 기대할 수 있다.

② 예측 기술을 활용한 혁신

예측의 사전적 의미는 앞으로 있을 일을 미리 헤아려 짐작한다는 것이다. 예측 즉, 미래의 일을 미리 알 수 있다는 것이 인공지능 기술로 만들어 낼 수 있는 강력한 기능이다. 이 기술을 통하여 다양한 서비스를 제공하고 현존하는 서비스의 고도화가 가능하다. 이들 기술은 예측의 대상이 어떤 것인가에 따라 선호 예측, 트랜드 예측, 맥락 예측으로 구분할 수 있다. 예측 기능의 수혜를 입은 대상에 따라 각기 다른 형태로 발전이 가능하다.

트랜드 예측은 미래에 나타날 결과에 대한 예측으로 수혜자가 고객이라면 주로 고객에게 제공되는 다양한 각종 정보에 트랜드 예측 정보가 포함되어 고급 정보를 제공할 수 있을 것이다. 선호 예측의 경우 수혜자는 주로 기업이나 고객을 대상으로 하는 유통업체가 될 것이며, 고객이 선호하는 것에 대한 정보를 제공 받아 고객을 유치하고 새로운 경험을 제공할 수 있는 전략 수립이 가능할 것이다. 또한, 서비스 역량을 키워 이익률의 증가를 위한 시스템을 구축할 수 있을 것이다.

선호 예측 기술을 활용하여 기업은 마케팅의 핵심인 고객이 원하는 것을 정확하게 파악해서 효과적으로 서비스를 제공할 수 있다. 고객들은 실제 자신이 원하는 것이 무엇인지 정확하게 알 수 없는 경우가 종종 있다. IT 기업에서는 고객이 원하는 것을 고객 자신보다 더 정확하게 알아내는 알고리즘을 개발하여 머신러닝을 통해 축적된 고객의 구매 이력 및 다양한 빅데이터를 기반으로 구매 패턴을 확인하여 고객의 취향에 맞는 상품을 추천하는 서비스를 제공하고 있다. 아마존에서는 추천 서비스를 통해서 발생하는 매출이 전체 매출의 약 35%를 차지하고 있다. 이처럼 선호 예측 기술을 활용하여 고객에게 새로운 추천 서비스를 제공하여 구매율을 제고시키는 비즈니스 고도화는 지속적으로 확장될 것이다.

예측은 딥러닝의 최대 강점이라 할 수 있다. 특정 패턴을 추출하는 과정을 반복하면서 학습을 통해 예측이 가능해지는 것이다. 유통채널이 진화하면서 온라인online과 오프라인offline이 결합하는 현상이 활발히 이루어지고 있고 이와 관련하여 딥러닝의 예측력이 더욱 발전하고 있다. 알리바바는 2018년 광군제에 패션 인공지능을 도입하여 사용자의 정보와 구매 이력을 기반으로 선호하는 스타일을 파악하고 쇼핑 플랫폼에 있는 디자이너의 스타일뿐만 아니라 수억 점의 의류를 인식하여 이를 기반으로 패션 인공지능 기술을 통하여 모든 매장에서 맞춤 제작이 가능하도록 수백 개의 재고품에서 수십 개의 의상 조합을 생성하여 패션 인공지능 기술이 개인 스타일리스트 기능을 하였다. 이를 통해 하루 만에 사상 최대의 매출을 올리기도 했다. 이러한 패션 인공지능 기술은 매장 방문 고객이 선택한 제품과 어울리는 제품을 자동으로 추천해 주고 온라인 쇼핑몰에서 바로 구매할 수 있도록 지원해 주기도 한다.

선호 예측 기술은 단순 추천 기능 외에도 고객의 구매 시기를 예측

디지털 전환과 ICT 융합기술

하고 구매전에 배송을 시작할 수도 있다. 아마존의 예측 배송은 구매 전 배송을 먼저 진행할 수 있다. 즉, 구매 후 배송이 아닌 배송 후 구매 서비스를 제공하는 것으로 이것은 예측에 대한 정확성이 필요로 한다. 또한, 예측을 통한 고객에게 맞춤형 서비스라는 부분도 가능하다. 각 고객이 선호하는 것을 예측해 맞춤형 제품이나 서비스를 제공하는 것으로 펑션오브뷰티Function of Beauty는 2016년 뉴욕에 설립된 샴푸 회사로서 딥러닝 알고리즘을 통해 200종류의 피부 속성을 분석하여 1만 개 이상의 화장품 조합법을 만들어 개인 맞춤형 스킨케어 제품을 제작하는데, 특징적인 서비스는 고객의 개인 취향에 따라 샴푸와 컨디셔너를 맞춤 제공하고 고객의 머리카락 유형과 선호도, 고객이 머리카락과 관련한 의도 된 목표에 따른 맞춤형 샴푸와 컨디셔너를 제조한다.[*] 펑션오브뷰티 웹사이트에 퀴즈 형식으로 설문을 진행하고 고객의 모발 유형, 두피 건조도, 볼륨, 컨디션, 길이 등에 대답하고 좋아하는 색상과 향기 등을 선택하면 이 결과를 가지고 헤어 프로파일을 구축하고 딥러닝을 통하여 맞춤 수식을 적용 12억 가지 조합 중 최적의 옵션을 제안하는데, 이것은 각각의 고객에게 헤어 프로필 상태, 모발 상태를 확인하고 이것을 결합하여 고객 개인에게 어울리는 맞춤형 제품을 제안하기 위한 것이다. 의류에도 맞춤형 서비스를 적용할 수 있다. H&M 그룹의 디지털 패션 자회사 아이비 레벨Ivy revel은 스마트폰에 있는 모든 센서와 구글의 어웨어니스 APIAwareness API를 활용해 사용자의 일상 데이터를 수집하여 맞춤 의상 서비스를 제공하고 있다.

트랜드 예측은 사전적으로 정의하면 '일이 되어 나가는 형편이나 상

---

[*] https://m.blog.naver.com/businessinsight

황을 먼저 알아차리는 것'이라 할 수 있다. 진행되는 상황이나 일어날 결과에 대해서 어느 정도 예측을 할 수 있다는 것이다. 즉 미래에 대해서 어느 정도의 예측을 할 수는 있으나 정확성은 현저하게 떨어진다. 그러나 데이터를 이용하게 하면 정확성을 제고할 수 있다. 인공지능 알고리즘은 수많은 데이터를 분석해 그 속에 담긴 예측 인사이트를 제공할 수 있기 때문이다.

기업에서의 예측 기능은 서비스를 고도화하거나 성과를 향상시킬 수 있다. 비즈니스의 성공 요인으로 수요 예측이 중요한 역할을 하고 있기 때문이다. 독일의 출판사인 인키트Inkitt*는 베스트셀러의 비율이 전체 출간 종수의 90%를 상회한다. 실제 출판사에서 책을 한 권 출간하려면 많은 비용과 시간이 소요되지만, 실제 베스트셀러가 출간되기는 쉽지 않다. 그러나 인키트Inkitt는 인공지능을 활용한 플랫폼 운영을 통하여 수많은 베스트셀러를 출간하였다. 많은 사람이 칼럼 혹은 짧은 소설 분량의 스토리를 연재로 올리면, 사람들이 읽고 평가하는 독자 출판 플랫폼을 운영해 2019년에 100만 명 이상 회원을 보유하고 등록된 저자만 4만 명이 넘었으며 연재가 끝나거나 진행 중인 스토리가 15만 개 이상이다. 인키트Inkitt에서는 편집자를 없애고 인공지능을 활용해 독자들의 행위 데이터를 분석하고, 고객 데이터를 바탕으로 베스트셀러를 예측하는데, 독자들이 각각의 글에 머무른 시간, 읽은 시간과 시간대 등의 행위 데이터를 분석하고, 페이스북에 인구통계학적 데이터를 얻어 객관적인 독자 분석을 진행하고 이 정보를 바탕으로 베스트

* https://brunch.co.kr/

셀러를 예측한다. 인키트는 사람이 수행하던 편집자의 역할을 인공지능이 맡으면서 흥행 예측 역량을 향상하여 출간 서적의 91.7%를 베스트셀러를 출간하였다. 2015년 24권의 도서 중 22권이 독일 아마존 베스트셀러, 2017년에는 출간 도서 중 약 70% 정도인 46권이 베스트셀러가 되었다. 작가와의 계약에서도 베스트셀러 가능성이 어느 정도 보장이 되어야 진행을 하였는데 실제 작가에게 돌아가는 인쇄에 대해서는 성공 확률이 높은 콘텐츠인 만큼 작가에게 종이책 기준으로 51%를 지급했으며 이는 국내 출판사 10% 내외인 것과는 파격적이라 할 수 있다. 예측 기술의 고도화 되면서 위치 정보를 기반으로 하여 특정 지역의 다양한 정보를 제공하는 서비스도 가능하게 되었다. 부동산 시세나 자동차 밀집 예측 분석 및 낚시 포인트 등을 알려 주는 서비스이다.

피시 브레인FishBrain은 스웨덴의 낚시 정보업체로 인공지능을 접목해서 원하는 어종을 언제 어디서 잡으면 되는지 정보를 제공해주는 애플리케이션이다. 당초 이 웹은 낚시를 즐기는 사람들이 자신의 낚시 정보를 공유하는 SNS로 시작되었는데, 500만 명 이상의 회원과 370만 개 이상의 어종 데이터를 확보하고 있으며, 낚시꾼들이 올린 정보를 분석하고, 애플리케이션에 등록한 물고기 사진을 컴퓨터 비전을 통해 어종을 인식하고 이를 기록한다.[*] 앱에 업로드된 데이터는 날씨, 조수 패턴과 같은 환경 데이터와 결합하여 370만 개 이상의 데이터를 기반으로 위치별로 잘 잡히는 어종, 지역, 시간대 등의 정보를 제공하고 있다. 피시브레인은 평범한 정보 공유 SNS에 예측 기능을 추가한 융합의 사례

----

[*] https://www.saltstrong.com/articles

라고 할 수 있다.

맥락 예측 기술이다. 맥락 예측의 사전적인 의미를 보면 '어떤 일이나 사물이 서로 연관되어 이루는 줄거리를 사전에 미리 탐색이 가능한 것'이라 정의한다. 즉 상황을 정확히 이해해야 한다는 것으로 상황에 대한 세심하고 정확한 이해가 부족하게 되면 비효율적인 의사결정으로 귀결되기 때문이다.

대표적인 사례는 교육분야라 할 수 있다. 학생의 수준과 처한 상황은 천차만별인 데 반해 선생님이 제공하는 지식은 천편일률적으로 일방적인 교육방식으로 학생들의 학습 의욕을 낮추는 경우가 발생한다. 학생들은 공부에 대한 흥미를 잃고 실력 향상이 쉽게 이루어지지 않는다. 그러나 인공지능은 각 개인의 다양한 상황에 맞추어 맞춤 교육에 대한 방법을 제시할 수 있다. 인공지능 기반 에듀테크 기업인 뤼이드Riiid의 산타토익이 맞춤 교육의 가능성을 보여주는 것이다. 2017년 9월에 출시되어 1년 동안 유료 사용자 3,000여 명의 성적 변화를 분석한 결과 일주일에 평균 20시간 학습 시 점수가 124점 상승하고, 30~40시간 학습 시 161점 정도가 상승하는 것으로 파악하였다. 이러한 분석 결과를 토대로 산타토익의 인공지능 기술은 학습자의 학습 능력을 파악할 수 있었다.[*] 학습자가 문제를 풀 때마다 정답 여부에 따라 학습할 문제를 선별해서 제시해 주는 것으로, 충분히 알고 있는 문제를 반복적으로 학습하기 보다는 잘 모르는 틀리기 쉬운 문제에 대해서 반복

---

[*] https://www.etnews.com/20181002000161

적으로 학습하는 것이 점수 향상에 도움이 된다는 것을 확인한 것이다. 우리의 주변에서도 흔히 볼 수 있는 것이 성적이 좋은 학생의 공부하는 비결을 보면 오답 노트를 만들어서 취약한 부분의 학습을 강화해서 학습하는 원리를 인공지능 기술을 통하여 확인한 것으로 딥러닝 기반의 인공지능 시스템이 학습자의 오답 확률을 예측하여, 점수가 가장많이 상승할 수 있는 문제와 강의를 골라서 학습할 수 있도록 제공해주는 것이다. 산타토익의 인공지능은 90% 이상의 정·오답 예측 적중률을 가지고 있으며, 학습자당 평균 1,720개의 불필요한 문제를 제거해 약 28시간의 학습 시간 절감 효과를 제공하였다.

학습 단계별 알고리즘 흐름

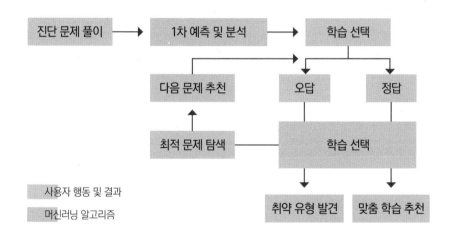

세상의 복잡성과 불확실성에 대한 극복을 위해 예측 기술의 필요성은 더욱 증대되고 있다. 예측 기술을 제품과 서비스에 적용하면 불확실성 극복이라는 중요한 가치를 고객에게 제공할 수 있고, 상대방의 심중을 예측할 수 있다는 것은 비즈니스에 있어 상당히 중요하다. 즉 고객이 구매할 품목을 예측하면 높은 판매율을 가져올 수 있으며, 고객의 선호와 상황을 파악할 수 있는 최적화 된 솔루션이 제공되면 고객의 편의와 만족을 극대화시키는 비즈니스 지향점에 가까이 갈 수 있기 때문이다. 선호 예측, 트랜드 예측, 맥락 예측 등으로 구성되는 예측혁신 기술을 활용하여 비즈니스의 활성화와 고객 만족과 편리성에 대한 제고가 가능할 것이다.

③ 자동화 기술을 활용한 혁신

기존의 자동화는 인간이 설정해 놓은 규칙을 기반으로 자동화되는 시스템으로 효율성이 개선되는 효과는 한정적이며, 주위 환경의 변화에는 대응할 수 없었다. 반면 인공지능에 의한 자동화는 인공지능 자체적으로 효율적인 방법을 탐색하여, 운영 환경이 변화되면 그 상황에 대응하면서 인공지능 시스템도 변화하면서 효율성을 극대화시켜 나가면서 지능형 처리를 통한 수익 창출의 원동력 역할을 한다. 글로벌 컨설팅 회사 캡제미니 Capgemini의 2018년 보고서에 의하면 5년 안에 구글, 페이스북, 아마존 등 인터넷 기반 기업이 거대한 고객 기반과 인공지능 기술을 활용하여 여러 산업 분야에 진출할 것으로 예측하였고, 금융 분야에 자동화 기술을 접목 고도의 서비스를 제공하면서 금융계의 주요 경쟁사로 부상할 것이라 하였다. 자동화의 혁신은 자동처리, 자동최적화, 의사결정 자동화 등으로 발전하게 될 것이다.

자동처리는 인간이 해야 할 노동을 기계 설비 등에 인공지능 기술을 활용하여 효율적으로 일 처리를 하는 것이다. 인공지능 기능이 로봇이나 기계 설비 등의 기능과 작업을 용도에 맞도록 제어하면서 사용자 및 고객에게 편리함을 제공하는 것으로, 단순·반복 업무의 일부 혹은 전체를 인공지능을 활용하여 처리한다. 인공지능의 결합은 모든 자동화 동작과 프로세스가 지능형으로 이뤄진다는 점에서 기존의 자동화와 차이점이 있다. 자동화 처리 기능이 가장 적합한 활용 영역은 같은 일이 반복되는 환경이 주 대상이 된다. 예를 들면 일반 식당의 주방으로 정해진 메뉴를 같은 방법으로 매일매일 조리하는 것이다.

샌프란시스코의 레스토랑 크리에이터Creator는 로봇이 햄버거를 직접 조리한다. 세계 최초의 로봇 레스토랑으로 스스로 완벽하게 햄버거를 조리하는데, 고객은 태블릿으로 주문하고 로봇이 패티를 굽는 온도까지 제어하여 햄버거를 만들어 주는 시스템이다. 이와 유사하게 로봇이 조리하고 서빙하는 칼리버거Calliburger라고 하는 레스토랑이 있다.* LA에 있는 햄버거 음식점으로 운영자는 햄버거의 레시피를 개발하여 이를 규격화 시키고 플리피Flippy라는 로봇 요리사는 컴퓨터 비전 기술을 통하여 각종 재료를 구분하면서 조리한다. 로봇 요리사는 조리 과정의 지속적인 모니터링을 통하여 최적의 조리 상태를 확인하고, 사람은 조리가 완료된 빵과 패티 등 주재료를 조합하여 햄버거를 완성 시키는 역할을 담당한다. 그 외에도 바리스타 로봇, 칵테일을 만드는 로봇 등 다양한 방면에서 인간의 노동을 대신해 주는 역할을 하고 있다.

유통분야에서도 로봇을 활용한 사례들이 많이 증가하고 있다. 대형 마트에서의 일상적이고 반복적인 업무인 매장 재고관리에 자동화

* http://www.irobotnews.com.2020.03.25.

로봇의 도입으로 노동 효율성과 정확성을 확보할 수 있다. 미국 매릴 랜드에 있는 슈넉스마켓SchnucksMarket*은 로봇 스타트업 심비로보틱스 SimbeRobotics에서 개발한 로봇 탈리Tally를 도입해서 11개 매장에서 사용하고 있다. 3D 영상으로 주변 환경을 인식하고, 상품을 진열한 선반을 스캔해서 상품의 현황을 기록하고, 가격, 제품 배치의 오류를 체크한다. 선반 위 상품을 초당 700개 이상을 스캔할 수 있으며, 부착된 라벨의 가격의 정확성 여부를 확인하고 잘못된 경우 라벨을 수정하는 작업도 가능하다. 매장 내 장애물을 자동으로 피할 수 있으며 선반의 상품 재보충 시점 등 간단한 예측도 가능하다. 작업자의 반복적인 단순한 작업을 처리해서 작업 효율과 정확성을 확보하면서 작업자들의 작업 시간을 단축시켜 주기도 한다. 향후 인공지능을 활용한 유통물류 현장에서의 로봇 프로세스 자동화를 통해 서비스 영역이 고도화될 것이다.

자동 최적화이다. 최적화란 동일한 자원의 투입에 대해 최대치의 산출물을 만들어 내는 것으로 자동으로 최적화를 만들어 내는 모델은 다양한 분야에서 활용되고 있으며 기능이 고도화되면서 효용가치는 빠르게 높아질 것이다. 최적화의 모델은 가장 먼저 수익성을 높이는 것에 사용될 것으로 예상되며, 대표적인 영역은 가격 차별화 부문으로 가격은 판매량과 함께 수익을 결정하는 주요 변수로서, 선진 IT 기업들은 수익 극대화를 위해 가격을 고객별, 상황별로 유연하게 조정하는 Dynamic Pricing가변 가격제 전략을 사용하고 있다. 에어비엔비는 머신러닝에 기반한 가격책정 기능을 가동하여 수요자의 흐름에 따라 가격

---

* http://www.irobotnews.com/news/articleView.html?idxno=11308

디지털 전환과 ICT 융합기술

을 적정 수준으로 조정하여 성수기와 비수기에 적합한 가격을 책정하고 있다. 또한, 우버는 승객이 많이 몰리는 특정 지역과 시간대에 적정 가격 수준 조정을 통하여 가격 최적화를 지역별 차량의 수급 불균형을 최소화하면서 고객 편의를 높이는 역할을 하고 있다. 보험회사인 AXA의 경우 머신러닝과 신경네트워크 모델을 사용하여 고객이 사고를 일으킬 확률을 예측하는 기술을 개발하여 운전자의 운전 습관 등을 고려하여 보험료 산정 시에 분석 내용을 참고하여 개인별로 차등을 두어 보험료를 산정하고 있다.

인공지능 자동 최적화 모델은 다음과 같은 몇 가지 과정을 거치면서 만들어진다. 첫 번째, 목적을 이해하는 것이다. 무엇을 할 것인지 최종적인 결과 및 산출물이 확실해야 한다. 두 번째, 목적을 이루기 위해 해결해야 할 문제의 정의를 통하여 필요한 데이터, 학습 방법과 환경적인 변수 요인들을 정확하게 파악하고 대응해야 한다. 세 번째, 목적 달성을 위한 구체적인 설계 작업을 진행해야 한다. 문제의 발생 원인을 제거하거나 회피할 수 있는 수단을 찾고 실행해 나가는 로드맵을 구성하는 것이다. 네 번째, 설계된 내역대로 실행하는 것이다. 다섯 번째, 실행 결과를 예측하고, 모니터링하여 최적화를 위한 재설계 및 재실행 과정을 진행할 수 있어야 하며, 최적화의 자동화는 인공지능이 위의 모든 과정을 스스로 반복적으로 이행할 수 있어야 가능하다. 대부분의 산업 영역에서 자동 최적화가 필요하지만 그 중에서도 농업분야로 수확량을 늘리기 위해 모든 환경 여건을 최적화하는 작업이 필요하다.

일리노이대학 게놈 생물학 연구소의 연구진은 식물의 수를 세고 분석할 수 있는 테라센티아TerraSentia를 개발했다. 로봇의 센서는 줄기의 폭, 높이, 각도, 작물의 숫자와 잎의 숫자 및 상태, 생육 지역, 생육 지수 등의 각종 현장 데이터를 수집한다.* 그 후 머신러닝 소프트웨어가 이런 데이터를 분석해 작물 수확량과 작물의 건강 상태를 예측한다. 컴퓨팅 파이프라인은 수확량이 특히 높은 일부 작물의 핵심 특성과 유전자 마커 등을 식별한다. 미국의 일리노이대학교에서 농장작업의 최적화 도구로 활용할 수 있는 자동화 머신러닝 기술과 자율주행 기술이 결합 된 로봇으로 작물 사이를 이동하면서 센서와 카메라로 작물의 성장률이나 잎의 색깔 등 다양한 요소를 관찰해 식물의 성장 상태를 측정한다. 인지된 식물들의 생육 상태를 점검하는 등 농작물의 다양한 데이터를 수집하고 분석하여 개별 식물마다 요구되는 조건을 확인하면서 상태를 파악하여 작물의 질병 발생을 사전에 파악하고 해충도 탐지하여 피해를 예방할 수 있도록 지원해 준다. 하루 10만 평 정도 규모의 농장을 운행하면서 각 작물들이 최적의 상태로 생육할 수 있도록 관리하는 역할을 하고 있다.

의사결정 자동화 부분에서는 근래에 들어 기업의 면접 현장에 인공지능이 등장하여 과거 사람들이 서류를 검토하던 방식과는 다르게 면접을 주도하고 있다. 지원자의 정보 및 특징에 맞는 질문과 답변에 대한 평가를 인공지능이 진행하고 있다. 인공지능 면접관은 인간 행동 및 뇌 신경 관련 연구 논문, 측정 방법론뿐만 아니라 기업이 선호하는 인재상에 대한 정보, 지원자에 대한 정보까지 학습하여 지원자의 표정,

---

* http://www.aitimes.com.2019.12.14.

　　　　　　　　　　　　　　　디지털 전환과 ICT 융합기술

답변 내용, 사용하는 단어 등을 분석하여 기업의 가치관과 필요 역량에 적합 여부를 평가하고 계량화하여 면접 결과를 전달해준다. 또한, 인공지능은 비전문가가 전문성의 영역에 쉽게 접근할 수 있도록 복잡한 분석을 빠르고 정확하게 처리해 주고 있어 의사결정을 위한 참모 역할도 수행하고 있다.

2018년 세계경제포럼WEF에서 켄쇼테크놀러지Kensho Technologies라는 기업이 '테크놀러지 파이오니아Technology Pioneer'로 선정했다. 이 기업은 2013년 설립된 회사로 금융분석 인공지능 켄쇼Kensho를 출시하였고, 영국의 블랙시트 이후 파운드화 변동, 트럼프 대통령 당선 직후의 환율 변동, 시리아 내전 관련주 선정 등 세계적으로 커다란 사건과 관련한 경제지표 등의 정확한 분석을 통하여 많은 주목을 받았다. 켄쇼는 거시경제 지표 외에도 각종 뉴스, 기업의 회계정보 등 10만여 개 정도의 변수를 자연어 처리기술로 분석하고, 학습하여 복잡한 현상 속에 숨어 있는 연결 고리를 찾아 짧은 시간 내에 명료한 분석 자료 보고서를 작성한다.

이 시스템은 의사결정 시 숨겨져 있던 패턴을 찾고 의사결정 시 많은 도움을 주고 있다. 일본 기업 히타치Hitachi에서 개발한 인공지능 분석 시스템은 분석의 근거까지도 제시하고 있다. 이 인공지능에 신기술 투자에 대한 의견을 물으면 정부와 연구소 등의 보고서, 기사, 서적 등 약 120만 권 정도의 관련 내용을 2분 만에 분석해 투자 여부에 대한 의견을 제시한다. 이와 동일한 의사결정을 위해서는 기존 전문 컨설턴트 5~20여 명이 수개월 동안 분석해야 할 분량을 바로 처리할 수 있어 인력 감축의 효과도 있다. NEC 니혼전기주식회사에서는 수요 예측을 통해 소매점 경영을 지원하는 인공지능을 개발하였고, IBM은 B2B 기업 컨설팅 서비스를 제공하기 위해 왓슨의 의사결정 지원 기능을 강화하였다. 자동분석 인공지능이 상용화되면 이 알고리즘을 취득하는 비용이 낮아지면서 활용 범위는 점차 확산될 것이다.

자동화 기술이 효과적으로 활용될 수 있는 분야는 빠르게 확장되고 최적화를 통한 효율성의 극대화가 이루어지고 있다. 자동화 최적화, 자동처리, 의사결정 자동화 기술은 반복적, 비효율적, 소모적인 노동 비중이 큰 부문부터 적용될 것이다. 인공지능은 인간을 복사해서 만든 시스템으로 인간을 대신해야 할 부문은 다양하면서 광범위하다. 반복적이고 소모적인 부문에 자동화 혁신 기술이 적용되고 특정한 일을 대체하기보다는 비효율적인 업무에 적용되어 효율성을 증진시키는 방향으로 진행되는 것이 바람직하다. 인간의 능력을 보다 생산적인 곳에 활용하여 인공지능과 융합된 기계 설비와 인간이 협업으로 전체적인 생산성을 더욱 높이는 것이 자동화 혁신 기술의 가치를 제고할 수 있다.

④ 상호작용 기술을 활용한 혁신

기계에 대화 기능을 추가할 수 있다면 새로운 가치를 창출하는 혁신이 될 수 있을 것이다. 사람들이 친하게 지낼 수 있는 것도 대화를 통한 상호작용이 가능하기 때문이다. 로봇 포르페우스Forpheus는 인공지능 탁구 코치 로봇으로 탁구를 치면서 상대의 자세나 잘못된 습관에 대한 정보를 제공해 주면서, 신체 단련뿐만 아니라 동기 부여 역할도 한다. 이 로봇을 개발한 Omron사의 임원은 기술이 사람들과 어떻게 상호작용을 하는지 연구하기 위하여 로봇을 개발했다고 한다.[*] 기계와의 대화는 새로운 가치를 만들어 내는 혁신으로 인공지능이 사람에게 다가설 수 있다는 것은 상호 간 대화를 통한 소통이 가능하기 때문일 것이다. 인공지능은 정해진 틀 안에서 기계적인 대화를 할 뿐이나 지능형 대화 기능은 사람과의 소통이 필요한 비즈니스의 다양한 영역에서 활용될 것이고 고객 응대 및 일반 대화를 통해 새로운 혁신이 될 것이다.

상호작용의 혁신 중 응대는 텍스트 분석, 이미지 분석 및 음성 인식을 기반으로 인간과의 의사소통을 가능하게 하는 자연어 처리기술이 발전하면서 응대 로봇 서비스로 진화했다. 인공지능 챗봇의 도입으로 고객 응대를 자동화하고 있는데, 서비스의 내용은 주로 상품 안내, 지점 안내 등 단순한 안내 서비스 차원을 넘어 고객의 말을 이해하고 실제 사람이 안내해 주는 것과 흡사한 서비스로 진화하고 있다.

AIA 생명의 서비스는 몸의 특정 부위를 다쳐 보험금 신청 문의를 하면 챗봇은 보험금 신청 절차를 설명해 주고, 상담하는 동안 보험료 납부가 필요하면 SNS를 통해 실시간으로 보험료 납입 이체까지도 도와준다. 시간과 장소에 상관없이 24시간 X 365일 간편하게 상담 서비스가 가능한 것이다. 이처럼 챗봇 기반 응대 서비스는 상담사와는 다르게 통화를 위한 대기가 필요 없어 상담사에게 의존하던 기존의 서비스와는 차별성이 있다. 챗봇의 대응이 계속 이루어지면서 반복 학습 효과를 통해 고객과의 상호작용 수준이 높아지고 있어 서비스 수준의 질

---

[*] http://www.aitimes.com/news/articleView.html

이 더욱 향상된다. 또한, 오프라인 공간에서의 응대가 필요한 영역도 많이 존재하고 있다. 호텔이 그중 하나로 호텔 운영 효율성을 개선하여 고객 경험의 질을 높이기 위해 로봇을 도입하는 호텔이 꾸준히 증가하고 있다.

로봇이 프론트 데스크에서 예약과 체크인·체크아웃 서비스, 호텔비 계산, 룸서비스 등 호텔리어들이 수행하던 업무의 대부분을 담당할 수 있다. 로봇의 고객 응대를 통하여 기존 인력은 프리미엄 서비스 등 고객 서비스의 질을 높이는 데 집중할 수 있어 새로운 고객 서비스를 통한 만족도가 높아질 것이다. 메리어트 인터내셔널 호텔은 아마존의 호텔 전용 알렉사인 알엑사포 호스피텔러티Alexa for Hospitality라는 서비스를 도입하여, 알렉사의 소통 기능이 고객 응대 서비스 강화라는 목적에 맞게 호텔에 맞춤화되어 적용된 사례이다. 조명, 블라인드, 온도 조절기, TV 등과 같은 기기를 제어하는 스마트 홈 기능을 제공하고 객실 내 엔터테인먼트 제공업체인 월드시네마World Cinema, 게스트Guest와 연동되어 고객의 취향에 맞는 객실 내 음악 방송을 즐길 수 있도록 하였고, 인터넷 라디오 플랫폼인 아이하트 라디오와 튠인을 통해 라디오 청취도 가능하여 고객 맞춤 서비스를 제공한다. 또한, 공항 대기 시간 체크 및 우버 예약 등 제3의 애플리케이션과도 연동할 수 있다. 알렉사는 피트니스 센터의 위치, 수영장 오픈 시간 등을 확인하고 와인 주문과 스파 예약 등 프런트 데스크의 호텔리어가 하는 일을 수행하기도 한다. 아마존은 고객의 패턴을 학습하고 이를 통하여 새로운 서비스를 개발하여, 투숙객들에게 개인 맞춤형 콘텐츠를 제공할 수 있도록 고객 중심의 최적화 서비스 역량을 제공하고 있다.

디지털 전환과 ICT 융합기술

대화는 상호 간에 의견을 주고받는 것으로 생각을 전달하는 기능을 한다. 인공지능 기술의 발전으로 사람과 대화를 하고 감성적 교류를 할 수 있는 소셜 로봇이 등장하고 있다. 소셜 로봇은 기존 로봇이 인간에게 물리적인 도움을 주었다면, 소셜 로봇은 인공지능을 통해 인간의 감정을 이해하고 상호작용이 가능하다. 인구 고령화, 1인 가구 증가, 가족 해체 등의 사회 현상에 대응할 방안으로 로봇은 자연스럽게 사람과의 대화를 통하여 필요로 하는 것이 무엇인지를 파악하고 요구하는 내용에 적합하게 대응할 수 있다. 대화 상대로서 인간의 감정을 파악하고 로봇의 감정 상태도 인간에게 전달할 수 있는 정서적인 상호작용이 가능한 것이다.

최초의 소셜 로봇은 MIT 신시아 브리질Cynthia Breazeal이 개발한 지보Jibo라는 로봇으로 2017년 미국 시사주간지 「타임」이 선정한 올해의 발명품에 선정되었다. 뉴스나 날씨 등 질문에 대해 대답하고 얼굴에 아이콘으로 감정 표현이 가능하다. 소프트뱅크에서 개발한 페퍼Pepper는 대표적인 소셜 로봇으로 카메라, 3D 센서, 마이크로 사람의 표정과 몸짓, 목소리를 인식하는 감정 엔진을 장착하여 사람의 감정을 이해하고 파악하여 적절한 질문과 대답을 할 수 있는 로봇이다.

현대화와 도시화로 독립하는 미혼 남녀가 급증하고 있다. 이들을 위하여 게이트 박스Gate box라는 상품이 출시되었다.* 사용자의 취향에 맞는 캐릭터로 만들어진 친구이자 사용자의 상태를 파악하고 대화할 수

---

* https://namu.wiki/w/Gatebox

있는 홀로그램 홈 로봇으로 20인치의 플라스틱 통으로 되어 있고 아마존 알렉사처럼 목소리로만 모든 대화를 하는 것이 아니라 사용자를 위해 열심히 움직이는 '애니메이션 소녀'라는 차별성을 지니고 있다. 즉, 친구가 필요한 외로운 직장인을 타깃으로 매일매일 해야 할 일을 알려주고, 일기예보를 알려주고, 현실 속 친구처럼 사적인 의사소통도 가능한 유머 감각이 있는 매력적인 컨셉을 가진 친구이다. 사용자의 움직임을 추적하면서 안면을 인식하는 기능과 목소리를 기억하면서, 사용자가 외부에 있을 때 알림 메시지를 보내거나 채팅도 가능하다. 또한, 사용자가 출근하거나 외출할 때 귀가 시간을 알려 달라는 문자도 보내면서 귀가가 늦으면 어서 귀가하라고 문자를 보내기도 한다. 귀가 시간에 맞춰 집에 전등을 켜고 좋아하는 음악도 틀어 놓는 등 다양한 기능을 통하여 마치 누군가와 함께 살면서 대화하는 느낌이 들 수 있는 서비스를 제공하고 있다.

이처럼 인공지능의 대화 기능은 기존의 제품과 서비스에 사회적인 역할을 할 수 있는 기능을 추가하는 것으로 상품의 가치를 키울 수 있으며 일정한 명령만 수행하는 기계의 존재가 아니라 사용자의 기분과 원하는 것을 알고 다정하게 대화를 건네는 사회적인 존재로의 지속적인 진화가 이루어지고 있다. 인구의 고령화, 1인 가구의 증가, 개인주의 경향, 고령화와 가족 해체 등으로 인한 인간적인 친밀감이 점점 사라지는 시대에 소셜 로봇의 필요성은 더욱 높아질 것으로 보인다.

⑤ 창조 기술을 활용한 혁신
인공지능이 인간 감성의 영역인 창작 활동은 불가능할 것으로 생각

디지털 전환과 ICT 융합기술

했다. 하지만 이미 인공지능은 예술의 영역까지 진출하여 작곡, 작사, 시 짓기, 그림 그리기 등 다양한 방면에서 활용되고 있다. 예일대학교의 도냐 퀵Donya Quick 교수가 개발한 쿨리타Kulitta라는 프로그램은 작곡하는 인공지능으로 수많은 음계의 조합을 분석하고 학습을 통해 고난도의 음계를 재조합하는 방식으로 작곡한다. 음악 요소의 재조합에 불과한 형식적 창작이라고 하지만 향후 창작에 대한 가능성을 보이는 사례라고 할 수 있다. 작곡 인공지능은 인간과 같이 작곡을 잘할 수 있느냐에 목적이 있는 것이 아니라 작곡가가 이것을 활용해 작곡의 효율성과 생산성을 높이는 것에 주목할 필요가 있다. 예술에 있어 인간의 모든 열정과 감각을 통하여 완벽한 작품을 만드는 것도 중요하지만, 작품을 많이 만들어 판매하는 부분도 중요한 부분이다.

요리 부문에서는 IBM 왓슨의 생성 알고리즘이 1만여 개의 요리 레시피 학습을 통하여, 인공지능이 학습한 조리법뿐만 아니라 재료와의 조합 분석을 통해 전혀 새로운 레시피를 만들어 낼 수 있다.[*] 재료를 선택하고 시간대별로 점심 식사, 저녁 식사, 아침 식사를 구분하고, 어느 나라의 음식을 원하는지 스타일을 선택하면 재료의 조합을 과학적으로 분석하고 취향에 맞는 레시피를 제안한다. GE가 루이빌대학교와 함께 출범시킨 생활가전 아이디어 공유 커뮤니티인 퍼스트 빌드First Build에서는 스마트 쿡탑CookTop을 개발했다. 요리를 한 번도 해본 적이 없는 사람도 이 쿡탑 기기를 사용하면 최고의 요리를 할 수 있다는 것이다. 예를 들어 파스타 요리의 경우 스마트폰을 활용하여 유명한 파스

---

* http://seehint.com/print

타 요리사의 레시피를 다운받아 쿡탑 용기에 연결시킨 다음 필요한 재료를 넣고 기다리기만 하면 맛있는 파스타가 만들어진다.

인공지능의 창조 혁신은 디자인 부문에서도 다양하게 활용할 수 있다. 정기 간행물의 표지 디자인의 경우 스탠퍼드대학교 연구원인 로비 바렛은 머신러닝을 이용하여 인공지능에 수천 점의 그림을 학습시켰고 이후 생성적 적대 신경망Generative AdverarialNetwork 기술을 적용해 직접 풍경화를 그리도록 하였다. 적대 신경망 기술은 인간의 간섭이나 추가적인 학습 데이터 없이 인공지능 스스로 학습하게 하는 신경망 기법으로 서로 대립되는 두 시스템이 상호경쟁을 통해 성능을 높이는 비지도 학습법의 한 방법으로서 한 시스템은 위조지폐를 만드는 기능, 다른 시스템은 위조 여부를 감지하는 기능으로 경쟁을 통해서 성능을 향상시키는 방법이다.

또한, 광고 사례로 도요타자동차는 IBM의 왓슨을 이용하여 '직관주행Driven by Intution'이라는 광고 제작을 하였다.[*] 머신러닝 기반의 왓슨이 세계적인 국제 광고제인 칸 라이언스Cannes Lions에서 15년 동안 수상했던 수많은 광고 패턴 학습을 통해 광고의 공통된 속성을 학습하였다. 그리고 호주 뉴사우스웨일즈대학의 응용과학 연구소 마인드엑스MindX에서 제공한 맞춤형 실험 데이터를 바탕으로 사람들이 자동차 광고에 직관적으로 어떻게 반응하는지 분석하고 이를 기반으로 광고 각본을 만들고 세부 내용을 구성하였다. 유명 감독인 케빈 맥도널드Kevin Macdonald가 교정하고 제작하는 방식으로 광고를 제작하였는데, 이 작

---

[*] https://www.hani.co.kr/arti/science/technology

품을 통하여 2018년 오스카상을 수상하였다.

인공지능을 기반으로 한 창조 혁신 기술이 창작 활동까지도 가능하다는 잠재성을 확인하였다. 그러나 인공지능의 비즈니스는 근본적으로 예술성보다는 효율성에 뿌리를 두고 있어 예술적인 감흥이 필요한 영역을 인공지능이 대신할 수는 없다. 보편적이고 일률적인 대량생산이 필요한 광고, 표지 등의 분야에서는 인공지능의 역할이 인력, 시간 등의 절감 효과를 주지만, 창작의 영역, 즉 예술적인 감각이 필요한 부분에는 인간의 더욱 큰 능력 발휘가 필요하다.

6. 인공지능 기술을 활용한 비즈니스 혁신 접근 방법

인공지능의 다섯 가지 핵심 기능을 활용하면 새로운 가치의 비즈니스를 만드는 데 큰 어려움은 없을 것이다. 핵심 기능들을 활용하여 어떤 방법으로 혁신할 것인가에 대해 네 가지 방법으로 접근할 수 있다. 첫 번째, 기존 제품 및 서비스의 특정 기능을 '보완 또는 수정'하는 접근 방법이 있을 것이다. 두 번째, 인공지능 기술을 이용해 기존 기능을 다른 기능으로 '선택적 대체'하는 방법이 있고, 세 번째, 새로운 서비스 및 기능이나 혹은 새로운 제품군을 '창조'하는 방법과 마지막으로 제품이 보유하고 있던 가치 제안 및 전달 방식을 '변형'하는 것이다. 이상의 4가지 혁신 방법은 MIT 연구원인 조지 웨스턴먼George Westernman 의 디지털트랜스포메이션을 위해 제시한 혁신방법론을 인공지능의 특성에 맞추어 한동대 정두희 교수가 보완한 내용을 활용 하였다.

1) 제품과 서비스의 특정 기능 보완 방법

인공지능은 학습력, 속도, 정확성 등 다양한 장점이 있으며 이를 활용하여 기존의 기능을 강화할 수 있다. 온라인 지식 공유 플랫폼 TED Technology, Entertainment, Design는 각 분야의 저명인사와 괄목할 업적을 이룬 사람들의 참신한 아이디어나 조언을 공유하는 시스템으로, 기존 콘텐츠 검색 기능이 키워드를 입력하면 제목이나 영상에 붙어 있는 태그와 일치하는 것만을 검색하여 실제 사용이 불편했다. 이런 문제점을 해결하기 위하여, IBM 왓슨 인공지능을 도입하여 음성 인식 시스템이 모든 영상의 음성을 시작부터 마지막까지 듣고 음성을 인식하고 의미를 이해해서 사용자가 검색하고자 하는 내용과 가장 가까운 영상을 찾을 수 있게 하는 것이다. 예를 들어 사랑과 행복의 관계 주제와 관련하여 TED에 입력하면 왓슨의 인공지능은 영상정보와 강연 내용 및 정보 등을 모두 분석하여 질문에 가장 적합한 콘텐츠를 적중률이 높은 순서대로 보여준다. 이는 단순히 영상을 리스트업하는 것이 아니라 전체 영상 중 사용자의 질문에 적합한 대답 영역만을 재생하는 것이다. 또한, 유니클로의 IQ 서비스는 고객의 선호에 맞는 의류를 추천하는 기능을 강화한 것으로 인공지능으로 정교하게 소비자 행동을 분석하고 소비자가 원하는 상품을 원하는 시점에 소개할 수 있도록 편의성을 높였다.

2) 제품과 서비스 기능의 선택적 대체 방법

제품과 서비스의 기능을 일부 혹은 전체를 인공지능이 제공하는 기능으로 변경하는 방법이다. 샌프란시스코의 햄버거 조리 로봇 크리에이터와 미국 LA에 있는 햄버거 음식점 칼리버거에 있는 로봇 요리사 플리피 그리고 샌프란시스코 카페X의 바리스타 등은 조리 및 제조의 일부를 자동화 모델로 대체한 경우이다. 대체 방법을 통해 인간은 남는 시간을 메뉴를 개발하거나 고객 응대에 활용할 수 있는 부가가치를 창출할 수 있는 일에 집중하고, 고객은 저렴한 가격으로 제품을 구매하고 양질의 서비스를 제공받을 수 있을 것이다. 암 환자들의 경우 인식 혁신 기술 기반의 헬스케어 솔루션을 도입하고, 인공지능의 패턴 인식 기능을 이용하여 암 진단 정확도를 100% 가까이 획기적으로 높였다. 의사는 수술 및 상담 등 고난도 작업에 집중할 수 있어 환자들은 검진 대기 시간을 최소화할 수 있고, 의사 상담 일정도 대폭 앞당길 수 있다. 가천 길병원이 좋은 사례로 인공지능 암 진단 솔루션을 일찍부터 도입하여 2017년부터 국내 병원 순위에서 상위 10위권 내에 진입하였고, 고객에게 높은 만족도를 주고 있다.

3) 새로운 기능 및 서비스를 창조하는 방법

새로운 기능을 가진 제품이나 서비스를 창조하는 것이다. 뇌전증 환자의 수면 중 발작을 감지할 수 있게 해주는 나이트 워치는 새롭게 만들어진 제품으로 환자들의 필요에 따라 만들어진 새로운 헬스케어 기기이다. 미쓰비시 전기는 외부 온도와 일사 광선으로부터 발생하는 열을 분석하여 집 안 사람들의 체감 온도를 예측하고 사용자가 선호하는 온도를 추적하는 인공지능 탑재 체감 온도의 예측이라는 기능을 이용해 자동으로 온도를 조절하는 인공지능 기능을 공조시설로 개발하였다.

브랜드 전략 분야의 석학인 데이비드 아커David Aaker 교수는 획기적인 성장을 위해서는 새로운 카테고리를 창조하는 전략이 필요하다고 강조하였다. 단순히 새로운 제품을 만드는 것이 아니라 제품의 영역 혹은 종류 자체를 새로 창조하여야 한다. 경쟁 브랜드와 전혀 무관한 카테고리를 만들어 소비자들이 경쟁사를 배제하게 만드는 전략이다. 카테고리의 창조는 전혀 새로운 '머스트 해브Must Have' 아이템을 만드는 것으로 소비자에게 꼭 필요하면서도 기존과 전혀 다른 카테고리에 속하는 제품을 만드는 것이다. 카테고리 창조 접근 방식은 기존 경쟁자에 대한 경쟁 요소가 완전히 배제되어야 한다.

도요타가 2000년 미국에서 프리우스를 하이브리드 차량이라고 소개하면서 소비자가 인식하지 못했던 카테고리를 적극 개발하여 하이브리드 하면 도요타라는 인식을 소비자에게 심는 데 성공했으며, 1982년 클라이슬러가 미니밴Minivan을 만들어 자동차 시장에 새로운 카테고리를 창조하여 소규모 단체를 위한 '미니버스'는 16년을 넘게 독점한 사례이다. 인공지능의 등장은 과거 존재하지 않던 카테고리를 개발할 가능성을 높여주고 있다. 아마존 알렉사는 새로운 서비스 제품을 출시했지만 단순한 제품을 내놓은 것이 아니라 쇼핑에 대한 사람들의 접근 방식 자체를 획기적으로 변화시키는 역할을 하고 있다. 기존의 인터넷 검색을 통한 쇼핑 방식을 '음성 기반 쇼핑' 방식으로 전환 시키는 계기를 만들었다. 또한, 상품 구매 시 궁금한 사항을 점원에게 질문 하듯이 알렉사를 통하여 궁금증을 해결하고 쇼핑을 한다.

카테고리의 창조 전략이 성공하려면 먼저 카테고리 자체로 가치가 있어야 하는데 카테고리의 규모가 너무 작고 성장 가능성이 없다면 가치가 없으며, 규모가 어느 정도 충분할 필요가 있고, 소비자가 좋아해야 그 가치가 있다. 아마존은 음성 인식 기반의 가상 비서 알렉사를 통해 큰 편의를 제공하고 있다. 누워서 전등을 소등하고, 음성을 통해서 음악도 틀고, 쇼핑도 가능하다. 또한, 호텔의 고객에게 특화된 서비스를 제공하고, 다른 회사의 전자제품에도 탑재되어 각종 서비스를 제공하고 있다. 아마존은 고객과의 전방위적 접점을 통해 고객 데이터를 풍부하게 얻고 이를 신제품 개발에 반영할 수 있어 아마존의 고객 편의성은 더욱 향상되어 '머스트 해브Must have' 아이템으로 입지를 공고히 하고 있다.

4) 고정된 제품 및 서비스 가치의 변경 방법

보완, 대체, 창조 등이 기계적인 변형이라면 가치 변형은 개념적 변형을 의미하는 것이다. 제품의 가치 제안을 수정하거나 가치 전달 방식을 변형시키는 것이다.

조지 웨스트먼과 디디에 보네Didier Bonnet, 앤드류 맥아피Andrew McAfee는 공동저서 '디지털 트랜스포메이션'에서 비즈니스를 재창조하는 가치 제안을 재정의하고 가치 전달 모델을 재구성하는 것이 중요하다고 하였다. 가치 제안은 제품이 소비자에게 전달하는 차별적 가치가 무엇인가에 대한 것으로, 경쟁 제품에 비해 제품이 지닌 독자적인 가치가 무엇인지를 제시하는 것으로, 이 가치 제안이 명확해야 경쟁력 있는 비즈니스 모델을 만들 수 있다.

2000년 후반 P&G의 브랜드 팸퍼스Pampers는 중국용 기저귀를 개발하였다. 중국 시장에 적합한 합리적인 가격의 일회용 기저귀로 판매가 부진하여 원인 파악을 위한 시장조사 결과 중국 엄마들의 관심은 '아기의 숙면'이었다. 기존의 뽀송뽀송하고 편리하다는 장점의 제안 가치를 아기의 숙면으로 전환하여 숙면용 기저귀로 전환하였다. 아기의 수면 변화를 확인하기 위해 비교 집단 실험을 진행하고 '골든슬립' 캠페인을 하고, 잠든 아기 사진 컨테스트 등을 통해 팸퍼스는 중국 엄마들 사이에서 '아기의 숙면'을 책임지는 '머스트 해브' 아이템으로 자리 잡을 수 있었다. 가치 제안을 변경한 차별화는 화장실의 변기에서도 찾아볼 수 있는데, 변기는 단순하게 용변을 해결하는 기구로 대부분이 비슷한 모양으로 차별화의 여지가 부족한 도구로 청결성을 유지하는 것이 중요한 가치였다. 스타트업 누미는 변기에 음성 인식기술을 적용해 편안히 앉아서 음성으로 조명을 조작하고, 바람의 세기를 조정하고, 음악을 듣고, 뉴스나 일기예보 등 여러 가지 기능을 추가한 가치 변형을 통하여 편리함을 제공할 수 있게 되었다.

거울의 본래 기능에 대한 가치 변혁이다. 거울은 내 모습을 깨끗하고 굴절 없이 보여주는 것이 중요한 가치이다. 하이미러는 인공지능 인식혁신 기술을 이용해 피부 상태를 분석해 주는 최첨단 스마트 거울을 제작하였다. 잔주름, 안색, 다크서클, 반점 및 모공 상태 등을 파악하여 피부 상태를 분석하는 진단 기구 역할을 하는 것이다. 이처럼 가치 제안이 변화할 때 소비자들의 제품 구매 동기 자체가 변화할 수 있다.

또한, 가치 전달 방식을 변경하는 방법으로 기업은 가치사슬에 접근하는 방식을 바꾸기 위해 제품, 서비스 및 데이터를 재결합할 필요가 있다. 인공기능 기술을 통해 고객의 기호 및 수요를 이해할 수 있게 되면서 기존의 가치 전달 방식에 획기적으로 변화된 방법을 활용하게 되었다. 인공지능 방식의 출판사 인키트는 수요 예측 기능의 변화로 많은 베스트셀러를 출간하였다. 인공지능을 이용한 수요 예측 기능 방식 변화로 독자들의 반응을 미리 확인할 수 있었고 출판 프로세스를 변경하였다. 이 비즈니스 모델은 출간 전에 책의 흥행성을 확인하고 출간을 결정하는 방식이다. 기존에는 책을 출간하면 고객이 읽었지만, 인키트의 경우에는 100만 회원이 드라마 시리즈를 보는 것처럼 주기적으로 단편적으로 작가의 글을 읽으면서 독자들은 자기도 모르게 작품의 흥행성에 대한 정보를 제공하게 되는 것으로 독자들의 검증을 거친 후 고품질의 작품만 출간하게 되는 것이다.

인공지능의 다섯 가지 기능과 네 가지의 혁신 접근 방법은 명확한 목적의 정의와 무엇을 사용하여 어떤 방법으로 융합할 것인지에 대한 설계와 실행을 통하여 비즈니스 혁신을 이룰 수 있다. 혁신을 성공적으로 수행하기 위한 또 하나의 가장 큰 핵심은 혁신을 주도하는 인력 즉, 조직을 구성하는 인력의 전문성이 확보되고 경영진의 의지와 의사소통이 원활하게 진행되어야 가능하다.

로봇(기술)

로봇robot이란 용어는 체코슬로바키아의 소설가 차페크Karel Capek가 1921년 발간한 'R.U.R Rossum's Universal Robots'이라는 희곡에서 처음으로 사용되었다. 로봇의 어원이 체코어의 노동을 의미하는 단어 '로보타robota'인 만큼 로봇의 역할은 인간의 노동을 대체할 수 있다. 유명한 SF 작가 아시모프Isaac Asimov는 1950년에 발간한 '아이 로봇I Robot'에서 로봇의 행동을 규제하는 세 가지 원칙을 제시하였다. 첫 번째, 로봇은 인간에게 해를 끼쳐서는 안 되며, 위험에 처해 있는 인간을 방관해서는 안 된다. 두 번째, 로봇은 인간의 명령에 반드시 복종해야 하며, 마지막으로 첫째 원칙과 둘째 원칙을 위배하지 않는 한 로봇은 자기 자신을 보호할 수 있어야 한다는 것이다.

1960년대에 들어서 로봇은 공상의 단계를 넘어 현실로 다가왔다. 최초의 산업용 로봇은 1961년 미국의 엥겔버거Joseph Engelberger가 개발한 '유니메이트Unimate'라는 로봇으로, 포드자동차에서 금형 주조 기계의 주물 부품 하역작업에 처음으로 사용되었다. 일본의 가와사키중공업은 1968년 미국의 로봇 기술을 도입하여 산업용 로봇을 본격적으로 생산하기 시작했으며, 로봇을 활용한 공장 자동화를 통해 세계 최고의 제조업 강국으로 부상할 수 있었다. 1997년에는 일본의 혼다자동차에서 형상과 크기가 인간과 비슷한 2족 보행 로봇인 아시모Ashimo를 개발

디지털 전환과 ICT 융합기술

하였다. 아시모는 지능형 로봇 개발에 새로운 전환점이 되었고, 2000년 이후에는 진공 청소 로봇, 잔디깎이 로봇, 장난감 로봇, 수술용 로봇 등 서비스용 로봇이 기하급수적으로 증가하였다.

로봇은 용도에 따라 산업용 로봇, 서비스용 로봇, 특수목적용 로봇으로 구분할 수 있다. 산업용 로봇은 산업 현장에서 인간을 대신하여 제품의 조립이나 검사 그리고 유통물류 현장에서 상·하역 작업 등을 하는 로봇이고, 서비스용 로봇은 청소, 환자 보조, 장난감, 교육실습 등과 같이 인간 생활에 다양한 서비스를 제공하는 로봇이다. 특수목적용 로봇은 전쟁에서 사용되거나 우주, 심해, 원자로 등에서 극한 작업을 수행할 수 있는 로봇이다.

또한, 로봇은 조작 방법에 따라서, 인간이 직접 조작하는 수동조작형 로봇manual manipulator과 설정된 순서에 따라 행동하는 시퀀스 로봇sequence robot, 인간의 행동을 따라 하는 플레이백 로봇playback robot, 프로그램을 수시로 변경할 수 있는 수치제어 로봇numerically controlled robot, 그리고 학습 능력과 판단력을 가진 지능형 로봇intelligent robot으로 분류할 수 있다. 이러한 작동 방법에 따른 로봇의 발전 순서는, 수동조작형 로봇과 시퀀스 로봇은 제1세대 로봇, 플레이백 로봇과 수치제어 로봇은 제2세대 로봇, 지능형 로봇은 제3세대 로봇으로 구분할 수 있다.

우리나라에서는 1980년대에 들어와 산업용 로봇이 개발되기 시작했으며, 로봇산업에 대한 정부의 지원이 거의 없던 시기로 산업계와 학계에서 연구개발을 자체적으로 진행하였다. 1990년대에 들어 생산공정 자동화 및 부품소재 국산화를 매개로 정부가 로봇 개발을 적극적으로 지원하기 시작했고, 자동차산업, 가전산업, 반도체산업, 조선산업, 물류산업 등에 산업용 로봇이 활용되었다.

2000년대에 들어서는 지능형 로봇을 중심으로 로봇산업 자체에 대한 정부의 지원이 본격화되었으며, 산업자원부의 인간 기능 생활지원 지능로봇 개발사업과 정보통신부의 IT 기반 지능형 서비스 로봇 개발사업이 그 대표적인 예라 할 수 있다. 특히 2004년에는 차세대 성장동력사업 10대 분야의 하나로 지능형 로봇이 선정되어, 로봇산업은 우리나라를 대표할 새로운 산업으로 주목받기 시작했다. 정부는 지능형 로봇에 대한 법적·제도적 장치를 마련하는데 많은 노력을 하고 있으며, 2008년에는 지능형 로봇산업의 지속적 발전을 도모할 목적으로 '지능형 로봇 개발 및 보급 촉진법'이 제정되었다. 이 법은 지능형 로봇에 대한 기본계획의 수립, 로봇산업정책협의회의 구성 및 운영, 지능형 로봇 제품의 품질 인증, 지능형 로봇투자회사의 설립, 로봇랜드의 조성, 한국로봇산업진흥원의 설립 등에 관한 조항을 담고 있다.

후속 조치로 2010년도에는 한국로봇산업진흥원이 설립되었고, 2011년부터 경상남도에 마산로봇랜드를 조성하는 사업이 추진되었고, 2013년에는 인천광역시에 로봇랜드를 조성하는 사업도 시행하였다. 우리나라에서 로봇에 대한 사회적 관심을 모으기 시작한 것은 휴보Hubo라고 할 수 있다. 휴보는 일본의 아시모와 유사한 휴머노이드 로봇으로 2004년에 한국과학기술원 오준호 교수팀이 개발한 바 있으며, 2008년도에 휴보의 성능을 향상시킨 휴보 2의 몸체가 완성되었고, 2012년에는 이족 로봇으로서는 세계에서 세 번째로 달리는 데 성공했다. 휴보의 등장은 우리나라에서 장난감 로봇과 교육용 로봇이 본격적으로 개발되는 촉매제로 작용했으며, 휴보와 함께 로봇에 관한 관심을 집중시킨 것은 로봇 청소기였다. 우리나라에 처음 선보인 로봇 청소기는 스웨덴의 일렉트로룩스가 제작한 '트리로바이트'이다. 이후 삼성전자, LG전자, 유진로봇, 마미로봇 등이 로봇 청소기 사업에 진출하였고, 2007년 이후에 로봇 청소기 시장은 빠르게 성장하였다. 이처럼 국내에서 로봇에 대한 지속적인 투자와 개발이 이어지고 있다.

제4차 산업혁명의 주요 기술인 인공지능은 다양한 영역에 적용되고 있다. 앞에서도 인공지능을 통한 로봇과 결합 된 '지능형 로봇'의 사례를 살펴보았듯이 지능형 로봇은 크게 산업용 로봇과 서비스용 로봇으로 구분되는데, 제조업 분야에서 사용되는 산업용 로봇은 이미 필수적인 도구로 자리 잡았다. 과거에는 인건비 절감의 자동화 개념이었다면, 현재는 사람이 대신할 수 없는 고정밀·고난도의 작업을 빠르게 해내어, 생산성과 품질 경쟁력 확보를 위한 중심적인 역할로 로봇에 대한 개념이 변화하고 있다. 서비스용 로봇은 제조업 이외의 분야로 확장된 로봇을 의미하는데, 유통물류 산업 분야에서 배달 및 재고관리 등에 적용하여 다양한 신사업 비즈니스를 추진하고 있다. 지능형 로봇의 활용 현황을 산업용 로봇, 전문 서비스용 로봇, 그리고 개인 서비스용 로봇으로 구분하여 살펴볼 필요가 있다.

1. 산업용 로봇의 종류

과거의 제조용 로봇은 단순 동작의 반복적인 동작과 빠르게 작업을 수행하는 것이 주된 역할이었다고 한다면, 현재의 로봇은 사람처럼 '학습하는 로봇'으로 진화하고 있다. 인공지능이 컴퓨터 비전 및 센서 기술과 결합하면서 똑똑해진 로봇들이 생산 현장의 변화를 주도하고 있는

데, 인공지능을 통해 반복적인 학습을 하는 로봇들은 기존의 산업용 로봇이 할 수 없던 힘든 과업을 수행할 수 있게 되었다.

대표적인 작업이 '빈 피킹bin picking'이라고 할 수 있는데, 능숙한 손놀림을 자랑하는 인간 작업자만 할 수 있었던 빈 피킹 작업을 이제는 로봇이 수행할 수 있게 되었다. 인공지능을 탑재한 로봇들은 지능형 스마트 팩토리 환경을 만들어 가고 있다. 산업용 로봇을 비롯해 자율 이동 로봇AMR, Autonomous Mobile Robot, 무인 운반 로봇AGV, Automated Guided Vehicle 등 다양한 형태의 로봇이 하나의 통합 관제시스템으로 연결되면서 스마트 팩토리를 구축할 수 있게 되었다. 자동차 생산라인에서 차체body는 무인 운반 로봇에 의해 생산라인을 이동하며, 자율이동 로봇은 생산라인의 흐름과는 별도의 독립적인 작업을 처리하고 있다. 자동차 생산 모델이 변화하더라도 생산라인의 재배치가 아닌 로봇과 AMR Autonomous Mobile Robot을 재프로그래밍하는 방식으로 유연 생산체제를 구축할 수 있다.

이처럼 자동차 생산라인과 같이 유형화되고 체계화된 공정을 중심으로 로봇에 의한 자동화가 구축되었다. 최근 들어 중국 등의 주요 공장 지역 국가의 인건비가 급격히 증가함에 따라 로봇에 의한 자동화 필요성이 크게 대두되고 있다. 특히 전자 산업의 특성상 제품 수명주기가 매우 짧고, 다품종소량생산 추세 등으로 생산 시스템의 유연성이 더욱 중요해지고 있으며, 따라서 유형화·체계화되지 않은 공정, 인간과 로봇의 협조 생산에 의한 유연 생산 시스템 등의 개발에 집중할 필요가 있다. 로봇 적용 분야는 제조산업 분야에 적용하던 것에서 벗어나 다양한 산업 분야로 확대되고 있다. 특히 유통물류와 의료분야가 대표적이다.

2. 의료분야 로봇

세계적으로 인구의 고령화와 평균 수명이 길어지면서 진단과 수술 등의 업무, 재활 및 헬스케어 등을 효과적으로 수행하기 위하여 의료용 로봇의 활용도가 늘어나면서 의료용 로봇의 수요가 급증하고 있다. 이미 대형 의료 로봇이나 헬스케어 로봇 등은 상당히 많은 발전을 이루면서, 수술, 진단 그리고 재활 등의 헬스케어 분야에서 인공지능 학습을 통한 의료 로봇이 활성화되고 있다. 의료 로봇의 종류는 간호 로봇, 재활훈련 로봇, 수술 로봇 등을 대표적으로 들 수 있다.

의료용 최초의 로봇은 2000년대 세계 최초로 미국 FDA 승인을 받은 미국 Intuitive Surgisal 사의 다빈치 수술 로봇이다. 다빈치 수술 시스템은 외과의가 콘솔에서 수술하는 동안 의사 손의 움직임을 실시간으로 변환하여 수술 기구를 구부리거나 회전시키는 것으로 손목이 있는 작은 수술 기구는 사람의 손처럼 움직이는데 더 넓은 범위의 동작이 가능하고, 의사는 하나 또는 몇 군데의 작은 절개를 내어 수술을 진행할 수 있다. 하지만 현재까지 실제 의료 현장에서는 주로 흉강경과 복강경 등 최소침습* 수술을 지원하는 보조 로봇 정도로만 활용되고 있었으나, 5G 기술의 도움으로 확대된 3차원 영상이 제공되어 2차원 영상으로는 볼 수 없었던 깊이까지 인식하는 최적의 수술부위 시야를 확보할 수 있게 되었다. 수술용 로봇의 대표적인 사례로 내시경 수술과

---

* 개복과 같은 큰 절개 없이 주삿바늘 정도의 최소 절개만으로 시술 통로를 확보하고 영상을 보면서 미세한 수술 도구를 이용해 치료하는 시술

관련하여 미국의 카네기 멜런대에서 심장병 환자의 가슴 속에서 심장의 표면을 기어 다니면서 치료를 수행하는 애벌레를 닮은 로봇 장치 하트랜더이다.

헬스케어 분야에서도 고령화 사회의 진입에 따라, 고령자를 보호하는 사회비용이 증가하고, 간병 인력의 부족에 대한 해결책 및 새로운 산업 창출을 위하여 간병 로봇 기술 개발에 주력하고 있으며, 헬스케어 로봇은 수술 로봇, 간병 로봇, 운동·재활 로봇, 일상생활 지원 로봇 등으로 구성되어 있다.

헬스케어 로봇의 역할

구분	주요 역할
간병·간호 로봇	지속적인 간병 및 관찰이 필요한 고령자 또는 환자를 대상으로 간병, 간호, 원격진료 등을 수행
운동·재활 로봇	노인과 장애인 등의 재활치료나 재활운동을 도와 빠른 시간 안에 일상생활로의 복귀가 가능하도록 보조 활동
의료 보조 로봇	병원이나 요양원 애에 간병 업무 효율을 향상시키기 위해 의사, 간호사, 간병 인력을 보조
일상생활 지원 로봇	고령자나 환자들의 일상 진료 생활을 보조하여 일상생활이 어려움이 없도록 독립적인 생활을 지원하는 기능 수행

3. 물류 운영 로봇

물류센터, 공장 등에서 IoT 기술과 자율주행 등 로봇 기술 및 학습을 통한 환경·상황인식, 스케쥴링 등 인공지능기술 융합을 통해 물류 효율

향상을 목적으로 하는 로봇시스템으로 상품의 포장·분류·적재 및 이송 과정에 주로 활용하고 있다. 주요 적용 분야로는 물류센터 상·하차 관리, 공장 물류 자재 운영 관리, 병원·요양원·호텔 등 대형 건물에서의 물류 이송, 재고관리 등 다양한 분야에서 로봇이 활용되고 있다.

물류센터는 제품의 보관, 입고, 출고, 피킹, 재고관리, 포장 등의 모든 업무를 수행한다. 기존 사람에 의존한 작업 환경에서 인력의 부족과 유통채널의 다변화로 인한 관리 형태의 변화는 보관 위주의 업무에서 유통 위주 업무로 센터 기능이 전환되면서, 빠르고 정확하며 비용을 절감할 수 있는 로봇 운영 환경이 필요하게 되었다.

물류 로봇 중에서도 빠르고 정확한 출고를 하기 위한 피킹 로봇이 주력이 되고 있다. 유통업체는 주로 피킹Picking 기능을 가진 물류 로봇에 관한 관심이 높다. 로봇이 직접 상품을 집어서 담는 피킹 기능을 수행하는 로봇의 프로토타입 개발 및 시범 적용을 완료하고 많은 업체에서 로봇을 운영하고 있다. 그러나 현재까지 사람에 의한 상품의 낱개 피킹 수준에는 이르지 못하고 있다. 낱개 피킹 업무가 매우 단순해 보이지만 실제 상품의 특성과 관리 방법, 포장 등 프로세스 전 과정에서 지능화된 반복적인 학습을 할 수 있는 설비와 기술이 부족하여 낱개 피킹 로봇의 전면적인 도입이 늦어지고 있다. 피킹 로봇이 직접 상품을 피킹 업무를 수행하게 되면 기존 창고 운영 환경 변화를 최소화하면서 도입할 수 있어 확장성, 유연성, 경제성이 우수하고 24시간 운영이 가능할 것이다.

또한, 현재 대부분 창고의 피킹 방식은 사람이 상품을 찾아서 피킹 PTG, Person To Goods 업무를 수행하고 있으나, 유통업무의 복잡성과 고객 니즈의 만족을 위하여 납품 시간이 빨라지면서 AS/RS Automated Storage and Retrieval System, DPS Digital Picking System, 컨베이어 등 자동화 설비를 활용하여 상품이 피커 Picker 앞으로 이동 GTP, Goods To Person하는 방식으로 전환하여 인건비 절감은 물론 작업자의 피킹 이동 거리의 단축 등을 통한 근무 환경 개선과 고객에게 빠르고 정확한 납품 서비스가 가능하게 되었다.

켄 골드버그 UC버클리 교수 로봇공학는 사람은 로봇처럼 빨리 일할 수 없다고 하면서, 로봇은 폭증하는 물류 수요에 필수적이라고 설명했다. 주요 사례로는 미국의 아마존 물류창고의 자율운행 로봇 키바KIVA가 대표적이다. 아마존은 기존에 현장 작업 인력으로는 폭증하는 주문 수요를 감당하지 못하게 되자, 2012년 7억7500만 달러약 8,600억 원를 투입하여, 1만 5,000대의 로봇을 도입하고 관련 시스템을 구축하였다. 아마존 물류창고에서 일하는 '키바'라고 불리는 로봇은 로봇 청소기처럼 생겼지만, 무선 네트워크를 통하여 명령을 내리면 피킹할 상품을 찾아서 직원에게 전달해준다. 창고바닥에 있는 QR코드를 스캔해 전후 좌우로 방향을 잡으면서 일사불란하게 움직이는 모습이 마치 로봇 군대와 같다. 평균적으로 340kg 정도 무게를 운반할 수 있으며, 4~5명의 작업자의 몫을 처리하고 있다. 또한, 물류센터 자동화 시스템과 관련하여 물류센터에서 입출하 시 팔레타이징 및 디팔레타이징 자동화에 지능로봇 시스템을 적용하고, 소형 무인 운반 로봇으로 센터 내 이송 및 반송 작업 등을 수행하고, 보관 설비에는 자동 셔틀 기반의 빈 Bin 관리 보관 시스템 장비, 오토스토어 AutoStore 등 각종 보관 장비 등을 통하여 전체적으로 자동화된 시스템을 구축하고 있다. 또한, 이들을 창고 제어 시스템 Warehouse Control System과 창고관리시스템 Warehouse

디지털 전환과 ICT 융합기술

Management System과 연계시킴으로써 제품, 운영기술, 정보 기술을 결합하여 현장에서 경영까지 일관되게 이어지는 물류센터의 운영 고도화를 이루고 있다.

구글은 2013년부터 Titan Aerospace, Schaft, Industrial Perception, Boston Dynamics 등 8곳의 로봇업체를 인수하며 로봇 시장에 대한 공격적인 행보를 이어가고 있다. 인수한 로봇업체들의 제품은 무인자동차, 물류 및 배송, 군사, 휴머노이드 등 서비스용 로봇이며 로봇을 사용할 수 있는 모든 분야에 걸친 라인업을 구축하고 있어 향후 어떤 모습으로 로봇을 활용할지 주목된다. AutoStore는 입방체정육면체 디자인을 통해 사용자가 동일한 창고 공간에 더 많은 재고를 보관할 수 있도록 하는 공간 효율성의 강점과 보관 공간 확장이 용이한 장점도 있다.

고객의 주문을 받아 물류센터로부터 고객에게 전달하는 과정에서도 가장 중요한 것이 배송 업무이다. 고객과의 접점이면서 빠르고 안전하게 고객에게 상품을 전달해야 하는 것이 가장 큰 목적이다. 배송 업무 또한 인공지능 학습을 통해 고도화된 배송 로봇을 통하여 고객에게 서비스가 제공되고 있다. 향후 빠르게 발전할 로봇 서비스의 주요 분야이다. 배송 로봇이란 실내 또는 5km 내의 도심에서 고객에게 원하는 물품을 배송하는 로봇을 의미하는데, 음식물 배달과 지역 내 택배 화물 배송이 가장 대표적이라 할 수 있다. 맥쿼리는 2025년에는 전체 음식 배달 중 1% 정도를 로봇이 담당할 것으로 전망했다. 세계 음식 배달용 로봇 시장은 2017년 200만 달러에서 2025년 13억 달러로 무려 650배나 성장할 것으로 예측하고 있다. 24시간 365일 무인 배송이 가능해 로봇을 통한 배송은 고객 만족도를 높여줄 수 있을 것이다. 배송 로봇은 도심 자율주행과 실내형으로 크게 구분할 수 있다. 규제와 기술적 난이도 측면에서 비교해 보면 실내형이 유리하지만, 시장 성장 측면에서는 도심 자율주행형이 가능성이 높다. 배송 로봇은 운반하는 화물을 로봇 몸체 안에 보관하고 고객 확인 기능이 있고, 건물 밖에서도 운행된다는 점을 제외하면 자율주행 물류·창고 로봇과 기술적으로 유사하다. 배송 로봇 시장은 현재 에스토니아의 Starship Technologies가 가장 주목받고 있으며, 미국과 유럽 업체들이 2017년부터 시장 진입에 열중하고 있다.

국내에서는 유진로봇이 실내 음료 배달 로봇고카트을 개발하였고, 배달의 민족도 배송 로봇을 개발하여 현재 운영 중에 있다. 도심 자율주행형 배송 로봇 시장의 가장 큰 장애요인은 운행에 대한 규제이다. 현재 미국에서는 버지니아주와 아이다호주에서 배송 로봇 주행은 시속 16㎞ 속도 이내, 22㎏ 이상의 물건은 적재를 금지하는 조건으로 허용하였다. 실제 미국에서는 주로 대학의 캠퍼스 내의 학생 기숙사를 중심으로 음식 배달에 주로 운행되고 있다.

재고관리를 위한 목적의 로봇도 있다. 물류센터 또는 대형마켓, 소매점에서 재고 파악 중심의 관리에 사용하고 있다. 현재 크게 상용화되지는 않았으나 베타테스트 단계를 넘어 일부 현장에 적용하고 있다. 독일 에르푸르트에 소재한 피게FIEGE 메가 물류센터에 투입된 재고관리 로봇 '토루TORU'는 마가지노Magazino가 개발한 로봇으로 시각 탐색 기능과 작업 투입의 편의성을 제공한다. 로봇은 큐브 형태로 되어 있고 로봇 팔이 없어 사람을 다치게 하거나 위험에 빠뜨리는 일은 없으며, 토루는 사람의 키 정도 되는 로봇으로 선반에 박스를 적재하거나 빼거나 옮기는 등의 작업을 수행하고, 신발 상자 8개 정도 크기의 물건을 한 번에 처리할 수 있고 내장된 레이저 레인저가 작업하는 사람은 물론 예상치 못한 장애물을 식별할 수 있다. 로봇이 어디 있는지를 알기 위해 별도의 신호등이나 반사경은 불필요하다. 토루는 저장된 지도와 비교해 현재의 환경을 인지하고 그것으로부터 위치를 추론하여 작업 이동을 한다.

물류 로봇은 물류의 주요 기능인 입고, 보관, 출고 및 재고관리와 고객에게 상품을 전달하는 배송에까지 많은 영향을 미치고 있다. 인공지능을 통한 지속적인 학습을 통하여 복잡해진 유통채널에 대한 대응과 고객 요구의 고도화에 따른 단품 관리 및 빠른 배송을 위한 부분 최적화에 노력을 기울이고 있다. 고령화 사회, 인구절벽 등으로 인한 노동 환경의 변화는 향후 완전 자동화 물류센터, 자율배송 등 다양한 분야에서 인공지능을 탑재한 로봇의 활용도가 빠르게 늘어날 것이다.

제4장

Logistics 4.0과 유통 4.0

모듈
01

Logistics 4.0

로지스틱스라는 단어는 원래 병참이라는 군사용어에서 시작되었다. 병참은 군사 활동을 하는 데 필요한 사람, 무기, 장비, 식량 등을 관리하고 필요한 곳에 적당한 양을 적절한 시기에 보급 수송하는 기능을 의미한다. 19세기 후반부터 로지스틱스라는 용어가 경제활동에도 사용되기 시작하였다. 로지스틱스 4.0은 현재 물류업계에서 진행 중인 혁신으로, 인공지능AI, 빅데이터, 사물인터넷IoT, 블록체인, 로봇, 자율주행차량 등 ICT 기술을 활용해 물류 로봇, 자율운전 등에 의한 인력 운영 효율화와 전체 공급체인의 물류 기능 표준화를 실현하는 '디지털 트랜스포메이션'이 활발히 전개되는 것을 의미하기도 한다. 인력 운영 효율화란 ICT 기술을 활용하여 사람의 개입이 불필요한 완전 물류 지능화를 실현하는 것으로, 산업 표준화를 이루고 조달부터 생산, 공급에 이르는 물류 프로세스 전 과정을 최적화하는 것이다. 우선 로지스틱스의 발전 과정을 1차 산업혁명을 시작으로 4단계로 구분하여 살펴보았다.

로지스틱스 1.0 (20세기~)	로지스틱스 2.0 (1950-1960년대~)	로지스틱스 3.0 (1980-1990년대~)	로지스틱스 4.0 (현대~)
운송 기계화	하역 자동화	관리·처리 시스템화	물류 장비산업화
· 트럭과 철도에 의한 육상 운송의 고속화·대용량화 · 증기선·기계선이 보급되어 해상 운송이 확대	· 지게차 보급, 자동 창고 상용화 · 해상 운송의 컨테이너화에 따른 해상 일관 운송을 실현	· WMS와 TMS 등 물류 관리 시스템을 도입·활용 · NACCS 등에 따른 각종 절차 처리 자동화	· 창고 로봇, 자율주행 등이 보급되어 소인화 · 모든 공급망에서 물류 기능이 연결되어 표준화 달성

출처 로지스틱스 4.0, 2019.11.

1. 로지스틱스 1.0_운송혁신

1차 산업혁명 이후 생산방식의 기계화는 물동량의 증가뿐만 아니라 대륙 간 교역이 빈번해지면서 대량의 화물을 먼 곳까지 운송하기 위해 선박을 주로 이용했다.

유럽의 많은 나라는 선박을 이용한 해상무역을 통해 경제 강국으로 성장하였으며, 내륙의 운하는 경제활동의 주요 대동맥으로 자리 잡았다. 19세기 철도의 등장은 물류 환경에 큰 변혁을 일으켰다. 영국의 기술자 리처드 트레비식Richard Trevithick이 발명한 증기 기관차는 육지에서의 운송 능력을 비약적으로 발전시켰다. 서구 국가들이 내륙운송을 위한 철도망을 지역 곳곳으로 확장하였고, 운송 분담 비중이 운하에서 철도로 전환되기 시작하였다. 선박을 활용한 운하 및 해상운송 시 소비지인 내륙까지의 육상 운송 등의 상·하역 작업이 반복적으로 발생하여 적지 않은 비용과 시간이 소요되었다. 그러나 철도망을 활용하면 바로 수요처에 도달할 수 있어 비용의 절감, 신속 그리고 안전하게 운송을 할 수 있다는 것이 장점으로 작용하였다. 증기기관은 선박의 운영에서 기존의 돛단배를 증기선으로 탈바꿈하게 하였다. 증기선의 등장은 대량 물품의 운반 시 속도가 향상되고 일정한 속도 유지가 가능해지면서 해상유송의 정시성도 확보할 수 있었다. 철도와 증기선을 이용해 대량의 화물을 정확하고 효율적으로 운송할 수 있는 시대가 열리게 된 것이다. 하지만, 철도가 내륙에서 대량화물을 빠르고 정확하게 운송할 수 있는 장점에도 불구하고 철도망을 부설하는 비용이 많이 들어 건설의 한계가 있었다. 그러나 증기기관 트럭의 개발은 이러한 한계를 보완

하는 새로운 방법이 되었다. 20세기에 접어들어 내연식 엔진을 장착한 트럭으로 발전하였고 사용하는 주체도 군용에서 민간 영역으로 확대되었다. 로지스틱스 1.0은 대량운송을 가능하게 한 교통수단의 발전이라 할 수 있다.

2. 로지스틱스 2.0_상·하역의 기계화

대량운송이 가능해지고 이에 따른 상·하역 작업에 많은 인력이 필요하게 되었다. 그러나 인력에 의존하는 상·하역 작업은 대량 상품의 취급에 많은 시간과 비용이 필요했고 상·하역 작업의 효율화를 위한 대안이 필요하게 되었다. 로지스틱스 2.0의 중요한 변화는 상·하역 작업의 기계화이다.

1950년대에 들어 하역의 자동화가 가능해지면서 두 번째 물류산업의 혁신이 시작되었다고 할 수 있다. 2차 세계대전 중 군수물자 운송을 지원하기 위해 사용된 지게차가 전쟁 이후 팔레트Pallet와 함께 물류 현장에 보급되면서 팔레트와 지게차를 활용한 하역작업으로 현장에서의 효율성이 향상되었고 화물의 보관 및 운송 용기 표준화에 많은 역할을 하였다. 1960년대 해상 컨테이너가 등장하면서 선박을 활용한 대단위 상품의 수송과 하역작업에 커다란 변화를 만들어 냈다.

컨테이너를 사용하기 이전에는 화물선에 적재하는 화물 형태가 규격화되지 않아 화물 1만 톤을 쌓아 올리기 위해 10일 이상 걸려서 작업하는 사례가 빈번하였으나, 컨테이너를 활용한 상·하역 작업이 이루어지면서 작업 시간을 단축할 수 있었다. 해상 컨테이너는 길이 40피트약 12.2m, 폭 8피트약 2.4m, 높이 9.6피트약 2.9m로 규격화되어 있다.해상 컨테이너는 국제표준화기구ISO 규격을 따르기 때문에 높게 적치가 가능하며, 빈틈을 최소화하여 공간활용도를 높일 수 있다. 항만에는 컨테이너 전용 안벽크레인Wharf Crane을 설치하여 상·하역 작업에 소요되는 시간을 10분의 1로 단축하였다. 또한, 상·하역 작업에 필요로 하는 인력을 5분의 1로 감소시키는 효과도 가져왔다. 해상 컨테이너를 이용하여 출발지에서 화물을 싣고 도착지에서 컨테이너 단위로 하역하고 화물을 운송할 수 있어, 컨테이너선과 철도, 트레일러 등을 조합하여 해상과 내륙 간의 일관 운송도 가능하게 되었다. 1960년대 후반에는 자동창고의 도입이 시작되었고 지게차 등 자재 운반 장비를 병행하여 입·출고나 보관 등 창고 내부에서의 상·하역 작업이 이루어졌다.

3. 로지스틱스 3.0_물류 작업의 시스템화

1970년대 들어서 세 번째 혁신인 물류관리 작업의 시스템화가 필요하게 되었다. 산업혁명을 통하여 생산 현장은 자동화 체제가 자리 잡고 사람들의 소득이 늘어나면서 새로운 상품에 대한 소비자의 니즈가 증대되고 각 지역 간 교역량이 증대는 자재뿐만 아니라 완제품 등 여러 가지 다양한 운송조건과 보관조건 등을 요구하게 되었다. 결품을 방지하기 위한 재고관리 기술, 대량 화물운송과 소량 화물의 직접 배송 체계의 구축, 그리고 화물의 입고, 출고, 보관, 피킹, 배송 및 포장 등의 전체적인 운영 관리 프로세스를 조정하고 모니터링하는 운영 시스템이 필요로 하게 되었다. 기존의 관리 방식인 서류와 장부를 활용한 관리, 숙련된 현장 작업자의 경험에 의존한 관리에서 벗어나 체계적으로 누구나 관리할 수 있는 프로세스와 시스템을 만들게 되었다. 물류 업무의 프로세스를 시스템화하여 관리하기 위하여 기본적으로 창고 운영 관리 시스템과 운송관리 시스템이 개발되었다.

창고관리시스템WMS, Warehouse Management System은 재고 수량을 관리하기 위해 도입되어 창고 운영의 수단이었던 서류, 장부와 작업자의 경험에 의존한 관리 방법을 완전히 바꾸어 놓았다. 현재는 재고 수량뿐만 아니라 입고, 적치, 출고, 검수, 포장에 이르는 모든 작업과 화물 위치를 통합 관리하는 시스템으로 활용되고 있다. 그리고 운송관리시스템TMS, Transportation Management System은 운송 차량의 배차를 관리하는 시스템으로, 운행 트럭의 수, 배차 장소, 화물의 상·하차 장소를 관리하는 기능을 시작으로 최적 배차계획, 운행 상황관리를 통해 공차율을 감소시키고 효율적인 방문 스케줄링 등이 가능하도록 발전하고 있다. 실제 1980년대 이후 사무용 컴퓨터가 보급되면서 WMS와 TMS는 일반화되기 시작하였고, 기능이 고도화하여 각종 지표 관리와 분석 데이터를 제공하고 있으며, 운영자에게 최적화된 관리 서비스를 제공하고 있다.

4. 로지스틱스 4.0_디지털트랜스포메이션

로지스틱스 3.0의 물류는 정보 시스템을 활용한 데이터의 디지털화를 통하여 최적의 물류관리를 추진하였다. 이후 4차 산업혁명은 로지스틱스 3.0의 정보통신 기술 활용의 연장으로 고도화된 ICTInformation Communication Technology 기술과의 융합 역량의 발전이라 할 수 있다. 경제가 발전하고 사람들의 소득 수준이 높아지면서 힘들고, 더럽고, 위험한

3D Difficult, Dirty, Dangerous 업종의 기피로 인하여 현장 노동 인력은 감소하고 소비의 고급화로 인한 상품의 관리 방법 등이 어려워지면서 상품 관리 기술의 고도화가 요구되고 인터넷과 통신기술의 발전으로 판매 방식이 오프라인보다 온라인 비중이 커지기 시작하면서 다종의 유통채널이 만들어졌다. e-커머스, 모바일 쇼핑, 옴니채널 등의 등장과 소비자의 서비스 니즈가 개인화되면서 적정한 물류 서비스 제공의 필요성이 대두되었다. 이를 극복하는 방안으로 4차 산업혁명의 기본 기술인 Sensor, IOT, 빅데이터, AI, 로보틱스 등을 통한 신기술 개발이 진행되었고, 물류산업에 적용되기 시작하였다.

소득 수준이 높아진 소비자들의 니즈를 파악하고 고객 만족을 서비스하기 위해 다품종소량생산 체제의 정착, 라스트 마일이라는 고객 우선 배송 서비스 등 물류산업에 많은 변화가 일어났다. 사회적으로 인구 절벽으로 인한 노동 인구의 감소와 고령화가 빠르게 진행되어 현장의 작업 인력의 부족으로 공급체인Supply Chain 상의 물류 역할 붕괴를 가져오고 있다. 향후 로지스틱스 4.0에서의 주요한 과제는 운영 인력의 최소화와 자동화를 이루기 위한 표준화라고 할 수 있다. 운영 인력의 최소화 부분은 물류 현장 각 영역에서 사람이 개입하는 프로세스를 줄이거나 필요하다면 제거하는 것이 가장 좋은 방법이다. 운송의 자율주행, 드론 택배, 창고 자동화 및 피킹 로봇 등 사람의 업무를 기계가 대신할 수 있도록 프로세스의 표준화와 동시에 자율 작업이 가능한 로봇이나 이송 기구들의 도입이 필요하다.

즉, 물류 업무의 운영 주체는 기계·시스템으로 전환되어야 한다는 것이다. 표준화는 운영 인력의 최소화를 위한 가장 기본적인 필요충분

조건이다. 물류 운영에 관한 다양한 기능과 정보가 연결되어 운송 경로나 수단을 유연하게 활용할 수 있어야 하고, 축적된 데이터를 활용하여 끊임없는 발전적인 변화를 할 수 있는 계기가 마련되어야 한다. 표준화는 다수 이용자가 운영을 위한 장비의 제어와 데이터를 공유할 수 있게되면서 효율화를 극대화할 수 있다.

운영 인력의 최소화와 표준화가 진행되면 물류산업은 장비 산업으로 전환될 것이고, 최소화한 인력은 새로운 서비스를 개발하거나 자동화 장비의 운영 중 비상사태가 발생할 경우 개입을 통하여 문제를 해결하는 역할을 할 것이다. 그러나 물류 운영과 관련한 프로세스는 ICT 기반의 인공지능을 통한 반복 학습으로 운영 설비 및 장비들이 사람의 개입 없이 운영될 수 있어야 그 본질을 충족할 수 있다.

5. 로지스틱스 4.0의 운영기술

물류 운영의 주요 기능은 창고관리와 배송관리 업무이다. 창고관리는 상품 관리의 최적화, 배송관리는 고객에게 빠르고 정확하게 상품을 받고자 하는 위치에 정시에 배송해야 한다. 로지스틱스 4.0에 적용하는 기술인 자율자동차, 드론, 자율운항 선박, 창고 운영 로봇, 인공지능 기술 등을 통하여 물류 업무의 기본 기능을 낮은 비용으로 정확하고 빠르게 고객에게 최상의 서비스 제공을 가능하게 지원하는 역할을 담당한다. 향후 인구 고령화와 인구 감소에 따른 노동 인구의 대체를 위한 인공지능 학습을 통한 다양한 로봇과 운영 시스템이 필요할 것이다.

① 자율주행 화물 자동차

물류 활동 중 운송영역에서의 주요 운송 수단은 화물 자동차이다. 국내외를 막론하고 화물 자동차의 수송 분담률이 가장 높은 비중을 차지하고 있으며, 수송 분담률은 계속 증가하고 있다. 이러한 화물 자동차 운송비용 중 가장 큰 비중을 차지하는 것은 인건비로 이를 대체하기 위한 혁신이 자율주행 화물 자동차의 개발이다.

자율주행 화물 자동차 도입을 통한 물류비용 혁신을 위해 다양한 기업에서 자율주행 화물 자동차 개발에 박차를 가하고 있다. 이 중에서도 군집 운행 분야가 많은 성과를 보이고 있다. 미국 컨설팅 회사 맥킨지의 보고서에 따르면 군집 주행은 4단계를 거쳐 완전 자율주행으로 진행될 것이라 하였고, 2, 3단계가 실질적인 군집 주행 단계로 볼 수 있는데 이 시기부터 물류비가 하락할 것으로 예상되며 화물차 운전자의 운전 편의성도 확보될 것으로 전망했다. 맥킨지에서 제시한 군집 주행 2단계에선 선두차량에만 운전자가 탑승하며 추종 차량은 무인으로 주행한다. 이 단계까지는 군집 주행은 고속도로에서만 이용 가능해 일반도로부터는 화물차주가 직접 운행해야 한다. 물류비용은 인건비·연비 등을 포함해 약 10% 정도 감소할 것으로 예측했다. 군집 주행 3단계부터 화물차주는 화물을 관리하는 역할로 전환되며, 특수한 상황이 아니면, 주행에 관여할 필요가 없게 된다. 군집 주행 3단계로 기술이 진화하면 물류비는 이전 2단계 약 10%보다 약 9% 정도 추가적으로 비용이 절감될 것으로 예상된다.

디지털 전환과 ICT 융합기술

○ 미국 Mckinsey 사의 군집 운행 변화 과정

② 드론

드론은 무인항공기無人航空機, 영어: unmanned aerial vehicle, UAV, uncrewed aerial vehicle 로 실제 조종사가 직접 탑승하지 않고, 지상에서 사전 프로그램된 경로에 따라 자동 또는 반자동으로 날아가는 비행체로 정의하고 있다. 활용 분야에 따라 다양한 장비광학, 적외선, 레이다 센서 등를 탑재하여 감시, 정찰, 정밀공격 무기의 유도, 통신/정보중계, EA Electronic Attack / EP Electronic Protection, Decoy 등의 임무를 수행할 수 있다. 2017년 6월 아마존은 드론 이착륙 센터에 대한 특허 출원을 하기도 했다.

전자상거래의 급격한 증가로 라스트 마일 배송의 속도전이 더욱 치열해지고 있는 상황에서 도로 교통을 통한 배송의 지연에 따른 새로운 대안으로 드론 배송이 부상하였다. 아마존에서는 고객 주문 상품을 30분 이내에 배송한다는 목표로 드론 배송시스템인 아마존 프라임 에어 Prime Air의 상용화를 위해 노력하고 있다. 우리나라는 좁은 국토 면적으로 주거지 대부분이 아파트가 차지하고 있어 드론의 활용 가능성을 낮게 예상하지만, 도서 지역의 응급 물품, 구호품 배송 등의 활용에는 이용 가치가 매우 높은 것으로 판단된다. 드론은 단순히 배송영역을 넘어서 물류창고 운영과 같은 대규모 물류 운영에 활용하기 위한 연구가 이루어지고 있는데, 물류센터 내의 재고관리를 위한 용도와 시설물 관리 등 다양한 용도로 활용이 가능하다.

월마트Walmart는 광학 스캐너가 장착된 드론을 활용해 창고의 재고를 파악한다. 인력의 수작업이 주는 번거로움을 덜어주는 것은 물론, 동일 시간 투입해온 수십 명의 업무를 드론 한 대로 수행할 수 있다. 특히, 높은 선반의 재고 파악까지 드론을 활용하여 빠르게 업무를 진행할 수 있는 장점이 있다. 드론의 장비 가격은 성능에 따라 차이가 크지만 손쉽게 활용할 수 있는 저가의 드론이 개발되고 있어 가격 대비 최고의 성능을 기대할 수 있다. 드론의 활용성을 높이기 위해서는 많은 제약 요인에 대한 해결이 필요하다.

우선 기술적인 문제이다. 드론은 비행시간과 무게에 제한이 따르는데 이것은 배터리 용량에 대한 문제이다. 현재 드론에 사용되는 배터리는 리튬폴리머 배터리로 기존 리튬이온 배터리에 비해 가볍고 오래 사용할 수 있지만, 배터리 하나로 여러 개의 모터를 구동해야 하기 때문에 배터리 소모가 빨라 대부분 10~20분밖에 날 수 없는 기술적인 한계가 있다. 물론 현재는 많은 연구와 개선을 통하여 약 2시간 정도 비행이 가능하다.

두 번째 문제는 안전성이다. 개인이 사용하는 경우 조작 실수로 인한 충돌·추락 등 사고 발생 위험성이 높아 반드시 안전 교육을 받아야 하고 책임 소재를 확실히 하는 제도적 장치가 필요하다. 새의 공격이나 돌풍·폭우·강설 등에 의한 사고 가능성도 높아 다양하게 발생하는 사고에 대비한 세부적 규정 마련이 필요하다. 사생활 침해에 대한 우려도 무시할 수 없다. 드론에 탑재되는 고해상도 카메라는 실시간 동영상 및 사진 촬영이 가능하므로, 드론이 가정집이나 빌딩·호텔 등 프라이버시 침해 가능성이 있는 곳으로 날아가 피해를 줄 수 있다. 최근 스마트폰 등으로 조작이 가능한 드론도 출시되고 있어 누구나 이를 불법적으로 이용할 수 있는 것이다.

마지막으로 항공법이다. 드론 산업 발전의 걸림돌로 작용하고 있는 규제를 개선할 필요가 있다. 드론이 비행과 관련된 항공법의 규제로 조종자의 시야 밖으로 사라지면 불법이 된다. 사람이 많은 곳과 주택가 운항도 할 수 없으며 일몰 후 운행은 불법으로 규정되어 있다. 이러한 것들로 인하여 산업 발전에 걸림돌이 된다면 개선을 검토할 필요가 있다.

③ 자율운행 선박

국가·기관별로 다양한 개념을 발표하고 있지만 스스로 주변 상황을 인지하고 제어해 운항하는 선박이라는 공통적인 정의를 포함하고 있다. 국제해사기구는 레벨 1~4단계로 자율운항 기술 수준을 정의하고 있다. 레벨 1은 자동화된 프로세스 및 의사결정 지원 기술을 채택하고 있어 일부 기능이 자동화된 선박을 의미한다. 레벨 2는 선원이 탑승한 상태에서 원격제어가 가능한 선박으로 정의하고, 레벨 3은 선원이 탑승하지 않고도 원격제어가 가능한 선박, 그리고 레벨 4는 선박 스스로 의사 결정하는 완전 자율운항 선박 기술을 뜻한다. 자율운항 선박이 도입되면 가장 먼저 나타나는 효과로는 해양사고의 방지가 기대된다.

미국 연안 경비 R&D 센터에 따르면 선박에서 발생하는 해양사고의 75~96%가 인적 요인으로 분석되고 있으며, 우리나라의 경우에도 기계 결함이나 악천후보다는 운항을 담당한 사람들의 실수로 발생하는 과실이 전체의 82%를 차지하고 있다. 다음으로 해운 인력 부족 현상 도 해소할 수 있다. 세계적으로 해운 산업이 활황을 보이면서 일반 선원, 간부 선원해기사 등 인력 부족 현상이 일어나고 있다. 국제해운회의 소ICS가 발표하는 해운 인력보고서에 따르면 2015년 해기사 인력 부족률은 2.1%인데, 2025년에는 18.3%가 될 것으로 예상했다. 그리고 또 다른 효과로는 운용 비용의 절감이다. 일반적으로 상업용 선박 운용비는 연료비·인건비가 80% 이상을 차지하고 있다. 자율운항은 선원을 고용하지 않고 운항 거리·시간을 단축할 수 있어 운영 효율과 비용 절감이 동시에 가능하다. 또한, 환경 문제로 인한 해운 분야의 핵심 현안인 온실가스 배출 저감도 가능할 것이다. 조선·해운업계는 2050 년 탄소 중립 목표를 달성하기 위해 2008년 대비 온실가스 배출량을 2030년까지 40%를, 2050년까지 70%를 감축해야 하는데 자율운항 선박으로 최적의 경제 운항을 한다면 온실가스 배출량을 최소화할 수 있을 것이다. 자율운항 선박은 자율주행 화물 자동차의 화물선 버전 이라 할 수 있다.

무인선박 개발 프로젝트를 주도했던 롤스로이스는 2020년 말까지 선박 원격 조정 기술을 상용화하겠다는 방침을 가지고 2025년 내항, 근해서의 무인화, 2030년 원양 선박의 완전 무인화를 목표로 로드맵 을 발표하였으나, 2018년 7월, 해양 사업을 콩스베르그 그루펜에 매각 하였다. 롤스로이스의 자율운항 로드맵은 콩스베르그 그루펜에 계승되 었고, 노르웨이의 하이테크 제조사 콩스베르그 그루펜Kongsberg Gruppen 은 세계 최대 질소비료 기업인 야라 인터내셔널Yara International과 자율운 항 선박을 공동 개발·상용화하겠다고 발표하였다. 2019년에는 약 60

킬로미터 거리인 라르비크Larvik 항만 루트를 무인 원격 조종 선박으로, 2020년에는 완전 무인 자율운항 선박으로 항해할 계획이었으나 코로나 19Covid-19로 연기되면서, 2021년 11월 전기를 동력으로 항해하는 무인 자율 컨테이너선 야라 비르셀란YARA Birkeland 호가 노르웨이 남동쪽 해안지대인 오슬로피오르에서 첫 운행을 마쳤다. 운항 구간은 호르텐에서 오슬로까지였다. 이 선박은 향후 연간 약 4만 회의 디젤 트럭 운송을 대체함으로써 이산화탄소 배출량을 1천 톤 정도 감소시킬 수 있다. 야라 비르셀란호는 최대 120개 컨테이너20피트 기준에 비료를 선적하고 야라의 공장이 있는 포르스 그룬항에서 브레비크항까지 약 12km 구간을 운행한다. 선박 무인화가 실현되면 인건비 절감뿐만 아니라 선원 부족 문제 해결, 선원 탑승공간의 화물적재 공간으로 대체 등의 효과로 운항 효율성을 높일 수 있을 것으로 전망된다.

④ 물류창고 운영 로봇

경제 성장과 소비자들의 다양한 니즈를 충족시키고 새로운 경험을 서비스하기 위한 다양한 유통채널이 만들어지고 있다. 특히 e-커머스의 성장으로 인한 물류 업무의 변화는 혁신적이라 하겠다. 비즈니스의 유형도 소품종 대량생산의 제조업 중심에서 다품종소량생산의 소비자 중심으로 전환되면서 물류의 기본 기능인 창고의 역할과 기능도 빠르게 변화하고 있다. 기존 창고의 기능은 보관을 위주로 하고 고객에게 주문된 상품을 전달해주는 역할을 주 기능으로 하였으나, 인터넷을 통한 다양한 상품 정보 등을 접하면서 소비자의 니즈는 다양화되고 이를 적기에 적량의 상품을 적시에 배송해야 하는 역할을 하여야 한다.

물류 로봇시스템Logistics Robot System의 개념을 보면 국내·외 기관별로 다소 차이가 있다. 그러나 '제조 및 유통 과정, 대형 건물 등에서 원·재료, 재공품work in process, 부품, 상품 등을 안전하고 효율적으로 전달하기 위하여 물품의 이송, 핸들링, 포장, 분류, 배송 등을 수행하는 로봇 자동화 시스템'으로 대부분 정의를 하고 있다. 물류 로봇시스템은 기본적으로 AGV무인이송차 또는 무인운반차, Automated Guided Vehicle 혹은 Automatic Guided Vehicle로 대표되는 물류 로봇과 이를 운영·관리하는 RMS로봇 관제시스템, Robot Management System으로 구성된다. RMS는 물류 로봇AGV 등 등을 통해 이송하는 환경에서 다수의 로봇 운영 상황을 모니터링하고 트래픽 등을 관리하며 작업 오더 할당 등의 운영 제어를 하는 시스템으로 관리 이외에도 각종 예외 상황 발생 시 신속한 대응이 가능할 수 있도록 하고, 미연에 사고를 방지할 수 있어야 한다.

최근 O2O online to offline 비즈니스 확산에 따른 물류의 개인화·신속화에 대응하여 물류산업의 무인화·표준화, 대형화 등이 급속히 진행되는 등 물류산업의 트랜드 변화와 ICT 혁신 신기술 융·복합의 가속화는 물류 로봇의 큰 기회 요인으로 작용하고 있다. 이러한 기술이 물류업체 및 유통업체에 적용되고 있는 사례를 살펴볼 필요가 있다.

아마존 물류센터는 직원 한 명이 주문 피킹 시 하루에 20킬로미터 이상 걸어야 하는 노동 환경이 문제가 되어 키바KIVA 시스템을 도입하여 로봇이 선반째 상품을 운반하는 환경을 구현하였다. 키바가 운반해온 선반에서 직원은 원하는 상품을 꺼내 포장하여 배송하는 시스템을 구축한 것이다. 그리고 로커스 로보틱스의 이동 운반 로봇인 '로커스 봇Locus Bots'은 상품의 피킹 위치를 식별해 신속하게 운반할 수 있다. 창고 내에서 고객이 주문한 물건이 있는 위치로 로봇이 직접 바구니를 들고 이동하고 창고 내 구역별로 배치된 직원이 본인 구역에 자율주행 로봇이 도착하면 로봇이 가져가야 할 물건을 꺼내 로봇에 인식시키고 바구니에 담아주면 로봇은 다음 물건 피킹 구역으로 이동하는 방식이다. 작업지시에 따른 주문 상품을 담은 후 마지막으로 검수 및 포장 구역으로 이동하는 형태로 진행되며, 로봇의 배터리 용량이 부족할 경우 스스로 충전소로 이동하여 충전을 한다.

기존의 작업 방식인 작업자가 운반용 카트를 밀고 가거나 바구니에 담아 운반해야 했던 작업을 로봇이 대체하는 것이다. 운송업체 DHL에서는 실증 테스트 기간 동안 다양한 피킹 방법을 시도하고, 작업자와 창고관리 시스템의 연계, 이동 성능, 범용성에 대하여 테스트를 진행하였으며 현장에 적용할 계획에 있다.

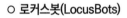

○ 키바로봇(KIVA)　　　　　　　　○ 로커스봇(LocusBots)

기타 직접 로봇이 사람 손을 대신하여 물건을 들어 올리는 그리퍼 Gripper 등도 개발하고 있는데 상품의 종류와 형태를 고려하여 상품을 피킹하는 힘의 강도가 다양하여 상품 특성에 대한 지속적인 반복 학습으로 성능을 개선해야 한다. 美 보스턴 다이나믹스가 물류창고용 모바

일 매니퓰레이터 로봇인 '스트레치Stretch'를 공개했다. 창고에서 대형 박스를 흡착식 그리퍼스마트 그리퍼를 장착한 매니퓰레이터를 이용해 들어 올려 다른 곳으로 옮길 수 있는 것으로 사각형의 모바일 베이스에 바퀴를 장착하고 있어 이동이 간편하다는 것이 주요 특징이라 할 수 있다.

월마트의 물류창고에서는 로봇 자동화 플랫폼인 '알파봇Alphabot'을 운영하고 있다. 2019년부터 '앨럿 이노베이션Alert Innovation'과 제휴해 뉴햄프셔주 살렘Salem에 2만 평방 피트 규모의 물류창고에 로봇 자동화 플랫폼을 구축하고 테스트를 진행해 왔다. 일종의 마이크로 풀필먼트micro-fulfillment 센터이다. 월마트에서는 아마존, 크로거 등 대형 소매 유통점과 경쟁하기 위한 전략의 일환으로 물류창고의 로봇 자동화를 추진해왔으며, 향후 식료품 온라인 주문 시장을 놓고 온라인 사업자 간 경쟁이 심화할 것으로 예측하고 식료품의 피킹 및 배송 작업의 자동화에 전력을 다하고 있다. 렘에 구축된 알파봇 플랫폼은 30대의 피킹 로봇들이 설치돼 식료품 운반 작업을 처리하고, 피킹 로봇들이 플랫폼 내부를 수직 또는 수평으로 빠르게 이동하면서 상품 저장 공간에서 상품 피킹 작업을 수행한다. 사람이 작업할 때보다 10배 정도 속도가 향상되었지만, 높은 신선도를 요구하는 상품사과, 당근 등의 피킹 작업은 사람이 수행하고 있다. 하루에 알파봇이 처리하는 주문 건수는 약 170건 정도로 처리량은 적지만 향후 피킹 로봇을 지속적으로 추가 도입하면 피킹 상품 수도 점차 늘려날 것이다. 월마트는 알파봇 플랫폼의 도입으로 '고객 주문-제품 픽업-배송' 등에 들어가는 시간을 크게 절감할 수 있을 것으로 기대하고 있다. 이처럼 창고 운영에서 인력의 대체와 효율성을 확보하기 위하여 운영 프로세스별로 적합한 기능을 갖춘 로봇을

디지털 전환과 ICT 융합기술

투입하고 있다. 향후 물류창고에서 완전 자동화된 무인 창고가 증가할 것으로 예측된다.

⑤ 인공지능

인공지능은 자율주행 자동차, 챗봇, 지능형 영상인식, 로봇 제어 등 다양한 물류 장비 분야에서 혁신을 주도하는 기술로서 물류 분야에 적용 가능한 시나리오를 정리해 보았다. 첫 번째, 음성 인식 기능이 탑재된 인공지능으로 운송기사에게 주문 내역과 관련한 배송정보와 운송장 정보 등을 활용하여 예상 배송 완료 시간을 알려주거나, 중앙 시스템에 곧바로 배송 완료 처리 작업을 할 수 있도록 하는 것이다. 두 번째, 인공지능을 활용한 검품의 고도화이다. 이는 주로 계약 물류와 관련되어 있어 사전에 상품 불량 검색 기준을 설정하여 인공지능이 시각적 인식Visual Recognition 기능을 활용하여 실제로 상품을 스캔하면서 불량품을 판단하도록 하고, 대형 물류창고에서 분류 작업 시 상품의 영상인식을 통하여 작업에 적용할 수 있다. 이러한 기능들을 활용하기 위해서는 상품 관련 정보를 시각적으로 인식하고 기본 마스터와의 비교·분석 처리를 통하여 빠르고 정확하게 인식할 수 있는 기준 수립이 필요하다. 마지막으로 인공지능을 활용해 비정형 데이터를 정형화시키는 것으로, 대부분의 물류업체는 수주 활동을 위해 많은 제안서와 계약서를 작성하는데, 이러한 서류는 회사의 기준에 맞게 일정한 포맷으로 표준화되어 있으나, 각 서류에 기록된 콘텐츠는 검색하기 어려워 새로운 서류를 작성할 때 재활용을 위해 제안서와 계약서를 업로드하면, 인공지능이 이러한 비정형 데이터를 정형화하고 이후에 검색 및 재활용할 수 있도록 도울 수 있도록 하는 것이다. 인공지능은 많은 데이터를 확보해서 학습을 통한 다양한 업무 분야에 로봇과 이를 운영하는 시스템의 구축에 적용될 것이다.

인공지능을 이용한 물류센터의 운영 사례는 주로 대형 유통업체를 중심으로 살펴볼 수 있다. 네이버는 국내 1위의 e-커머스 업체로 CJ 대한통운과 협력하여 대규모 풀필먼트 물류센터에 자사 머신러닝 인공지능AI 기술인 '클로바 포캐스트CLOVA Forecast'를 적용하였다. 클로바 포캐스트는 네이버가 자체 개발한 물류 수요 예측 AI 모델로 주문량을 하루 전에 예측해 익일배송, 당일배송 등 배송 시간을 단축할 수 있다. 주문량이 폭주하는 이벤트 기간에도 95% 이상의 높은 수요 예측이 가능하다. 소비자 구매기록의 광범위한 정보를 결합하여 인공지능 학습을 통하여 수요 예측 정확도를 높였을 뿐만 아니라, 최근 공개한 '하이퍼 클로바'의 딥러닝 기술을 클로바 포캐스트에 접목하여 상품 수요 예측 모델을 더욱 고도화하였다. 하이퍼 클로바는 단어나 문장을 생성하는 세계 최대 규모 오픈 인공지능AI 'GPT-3 Generative Pretrained Transformer 3'가 다음에 올 문장을 예측하는 것처럼 소비자의 구매 패턴을 학습해 수요 예측에 사용하고 있다. 이런 클로바 포캐스트의 수요 예측이 판매자에게까지 확대되면 물류센터 운영 효율화뿐만 아니라, 라스트마일 배송 경쟁력도 향상시킬 수 있을 것이다.

'로켓배송'을 시행하고 있는 쿠팡 역시 물류센터에 수요 예측 머신러닝을 사용하고 있으며, 소비자의 기존 주문 데이터를 분석하는 것으로 상품 주문량을 예측하여 전국 각지에 있는 쿠팡 풀필먼트 센터별로 미리 상품을 준비하도록 하고 있다. 쿠팡 AI는 물류센터에 입고된 상품을 최대한 빨리 출고하기 위해 어디에 진열할지, 진열된 상품을 어떤 동선으로 피킹할 것인지를 결정하고, 소비자가 주문한 시점부터 배송까지의 모든 과정을 결정한다. 주문 완료와 함께 어떤 상품을 어떻게 출고할지, 출고된 상품을 어떤 배송트럭에 어떤 순서대로 어느 자리에 놓을지도 사전에 지정한다. 제품의 크기와 형태에 따른 포장방법과 포장재의 선택, 포장이 없어도 되는 상품에 대한 조치 등 많은 상품의 특징에 대한 고려를 통하여 최적의 서비스를 추구하면서 비용 절감이라는 부분까지도 판단하여 의사결정을 한다. 또한, 상품을 배송하는 쿠팡카의 이동 동선도 인공지능을 통하여 정해진다. 배송하는 상품 전체의 주소지를 바탕으로 어느 지역을 먼저 가야 하는지를 지정해 주는 것이다. 이와 같은 작업을 통하여 해당 지역을 처음 담당하는 배달자도 큰 어려움 없이 업무 효율을 낼 수 있다.

최근 이베이코리아 인수로 주목받은 신세계 그룹의 SSG닷컴도 자사의 초대형 풀필먼트센터 '네오NE.O'에 머신러닝을 적용하였으며, 2014년부터 현재까지 축적해 놓은 방대한 데이터를 머신러닝 AI 기술에 접목하였다. 상품의 수요를 예측하고, 최적 배송 경로를 확인하고, 오차를 최소화하는 수요 예측 방식을 반복적인 학습을 통하여 고도화하고 있다. 재고관리 부분은 AI의 수요 예측을 기반으로 운영되고 있으며, 기존 소비자 데이터를 기반으로 1주일 이후까지 상품 수요에 대한 예측이 가능하다. 물류센터 상품의 90% 이상을 인공지능을 활용하여 관리 운영하고 있다.

인공지능을 활용한 물류센터 운영 효율화는 공간활용도 제고, 재고관리의 최적화, 상품의 회전율을 감안한 수요 예측 등 관리 프로세스 전반에 걸쳐서 적용되고 있다. 운영 환경과 관련한 사회경제적인 변수에 대한 관리가 꾸준히 이루어지고, 관리되지 않고 있는 예외 사항의 발생은 관련한 변수의 지속적인 발굴과 학습을 통해 극복해야 할 과제가 될 것이다.

유통 4.0

4차 산업혁명의 영향으로 다양한 분야에서 많은 변화가 일어나고 있다. 유통업계 역시 ICT_{Information Communication Technology} 기술을 접목하여 편리하고 새로운 서비스가 생겨나고 있다. 유통 4.0 시대가 도래한 배경으로는 크게 4차 산업혁명과 그 외의 주변 환경 변화를 들 수 있다. ① 4차 산업혁명의 다양한 기반 기술이 백화점, 대형 마트, 편의점, 홈쇼핑, 온라인·모바일 쇼핑 등의 유통 업태에 접목되면서 본격적인 유통 4.0 시대를 맞이하게 되었으며, 인공지능, IoT, AR·VR, 로보틱스 등과 같은 첨단 기술로 인해 유통 환경 전반에 걸쳐 다양한 패러다임 변화가 일어나고 있다. ② 유통산업의 경영환경 변화도 유통 4.0 시대로의 진입에 커다란 역할을 하고 있다. 기업들의 투자는 기술 혁신과 관련한 투자 비중이 높아졌으며, 제도 및 정책 측면에서도 유통산업의 4차 산업혁명에 대응할 수 있는 지원책이 마련되고 있다. ③ 소비자도 다양한 리테일 테크에 익숙해지고, 적극적으로 수용하고 있다. 이러한 경영환경 변화들이 유통 4.0의 시대를 맞이하는 요인이 된 것이다.

유통 4.0시대의 핵심 기반은 소매_{Retail}와 기술_{Tech}을 합한 리테일 테크_{Retail Tech}라고 할 수 있다. 기존의 대형 마트, 편의점, 백화점 등의 소매점에 첨단 정보통신기술_{ICT}를 접목하는 것으로, 인공지능_{AI}, 사물인터넷_{IoT}과 같은 4차 산업혁명 기반 기술이 도입되면서 큰 변환기를 맞이하게 되었다. 생산자와 소비자의 지속적인 관계를 기반으로 축적된 정보를 통해 생산자 및 유통업체는 다양한 플랫폼으로 구매를 먼저 제 안하고 소비자에게 단순한 '재화'의 가치를 넘어서 VR, AR 등이 접목 된 쇼핑을 통해 개인의 '삶'과 '취향', '재미'와 같은 가치를 함께 제공하 는 것이다. 유통 4.0시대에 이르기까지 유통산업의 발전 과정을 살펴보 면 다음과 같이 표현할 수 있다.

① 유통 1.0시대는 물물 교환 방식의 직거래로부터 시작한다. 중간 상이라는 개념이 없이 생산자와 소비자가 직접 물물 교환을 통해 가치 를 창출하는 형태로 생산자와 소비자의 수가 적어 거래가 간편하다는 장점이 있었지만, 거래의 참여자가 많아지고 생산자는 소비자를 탐색 하고, 거래를 관리하는 시간과 비용이 너무 많이 소요된다는 문제점이 발생하였다. ② 거래의 규모가 커지면서 중간상의 역할을 하는 시장과 유통업체 등의 도소매 채널이 확대 등장했고, 이들을 주축으로 유통 2.0시대를 맞이하게 되었다. 거래비용을 절감하면서 시장과 유통업체 들이 성장하게 된다. ③ 유통 3.0시대에서는 오프라인 기반의 유통거래 에서 온라인과 모바일을 통한 새로운 시장이 나타난다. 이를 통해 거래 의 시공간적 한계를 극복하고 특히 모바일 쇼핑이 확장하면서 온라인 유통업체와 오프라인 유통업체의 희비가 엇갈리기도 했다. ④ 현재는 유통 패러다임에 다양한 4차 산업혁명 기반 기술을 적용한 유통 4.0시 대가 도래하였다. AI, IoT, VR, AR 등의 기술이 활용되면서 초지능, 초실감, 초연결 유통 서비스를 제공하면서 거래비용이 크게 절감되는 등 효율성이 증대되었다. 대표적으로 온라인, 모바일, 오프라인 채널 의 경계가 허물어지고 이들이 유기적으로 결합 된 쇼핑 경험을 선사하 는 옴니채널과 O2O Online To Offline 서비스가 등장하였으며, 구매한 제품

의 추적 기능, 빅데이터 기반 맞춤형 서비스, 실감형 VR스토어, AI 기반 챗봇, 무인 쇼핑 등이 유통 4.0시대의 주요 변화로 꼽히며 유통 환경 전반에 걸쳐서도 다양한 형태의 변화가 진행되고 있다. 이러한 변화의 중심에 리테일 테크가 있고 현재도 리테일 테크를 통해 유통업계는 새롭게 진화하고 있다.

유통산업의 발전 개념도

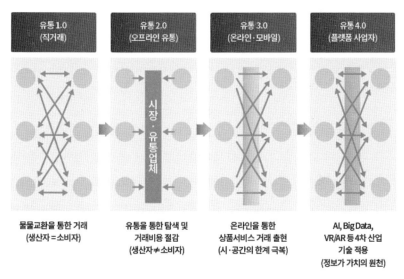

유통 1.0 (직거래)	유통 2.0 (오프라인 유통)	유통 3.0 (온라인·모바일)	유통 4.0 (플랫폼 사업자)
물물교환을 통한 거래 (생산자 = 소비자)	유통을 통한 탐색 및 거래비용 절감 (생산자 ≠ 소비자)	온라인을 통한 상품서비스 거래 출현 (시·공간의 한계 극복)	AI, Big Data, VR/AR 등 4차 산업 기술 적용 (정보가 가치의 원천)

자료 출처 유통 4.0시대 핵심 기반은 '리테일 테크', 월간 물류와 경영, 2019-06-03

리테일 테크의 대표적인 성공 사례로는 아마존의 '아마존고', 알리바바의 '허마셴성盒馬鮮生·Hema' 등 무인 점포와 아디다스의 스웨덴 스톡홀름 플래그십 매장 같은 VRVirtual Reality 스토어를 꼽을 수 있다.

세계 최초의 무인 슈퍼마켓 매장인 아마존고는 인공지능, 머신러닝,

컴퓨터 비전 등의 첨단 기술을 활용해 소비자가 스마트폰에 앱을 다운로드하고 매장에 방문하여 상품을 고르기만 하면 연결된 신용카드로 비용이 자동 청구되는 방식이다. 허마셴성 역시 비슷한 형태로 운영되는 무인 슈퍼마켓으로 어패류를 포함한 신선식품까지 판매하며 조리 후 배송까지 한다. 알리바바는 중국 내 허마셴성 매장 수를 계속해서 확장할 계획이다. 아디다스는 스톡홀름에 위치한 플래그십 스토어를 VR 기술을 활용해 전 세계 고객들에게 선보이고 있다. 고객은 실제 방문하지 않아도 360도 각도에서 촬영된 영상을 통해 스톡홀름 매장 곳곳을 둘러보는 경험을 할 수 있으며, 원하는 상품을 클릭하면 공식 온라인 쇼핑몰로 연결되어 바로 구입이 가능하다. 미국의 이베이도 최근 호주 마이어 백화점과 손잡고 세계 최초의 VR 백화점을 열고 백화점에서 판매 중인 제품을 3D 기술로 재현해 자세히 살펴볼 수 있도록 했다. 이밖에 중국의 징동은 가상공간에서 옷을 입어보는 VR 피팅을 도입해 소비자들의 선택을 돕고 있다. 국내에서는 현대백화점이 지난 2016년 온라인몰 더현대닷컴에 VR 스토어를 최초로 개설하였다. 현대백화점 판교점의 캐나다구스, 나이키, 아디다스, 몽블랑 등의 매장을 VR로 재현하였으며, 중국의 뷰티 관련 앱 개발 기업인 메이투와 제휴를 맺고 AR Augmented Reality 기술을 이용한 '메이크업 서비스'를 제공하고 있다.

유통기업들은 4차 산업혁명으로 변화하는 흐름에 효율적으로 대응하기 위해 신기술을 빠르게 받아들이고 소매점에 접목하기 위한 신기술 투자를 확대해 나가고 있다. 빅데이터 분석과 AI의 딥러닝 기술을 활용해 고객이 다음에 구매할 제품을 검색 및 추천하고, 점포의 입지 선

디지털 전환과 ICT 융합기술

정부터 매출과 배송 예측, 재고관리 및 자동결제까지 소비자 구매 경로의 모든 과정에 AI를 활용하고 있다. 또한 '펀슈머'라는 재미fun와 고객consumer의 합성어가 등장할 만큼 상품 구매를 넘어 재미와 즐거움을 추구하는 고객들을 사로잡기 위해 VR, AR을 활용한 디지털 매장화, 가상 쇼핑몰이 증가하고 있으며, 터치리스Touchless 방식의 결제 시스템, 안면 인식, 무선주파수RFID, 3D 프린트, IoT, 드론 등을 활용하여 고객의 편의를 증진 시키면서 매출 이익을 극대화하고 있다.

전통적인 오프라인 기반 유통채널의 경우 낮은 성장률을 타개할 방안으로 리테일 테크를 도입하고, 오프라인 매장을 활용하여 고객 접점 서비스를 강화하여 고객에게 새로운 경험과 가치를 제공하고 있다. 빅데이터, 인공지능 학습, 블록체인, VR·AR 기술을 활용한 증강현실 등을 통하여 소비자에게 최상의 서비스를 제공하고 있다. 롯데홈쇼핑에서는 AR과 VR 기술을 활용해 상품을 체험하고 구매까지 가능한 '핑거 쇼핑'을 개발하였고, 핑거 쇼핑은 모바일에서 브랜드의 가상 매장을 방문해 직접 둘러보고 입체 화면에서 원하는 공간에 상품을 배치해 볼 수 있는 서비스로, 챗봇을 통한 상담까지 지원할 수 있다. 한세엠케이는 패션테크 기술을 보유한 데이터 기반 의류 패션 기업으로 최초로 '실시간 위치 추적시스템'RTLS, Real Time Location System을 구축하였으며, RTLS는 매장 내 상품 위치를 비롯한 전체 물류 동선을 중앙 본사에서 실시간으로 추적하는 시스템이다. 매장에서 소비자가 고른 특정 상품이 행거나 피팅룸을 거쳐 카운터에 올라오는 전체 동선 등을 모니터링하고 분석할 수 있어 소비자들의 취향과 최신 트렌드 및 각 제품의 장단점 등을 파악할 수 있다. 현재 캐주얼브랜드 TBJ 롯데아울렛

이천점에서 시범 운영하고 있으며, 점진적으로 약 20개 매장에 도입될 예정이다.

리테일 테크에 활용 가능한 기술

구분	주요 내용
머신 러닝	챗봇을 통한 고객상담
안면 인식	논스톱 결제, 보안
로보틱스	물류센터 자동화, 서빙 로봇, 피킹 로봇
RFID	RFID 태그 활용 무인 계산대, 재고관리
인공지능	음성쇼핑, 상품추천, 음식 조리
3D 프린팅	개인화 맞춤 상품 서비스
사물인터넷	음성 비서를 통한 예약, 쇼핑, 가전제품 스마트 홈 구성
자율주행	자율운행 카트, 자율배송 로봇
AR(증강현실)	가상 이미지를 통한 상품, 가구 배치
VR(가상현실)	매장 방문 없이 의류 피팅 서비스
빅데이터	소비자 구매 패턴과 선호도 파악
드론	드론을 통한 라스트 마일 무인 배송, 물류센터 재고관리

자료 출처 리테일테크 혁명, 이베스트 투자증권 리서치센터, 2018.4.30. 내용 추가

유통 4.0 시대의 중심은 고객이다. 즉, 고객 맞춤형 서비스를 추구하는 것이다. 과거에는 브랜드에 따라 고객들이 움직였다고 한다면, 현재는 고객들을 만족시키기 위하여 기업들이 움직이고 있다. 사물인터넷, 인공지능, 빅데이터 등의 기술들은 고객 중심의 비즈니스 환경을 구축하고, 고도화에 도움을 주고 있다. 맞춤화의 요구는 스마트폰이 널리

보급되고 일반화되면서 대부분의 고객이 직접 제품을 검색하고 서비스를 요구하면서 개인에게 가장 잘 어울리는 서비스를 구매하게 되었다. 4차 산업혁명의 주요 혁신적인 기술들이 물리적 경계와 산업이 융합되는 초지능, 초연결, 초산업, 초실감이라는 기술의 다양성을 통하여 고객 맞춤형 서비스 제공이 가능하게 되었다. 아마존은 인공지능 비서 '에코'를 통해 음성으로 고객에게 맞는 상품을 자동으로 추천해 주고 있으며, 이베이는 쇼핑 비서 '숍봇'을 통해 고객이 채팅창에서 구매 관련 문의를 하면 개인 맞춤형 상품을 추천하고 있다.

Part 2

디지털 전환과
고객 및 법제

고객 가치 창출의 극대화를 위한 지속적인 창조적 혁신 기반의 디지털 전환이 가속화되고 있다. 디지털 전환의 바탕이 되는 ICT의 융합화는 일터와 삶터 그리고 배움터에서의 전면적인 새로운 질서와 새로운 문법을 재촉하고 있다. 혁신, 디지털 전환, 고객 가치, 책임과 법제의 순서로 살펴보기로 한다.

제1장

혁신

코로나와 디지털화 그리고 뷰카 시대

[상황 1/3]

"하늘엔 피자 드론 떠 있고~", "땅 위엔 배송 로봇 다니고~" 우리는 지금 이러한 세상에 살고 있다. '생각대로', '부릉부릉', 'barogo'라고 하면 일부의 독자들에게는 생소生疎할 수도 있겠다. 그러나 '배민배달의 민족', '요기요', '냠냠박스'라고 하면 누구나 연상하고 유추하면서 대부분 알 수 있을 것이다. '배달 음식'은 우리의 일상이다.

[상황 2/3]

대전에서 280km 떨어진 경북 경산의 스마트 공장 원격제어 가동이 2021년 12월 성공했다. 공장의 로봇이 불과 0.01초 만에 대전에서의 명령에 반응하여 작업을 시작한 것이다. 공장 내부에서는 1,000분의 3초, 대전과 경산 사이에서는 100분의 1초 이내로 신호가 오고 가면서 실시간 원격제조 서비스가 가능하게 되었다.

[상황 3/3]

독일 뮌헨으로부터 무려 8,500km 떨어진 한국 인천의 굴착기를 원격조정하는 시연試演을 세계 최대 규모 건설기계 전시회인 'Bauma 2019'에서 우리 기술진이 과시하였다. 독일-한국 간 원격제어 시연이 성공함으로써 전 세계 어느 곳에서도 건설기계를 원격으로 조종할 수 있는 기술력을 입증하게 된 것이다.

이렇듯 우리는 '앞당겨진 미래'와 '무인화' 그리고 '비대면 사회'라는 경향성傾向性 속에 흠뻑 들어와 있다. 한편으로는 기업경영의 주요 핵심 변수로 AI Artificial Intelligence, 인공지능 기반 4차 산업혁명의 초격차 지향적인 디지털화가 착근着根 되어 가고 있다. 이때, '디지털화'라 함은 '비즈니스 모델을 수정 내지 변경하고 새로운 수익과 가치 창출의 기회를 조성하기 위하여 각종 정보통신기술을 융합적으로 사용하는 것'으로 이해하도록 한다.

이러한 가운데 코로나와의 불가피한 공존共存의 방도方途를 기업 또는 개인을 불문하고 불가피하게 모색摸索해야만 하는 상황에 놓여 있다. '코로나 19'는 가속화되고 있었던 4차 산업혁명의 파고波高를 더욱 거칠게 하고 있음은 분명하다.

그 결과 우리는 바야흐로 '뷰카VUCA 시대'에 살고 있다. '뷰카'라는 것은 Volatility변동성, Uncertainty불확실성, Complexity복잡성, Ambiguity모호성의 첫 글자들을 조합한 신조어新造語로 현재의 예측 불가능하고 미래 생존을 담보하기 어려운, 난제難題로서의 환경을 극명克明하게 표현한 것이다. 부연敷衍하자면 '뷰카VUCA'는 복잡하고 불확실한 상황과 위험이 고조高調되는 가운데 탄력적이고 유연한 대응 태세의 수용성 그리고 각종 환경에 최적화된 경영전략 수립의 필요성이라는 초격차 시대의 비즈니스 환경 내지는 현재의 환경을 압축하여 보여주는 바로 이 시대의 화두話頭이다. 이와 더불어 해제解題 차원에서 이러한 뷰카 시대의 해법解法을 또 다른 뷰카로 설정하여 대응하는 방법도 제시되고 있다.

난제(難題) 및 해제(解題)로서의 VUCA

난제(難題)	VUCA	해제(解題)
Volatility(변동성)	V	Vision(비전)
Uncertainty(불확실성)	U	Understanding(이해)
Complexity(복잡성)	C	Clarity(명확)
Ambiguity(모호성)	A	Agility(민첩)

위에 언급한 또 다른 해법으로서의 뷰카VUCA는 비전Vision, 이해 Understanding, 명확Clarity, 민첩Agility으로 풀이된다. 변동성에 대해 확실한 비전으로, 불확실성에 대해 상황과 이해 관계자에 대한 이해로, 복잡성에 대해 명료함과 명확함의 의사결정으로, 모호성에 대해 민첩함과 기민함으로 대응할 수 있다는 것이다. 즉 뷰카VUCA라는 대격변의 지각 변동 속에서 해법解法 및 해제解題로서의 뷰카VUCA가 등장한 것이다. 기업과 개인이 확고한 비전을 지니고, 조직에 영향을 미치는 다각적이고 경쟁적인 요인들에 대해 필요한 정보를 확보하고 이해하는 동시에 상황에 대하여 적절하고 명확하게 반응하고 대응 전략에 대한 기민하고 민첩한 실행력을 발휘하자는 것이 골자骨子이다.

코로나에 따른 4차 산업혁명으로의 급발진은 우리 일상의 모든 면을 더욱 고도화시키고 있는 동시에 불확실성을 증폭시키고 있다. 뷰카 시대에 외부 비즈니스 환경의 변화는 다양한 모습으로 영향을 미치고 있다. 복잡성은 생산성에 영향을 미치고, 기업들은 이윤 추구와 사회가치 창출 등 다층多層적인 기대 역할 사이에서 균형점을 모색해야 한다. 복잡성과 모호성, 불확실성으로 가득한 환경 변화 속에서 적자생존適者生存의 개념은 이제 다음과 같이 새롭게 정의된다. '강자가 살아남는 것이 아니라, 살아남은 자가 강자인 것이다' 마지막에 최종적인 강자로 등극登極한다는 것은 결국 변화무상變化無常한 각종 변동성 반영의 극적劇的인 결과물이다.

특히 전 세계적 차원에서 동시적으로 창궐猖獗하고 있는 코로나바이러스는 이러한 뷰카 시대에 디지털 전환 또는 디지털 트랜스포메이션을 앞당기는 강력한 기폭제로 작용하고 있다. 이제 삶터, 일터, 배움터 등 전 사회적으로 자리 잡은 디지털화와 언택트화 및 무인화 그리고 소인화少人化 등으로의 변화 양상樣相은 팬데믹 이전에도 이미 많은 기업의 핵심적인 관심사였다. 그런데 코로나 19가 발생하면서 머스트 아이템 Must Item으로 등장하였다. 이제 디지털 전환 그리고 이에 따른 사업 내용의 수정 및 전환은 선택의 문제가 아닌 생존을 위한 필수 조건임은 불문가지不問可知의 사항이다.

뷰카VUCA는 기업과 개인이 직면하는 포괄적인 환경에 대한 압축적인 표현이다. 환경 분석과 관련한 분석 모형의 대표 선수로는 단연斷然 SWOT분석SWOT Analysis이 돋보인다. SWOT분석을 지금도 2x2 Matrix의 즉 네모 덩어리 4개 정도로만 인식하는 것은 오류이다. 왜냐하면, SWOT분석의 최종적인 주안점主眼點은 '경쟁우위 확보를 위한 전략적 대안의 도출'에 있기 때문이다. 그런데 단순한 2x2 Matrix의 평면적인 모습으로는 처음부터 '전략적 대안Strategic Option'이 자리 잡을 공간에 대한 배려 자체가 처음부터 없기에 정합성正合性에 어긋난다.

그리고 SWOT분석은 약방의 감초처럼 편안한 분석으로만 착각할 수도 있겠지만, 사실은 계량적·수리적 차원의 업그레이드 모형으로까지도 발전할 수 있음에 주목해야 한다. 이와 더불어 SWOT분석을 TOWS분석이라는 용어로도 표현할 수가 있는데, 이 두 가지 표현을 단시 동의어로만 단순하게 바라보는 것에는 차이가 존재한다. 왜냐하면, SWOT분석을 수행하는 동안 내부 요소에 주목하면서 해결 가능한 위협 및 기회로만 제한하는 덫에 걸릴 수 있기 때문이다.

혁신의 개념과 혁신자 사이클 및 협력 장려

많은 기업이 성장하기 위하여 혁신하며, 혁신을 통해 성공하였다. 그리고 성공한 혁신 기업들이 스스로 파괴하는 씨앗을 뿌린다는 생각은 이미 슘페터Joseph Schumpeter가 일찍이 일갈一喝한 바 있다. 이른바 기존의 경제 구조가 새로운 기술 혁신이나 조직 혁신에 의하여 파괴되어 가는 '창조적 파괴creative distruction'의 과정을 설명하였다. 아울러 슘페터는 성공한 기업들이 창조적 파괴에 취약하다는 사실도 강조하였다. 혁신의 어려움을 강조한 것이다.

인간 그리고 동물과 같은 자연종에게 DNA는 본질적으로 불변에 가깝다. 그런데 인간과 다르게 기업은 자신의 DNA를 만들고 또한 바꿀 수 있다. 체계적으로 혁신 전략을 수립하고 혁신 시스템을 설계하며 혁신 문화를 구축함으로써 기업 규모와 무관하게 혁신 역량을 개발하고 혁신할 수 있는 것이다.

'혁신'을 라틴어 어원 관점에서 살펴보면 그 뜻은 노바nova 즉 새롭다는 의미이다. 좀 더 검토하면 다음과 같이 설명을 할 수 있다. 혁신의 영어 표현 innovation은 라틴어로 '-으로'라는 의미의 'inno into' 그리고 '새롭다'라는 의미의 'novus new'가 결합하여 '새로운 것으로의 변화'라는 뜻을 지니게 된다.

혁신에 대한 개념은 여러 가지이다. 독자讀者의 입장에 따라 취사선택해야 할 것이다. 아래의 내용에서 열거한 순서 그 자체가 특별한 의미를 지니는 것은 아니다. [1] 혁신이란 아이디어를 새로운 제품이나 프로세스에 실제로 적용하는 것을 뜻한다. [2] 혁신이란 독창적이고 의미가 있으며 가치 있는 새로운 제품이나 프로세스 혹은 서비스에 지식을 구현하거나 결합·합성을 하는 행동이다. [3] 혁신이란 아이디어를 제품화하는 발명 단계와 이를 사업으로 전환하는 상업화 단계로 구성된다. [4] 혁신이란 시장 또는 고객 욕구에 부응하는 새로운 제품 및 서비스를 선도적으로 개발하는 과정으로 신시장의 선행적 반영이 중요하다. [5] 혁신의 아버지라고 지칭되는 슘페터는 기존 지식과 새로 습득한 지식의 재조합을 혁신이라고 하였다.

이처럼 다양한 내용으로 표현되는 혁신은 결국 새로운 기술과 더불어 시장에서의 상업적 성공이라는 두 가지 축으로 구성된다. 결론적으로 '혁신'은 새로운 기술의 등장 또는 새로운 고객 욕구의 발굴과 같이 구성 요소가 변화되거나, 혹은 이들 기술과 고객의 새로운 조합과 같이 방법이 변화될 때 비로소 나타남을 알 수 있다.

혁신 역량이 출중出衆한 기업들은 단순한 제품의 개선이나 기술의 향상보다는 산업의 형태 자체를 변화시키는 잠재력이 막강한 신제품이나 획기적 기술을 선도한다. 이러한 기업에서의 혁신은 새로운 제품이나 서비스를 개발하는 것 그 이상을 아우르는 개념이다.

한편 기업 내부의 창의적 문화, 실험 및 협력 장려 등이 활성화되면

시장 공간의 확대 및 변환이거나, 신시장 플랫폼 창출이거나, 이른바 신시장 공간이 창출된다. 그러면 이는 다시 혁신의 성공으로 인하여 여유 자원이 증대하게 된다. 그리고 바로 이 여유 자원의 증대는 개방적 혁신의 과정으로부터 협력한 고객, 공급자, 경쟁자 등을 포함하여 혁신 파트너가 증가하게 된다. 이러한 여유 자원의 증대와 혁신 파트너의 증가는 창의적 문화와 실험 및 협력의 장려로 직결된다. 이러한 사이클을 아래의 〈표〉와 같이 혁신자 학습 사이클이라고 할 수 있겠다.

혁신자 학습 사이클

1	창의적 문화, 실험 및 협력 장려
2	신시장 공간 창출: 시장 공간, 신시장 플랫폼
3	여유 자원 증대, 혁신 파트너 증가

위의 도표 내용 중에서 '협력 장려'의 구체적 내용 및 사례로는 NASA 미국 항공우주국 사례 2004년 11월 공표- 2005년 제안 및 아이디어 공모- 'NASA GREAT CHALLENGE'를 위한 전략를 보기로 한다. 혁신의 역사성을 알 수 있는 대목이다.

NASA는 '협력 장려'의 일환-環으로 항공 우주 분야와 관련하여 인문하계를 포함한 비과학계까지두 모두 참여하는 이른바 혁명적이고 드라마틱한 과학아이디어 현상 공모를 실시하였다. '앞으로 40년 이내에 실현될 수 있는 것이라면 과학계나 인문학계를 굳이 묻지 않는다'는 것이다. 미래형 'NASA 장기 전략'의 구상을 위한 것이다. 'NASA의 미

디지털 전환과 ICT 융합기술

래 프레임워크'를 구축하기 위하여 제안이나 아이디어를 전 세계적으로 공모하면서 합당한 대우와 보상 등의 특전까지도 함께 제공하였다.

NASA의 이와 같은 전략은 아래에 언급한 NASA의 비전 실현을 위한 혁신적 전략의 실천 방안으로 구조화되었다.

"**여기선 삶을 향상하고**To improve life here"

"**저기선 삶을 늘리고**To extend life to there"

"**저 넘어선 생명을 찾고**To find life beyond"

NASA는 항공우주공학 분야의 최첨단 과학 기술이 총집결·집약되는 곳인 만큼 인문학과는 거리가 멀다고 생각하는 것은 잘못된 판단이라는 것을 분명히 하였다. 우주공학이 우주 개발 이외에 '생명의 기원'이나 '생명의 진화'를 밝혀내고, 우주 다른 곳에서의 생명체나 삶의 흔적들을 찾아보는 것이 되어야 하며, 더 나아가 궁극적으로는 과학 기술을 넘어 '삶의 질'을 위한 과학이 되어야 함을 강조하였다.

이와 같은 장기 전략의 실행을 위하여 전담 부서인 NIACNASA Institute for Advanced Concepts가 개설되었다. 비록 현재 실현이 불가능하더라도 앞으로 40년 이내에 실현될 가능성이 있는 내용은 전부 수용한다는 NASA의 이번 제안에서 특히 주목되는 것은 이 계획에 인문학을 포함시킨 것이다.

실제로 2004년의 구체적 사례를 살펴보면 채택된 제안 중에서 '화성에서 살아남기 위한 생활 조직에 대한 재설계Redesigning Living Organisms to

Survive on Mars', '신세계 상상가New Worlds Imaginer', '태양력으로 가능한 인도주의적인 조직Humanitarian Systems Enabled by Space Solar Power' 등의 아이디어는 굳이 과학 전공자의 것으로 보기는 어렵고 인문적 내용이 채택된 것이라고 NASA는 발표하였다.

한편 NIAC는 '인류의 꿈과 이상이 실현될 수 있는 내용이라면 굳이 과학, 비과학의 경계를 구분하지 않는 것이 NASA의 입장'이라며 '이를 위하여 비과학 분야라도 창의성이 높고 드라마틱한 아이디어면 더욱 좋다'라고 재차 강조하였다. 참고로 과학 분야 아이디어로 '고속 행성 간의 수송을 위한 자기 빔 형태의 전화電化 기체로 추진되는 우주선'을 비롯하여 '달 기지를 위한 정전 방사능 방호기술' 등 혁명적인 주제들이 채택되기도 하였다. 선정되는 모든 내용들은 'NASA GREAT CHALLENGE나사 대도전'라는 취지 속에서 아키텍처와 시스템에 대한 혁신적인 새로운 개념의 축적 및 관리에 초점을 맞춘 'NASA의 장기 전략 포트폴리오'로 편성되었다.

디지털 전환과 ICT 융합기술

혁신의 원천과 창의성 및 업무 디지털화

시스템으로서의 혁신의 대표적 원천은 기업, 대학, 정부 출연 및 각종 연구소, 비영리단체, 개인의 다섯 주체가 대표적이다. 그런데 여기서 더욱 중요한 혁신의 원천은 개별적 원천보다는 원천 간의 연결 고리에서 발생한다. 여러 다른 원천에서 이루어진 지식 및 자원을 적절하게 활용하는 혁신자들의 네트워크가 가장 강력한 주체 중 하나이기 때문이다. 이러한 시각에서 우리는 이미 'NASA GREAT CHALLENGE'를 살펴보았다.

혁신은 새로운 아이디어의 생성으로부터 시작된다. 새롭고 유용한 아이디어 또는 내용물을 만들어 내는 능력은 창의성이라는 용어로 정의된다. 가장 창의적인 제품은 그것을 만드는 사람, 그 지역의 대중, 더 나아가 여러 계층의 사람에게도 새로운 것이다. 조직의 창의성은 조직 내 구성원들의 창의성과 개인들이 행동하고 교류하는 방식에 영향을 미치는 다양한 사회적 프로세스와 맥락 요소의 복합적 결과이다. 따라서 한 조직의 전반적인 창의성의 수준은 그 조직이 고용한 개인 보유의 창의성을 단순 합산한 것은 아니다. 조직 구조, 업무 처리 패턴, 보상 시스템 등은 조직 구성원의 창의성 발휘와 관련하여 촉진될 수도 있지만 경우에 따라 방해가 될 수도 있다.

'태양 아래 새로운 것이 없다' 혁신과 창의성 역시 이미 오래전부터 기업 또는 개인의 공통적인 핵심 관심사였다. 1895년 National Cash Register NCR의 사례를 보도록 하자. NCR의 창립자인 John Patterson은 시간제 직원들의 아이디어를 모으기 위하여 제안 상자 Suggestion Box 프로그램을 처음으로 채택하여 사용하였다. 이때부터 회사가 직원의 창의성 개발 방법으로 '제안 상자'에 대하여 주목을 하기 시작하였다. 이 프로그램은 그 당시 입장에서는 대단히 혁신적인 것으로 여겨졌다.

제안 상자가 1895년부터 시작되어 2022년까지 무려 약 127년이 경과되었지만, 이 제도 자체는 지금도 지속적으로 존재하고 있으며 또한 여전히 널리 활용되고 있다. 대형 유통업체에 방문하면 '고객 의견 카드' 제도가 시행되고 있음을 확인할 수 있다. 그런데 공통적으로 나타나는 아쉬운 점은 설문 구성의 내용은 물론이고 피드백 절차 등 곳곳에서 보완할 점이 은은하게 많다는 것이다. 무려 127년이 경과된 제도이지만 지금도 내용 및 형식 측면에서 '고객 의견 카드의 완성도'는 늘 배고프다. 최소 2%는 부족하다.

'우문현답'이라는 말이 있다. 여기에서는 우문현답이 우문현답 愚問賢答이라는 개념이 아닌 '우리의 문제는 현장에 답이 있다'에서 각 어절 語節의 앞의 첫 글자만을 간추려 모은 것을 '우문현답'으로 표현하였다. 바로 그렇다. 디지털 전환의 시작점 역시 '현장'에서 출발해야 함은 매우 당연한 이치이다. 즉 디지털 전환의 답은 바로 현장에 답이 있는 것이다. 이제 업무 디지털화 프로세스를 보도록 하자.

가장 먼저 리더들이 디지털 전환의 필요성을 전파하면 직원들이 신기술 사용 여부와 방법을 결정한다. 신유형의 데이터는 직원들의 행동 방식을 바꾸고, 국지적으로 성과를 개선하며 아울러 이러한 성과가 기업 또는 조직의 목표와 부합할 때 비로소 전체 프로세스가 이루어진다.

실제로 디지털 전환 활동을 계획하거나 도입하기로 결정하였다면 아래의 도표에서와같이 역방향 순서의 화살표 진행 방향으로 업무 디지털화 프로세스를 진행해야 한다. 즉 조직 목표에 합당한 성과를 염두에 두면서 국지적 목표를 진단하는 것부터 시작해야 한다. 어느 부서의 활동이 기업 혁신, 회사 혁신, 조직 혁신에 잠재적으로 가장 큰 영향을 주는지, 그리고 조직 내 정보 흐름과 행동 변화를 어떻게 육성 가능한지, 회사 또는 조직의 핵심적인 인플루언서가 누구이며 그들이 디지털 전환에 어떤 도움을 제공 가능한지를 파악한다.

변화를 추구하고 지향할 때는 바로 그 목적지 또는 바로 그 계획을 시작하는 편이 바람직하다. 바로 여기서 출발하여 직원의 수용 가능성을 감안하여 회사 목표, 기업 목표, 조직 목표를 수립하는 단계로 진행하는 이른바 '역방향 계획'을 실행해야 한다.

업무 디지털화 프로세스

변화 전개 과정			변화 기획 과정
	1	디지털 전환 필요성 확산	
	2	직원: 새로운 툴 채택 여부 결정	
▼	3	직원: 새로운 툴 사용 방법 결정	▲
▼	4	지원: 행동 방식 처리방식 변화	▲
▼	5	국지적 성과 개선	▲
	6	조직 목표 부합형 성과 창출	

디지털 전환과 ICT 융합기술

모듈 04

혁신의 검토 요인

혁신Innovation을 가장 간결하게 표현하자면 '새로운 가치 창출' 정도로 개념화 또는 정의할 수 있다. 이제 우리는 혁신을 통한 신성장 동력의 발굴과 완전 차별화 쪽으로 나아가야만 생존할 수 있다. 초격차 지향의 지능·지식기반경제에서 차별화의 근원은 극강極强의 초기술력과 디자인역량·브랜드·경영 시스템 등 무형 자산들이 대부분이다. 이를 바탕으로 기업은 단지 '빠른 선도자Fast Pioneer'에서 실질적인 '시장 주도자Market Leader'로 변신해야 한다. 혁신 지향적 기업이 되기 위한 경영전략에서 혁신이란 차별화 역량을 확보하기 위한 새로운 방식을 뜻한다. 전통적인 의미의 제품·기술 혁신과 더불어 비즈니스 모델 혁신과 함께 생산방식의 혁신 등도 중요한 혁신의 유형이다.

예컨대, 고객 맞춤형 생산Mass Customization으로 PC 산업의 비즈니스 모델을 혁신한 Dell 사례는 사업 모형 혁신의 좋은 사례이다. 기존의 대량생산방식 대신 혁신적인 린Lean 생산방식을 도입, 세계 최강의 자동차 업체로 부상한 '도요타Toyota' 사례는 생산방식 혁신이 근본적인 경쟁력 강화로 이어진 사례이다. 혁신이 비즈니스 모델 그리고 생산방식의 변혁을 통하여 전사적全社的인 가치 창출의 형태로 나타나는 경우 기존의 제도와 문화에 얽매여 있는 경쟁자들은 쉽게 모방하지 못한다.

성공적으로 혁신을 추진하기 위해서 기존의 기업들은 어떠한 점에 유념해야 하는가? 첫째, 기업의 존립 목적은 고객가치 창출을 통한 이윤 창출이다. 그러므로 고객 니즈needs에 대한 깊은 통찰력을 갖추고 있어야 한다. 혁신 활동의 주춧돌이며 출발점이기 때문이다.

둘째, 혁신은 변화를 필연적으로 수반한다. 이에 따라 이해 관계자들의 저항 내지 반감을 초래할 수 있다. 따라서 초경쟁 시장 속에서의 건전한 위기감을 최대한 고취시켜야 한다. 보다 개방적, 도전적인 조직문화를 구축해야 한다. CEO가 혁신의 챔피언 역할을 하면서 혁신 활동을 주도하지 않는 기업은 결코 혁신할 수 없다. 특히 가치가 높은 와해적 또는 파괴적 혁신Disruptive Innovation이나 급진적 혁신Radical Innovation일수록 실패 확률은 더 높다. 장기간의 투자가 필요하기에 CEO의 지속적인 관심과 후원이 필요하다. 혁신은 곧 도전이다. 실패를 용인하는 풍토의 기업이 혁신도 더 잘 진행하는 편이다. 3M은 실패로부터의 학습을 강조하기 위하여 실패한 직원들을 격려하기 위한 실패 파티까지도 열어준다. 이를 통해 개발한 대표적인 상품의 하나가 '포스트잇'이다.

셋째, 혁신을 잘하기 위해서는 양손잡이 조직Ambidextrous Organization이 되어야 한다. 조직은 기본적으로 성공한 제품 그리고 기존 기술 경로에 천착穿鑿할 가능성이 많다. 당연히 단기간에 쉽게 성공할 수 있는 '존속적 혁신Sustaining Innovation'에 안주한다. 존속적 혁신은 기존 제품의 품질 향상 그리고 원가 절감에 주로 초점을 맞춘다. 그러므로 안타깝게도 신성장 동력의 개발은 어렵다. 우리는 신성장 동력을 개발하기 위해서 '존속적 혁신'에 머무는 조직을 '오른손잡이 조직'이라 부른다. 여기에 진짜 성공적인 혁신을 하려면 와해적·급진적 혁신을 주도하는 왼손잡이 조직 개념이 덧붙여져야 한다. 왼손잡이 조직은 CEO의 확고한 지원하에 보다 창의적이고 도전적인 인력, 개방적인 문화, 장기적인 평가 시스템 등을 통해 오른손잡이 조직과는 차별적으로 설계되어야 한다.

마지막으로, 혁신 과정에서 조직 내의 축적자산에만 의존하지 말고 조직 안팎의 자산을 광범위하게 활용해야 한다. 다양성 그리고 개방성이 혁신을 촉진시키는 중요한 근원이기 때문이다. 혁신의 중요한 동반자로는 핵심 공급업체와 더불어 스마트 컨슈머Smart Consumer 내지 프로슈머Prosumer를 들 수 있다. 이들은 혁신 과정에 동참하여 아이디어 제시 및 피드백의 과정에 기꺼이 참여하는 매우 적극적이거나 전문가적 성격의 고객이다.

또한, 혁신 과정에서 대학교와 벤처 기업 그리고 심지어는 경쟁자와의 협력까지도 고려할 필요가 있다. 원천기술을 개발하는 기업에 대한 리얼 옵션적 성격의 전략적 지분 출자도 그 좋은 사례이다. 우리 기업은 혁신 지향적인 기업을 추구해 가야만 첨예한 글로벌 경쟁에서 차별화된 핵심역량을 확보할 수 있다.

혁신 역량과 신제품 개발

역량은 기업이 하는 일에 총괄적으로 투입되는 모든 기술 및 경험의 총합이다. 그리고 문화는 조직이 하는 모든 일의 바탕을 이루면서 곳곳에 녹아있다. 문화와 역량은 공생 관계이므로 충분한 결과를 획득하기 위해서는 밀접한 상호작용이 선행되어야 한다.

기업이 탁월한 혁신 역량을 갖추고 기본적인 혁신 프로세스를 잘 수행하기 위한 두 가지 필수적인 역량이 뒷받침되어야 한다. 첫 번째는 기업의 성장 추진 활동을 위한 체계적인 틀을 제공하는 규율 잡힌 전략 프로세스 실행 능력이다. 두 번째는 이러한 전략 프로세스의 원동력이 되는 시장 학습 능력이 그것이다.

혁신의 결과물인 제품과 서비스를 만들어 내는 신제품 개발 프로세스 모형은 다양하다. 그중에서 쿠퍼Cooper 의 단계-관문Stage-Gate Process 모형이 가장 널리 활용되고 있다. 이 모형은 아이디어가 실제 사업화되기까지 5가지의 단계와 각 단계별 과정인 관문을 포함한다.

단계-관문 모델에서 단계Stage 는 신제품 개발 활동이 이루어지는 과정이다. 프로젝트팀은 각 단계별로 다음의 의사결정Gate에 필요한 정보와 결과물을 창출한다. 각 단계는 기능별Cross Functional 협업으로 이루어지며 각 활동은 시장 출시 속도Time To Market를 높이기 위해서 동시 다발적으로 진행된다. 이때 발생하는 위험을 관리하기 위해서 기술, 시장, 재무, 운영 측면에서 필요한 정보를 획득하고 관리하는 행위가 수반된다.

단계가 진행될수록 제품이 구체화되며 이를 위해 인력 및 예산과 같은 자원이 더 많이 투입된다. 그뿐만 아니라 단계가 진행될수록 더 많은 자원이 투입되고 그 위험에 대한 불확실성이 점점 더 증가하기 때문에 위험관리는 필수적이다.

아이디어 생성 이후에는 다음의 다섯 단계를 경유經由하게 된다. 그리고 이 다섯 가지 단계를 통해 비로소 제대로 된 신제품을 개발하고 출시할 수 있다.

1단계는 영역 정의Scoping이다. 프로젝트 기술상 이점과 시장 전망에 대한 평가를 수행하는 단계이다.

2단계는 사업화 구축Build Business Case이다. 프로젝트의 사업화 여부를 결정하는 단계로서, 제품 및 프로젝트의 정의, 프로젝트 타당성 평가, 프로젝트 계획서 평가 등 사업화를 위한 3가지 주요 요소를 바탕으로 기술, 마케팅 및 사업 타당성을 평가한다.

3단계는 개발Development이다. 사업화 계획, 실행 계획, 테스트 계획 등 세 유형의 계획 및 평가를 포함한다. 사업화 계획은 구체적인 실행 계획으로 전환되며, 실행 계획은 제품 개발 활동, 제조 및 운영 계획, 시장 출시 및 운영 계획으로 정의된다. 또한, 다음 단계를 위한 테스트 계획도 포함되어야 한다.

4단계는 테스트와 검증Test and Validation이다. 전체 프로젝트, 즉 제품 자체와 생산공정, 고객 수용도 및 프로젝트의 경제성에 대해서 검증한다.

5단계는 제품 출시Launch이다. 제품의 완벽한 상업화 단계로 상업적 차원의 제품 출시를 시작한다.

관문Gate은 신제품 개발의 각 단계로 넘어가기 이전에 프로젝트의 진행 여부와 업무 우선순위를 결정하는 의사결정이 일어나는 시점이다. 관문은 프로젝트가 반드시 가지고 가야 할 활동을 추려내고 자원을 재분배하는 중간 과정으로, 관문을 통과해야만 다음 단계로 프로젝트가 진행될 수 있다.

관문 단계는 의사결정을 할 개발 대상물, 판단을 할 기준과 진행 여부가 결정된 결과물로 구성된다. 개발 대상물은 기준에 부합하여 그 양식이 정해져 있어야 하며 기준은 정성적인 부분 및 정량적인 부분을 모두 포함하고 있어야 한다. 마지막으로 결과물은 그다음 관문에서 필요로 하는 개발 대상물에 해당된다. 의사결정의 기준 측면에서는 실행 계획 타당성Quality of the Action Plan, 실행 가능성Quality of Execution, 사업 타당성Business Rationale 등이 주요 평가 기준이 된다.

단계-관문(Stage-Gate Process) 모형

아이디어 발굴 단계	1차 점검	상품 기획 1 단계	2차 점검	개발 계획 2 단계	3차 점검	개발 구현 3 단계	4차 점검	검증 평가 4 단계	5차 점검	제품 출시 5 단계	출시 후 재평가
아이디어 발굴 단계	상품 구상 아이디어 승인 여부 결정		상품 기획 승인 여부 결정		개발 승인 여부 결정		검증 승인 여부 결정		출시 승인 여부 결정		출시 후 재평가

관문 과정

개발 대상물	기준	결과물
Deliverables	Criteria	Outputs
	– 계획 타당성 – 실행 가능성 – 사업 타당성	

혁신 머스트 날리지

혁신을 이루기 위한 성공 요소 중 가장 핵심 요소로 등장하는 것은 '문화'이다. 이러한 문화를 '혁신 문화'로 조성하려면 혁신을 일상과 분리하는 것이 아닌 일상의 일부로 만들어야 한다. 문화를 조직 구성원이 공유하는 가치이자 그들의 행동 방식까지 지시하는 규범으로 정의한다. 즉 문화는 조직 에너지의 흐름에 관한 무언無言의 합의인 동시에 조직 구성원이 일하는 방식에 관한 불문율이다. 잘 조성되고 관리되는 문화는 지속적인 혁신의 토대가 된다. 아래의 〈도표〉는 3M의 혁신 문화 구축에 관한 내용을 담고 있다.

혁신 문화 구축의 필요 요소

환경	– 가치: 혁신은 조직 운영 원리 속에서 싹튼다. – 리더십: 경영자가 혁신을 적극적으로 지원하고 혁신이 우선순위에 있다는 사실을 직원들에게 알린다. – 인정: 혁신 및 혁신가들을 인정하고 보상한다. – 자유: 직원들에게 혁신할 시간과 공간을 제공한다.
의식 구조	– 창의성: 직원들이 열린 자세로 새로운 아이디어를 대하고 상상력을 발휘하여 문제를 해결하게 한다. – 위험 감수: 적절한 위험 감수를 장려하고 실패 직원을 처벌하기보다는 실패에서 교훈을 얻게 한다. – 고객 지향성: 혁신과 품질 개선으로 고객 만족을 위한 강한 실행 의지를 보인다.

업무 방식	– 협업: 혁신에 필요한 인재들이 조직과 지리적 경계를 넘어 협력한다.
	– 기여: 조직 안팎, 협업 네트워크의 모든 사람이 혁신에 기여한다.
	– 개방성: 기업은 폐쇄성을 극복하고 열린 자세로 외부 아이디어와 파트너를 수용한다.

위의 〈도표〉에서도 보는 것과 같이 '협업'은 3M이 혁신을 이루는 데 필수적인 요소라고 확신하는 핵심 가치 중의 하나이다. 여기서 언급하는 협업에는 직원들 간의 협업은 물론이고 고객 간의 협업도 포함되는 개념이다. 이러한 협업의 목표 내지 지향점은 혁신을 시장에서 응용함에 있다.

3M 혁신 문화와 협업의 출발점은 평사원으로 입사하여 회장으로까지 승진한 윌리엄 맥나이트William McKnight의 재직 시절로 거슬러 올라간다. 오늘날 3M의 혁신 문화는 대부분 그가 강조한 가치에 그 기반基盤을 두고 있다. 1948년 윌리엄 맥나이트는 스스로 경영 원칙의 기초를 세웠다. 다음과 같이 짧은 원칙은 3M 혁신 문화의 철학을 포괄적으로 다루고 있다.

"실수를 비난하는 경영 방식은 직원들의 진취성을 말살한다. 회사기 계속 성장하려면 진취적인 직원이 더 많이 필요하다."

또한, 윌리엄 맥나이트는 근무 시간의 15%를 자신만의 프로젝트와 아이디어를 위하여 사용하라고 권장하였다. 오늘날에도 3M 직원들은 이 정책 및 방침에 따라 자발적으로 연구하고 있다. 자연스럽게 3M 히트 상품 중 상당한 수가 이러한 진취적인 연구의 성과이자 산물이다.

3M 설립 기원

창립 연도	1902년
설립자	5인- 철도 종사자 2인, 내과 의사, 변호사, 정육점 점주(店主)
소재지	미네소타 주 크리스털 베이
설립 취지	연마기 제조업자에게 필요한 연마제인 강옥(鋼玉)을 채취하기 위한 광산 개발
초기 성과	- 광산 사업은 1톤만을 채취하고 추가 구매자를 찾지 못해 실패함. - 회사는 도산했으나, 새 투자가인 루이스 오드웨이가 인수하여 1905년 사포 생산을 시작함. - 3M은 대표이사인 에드거 오버에게 첫 11년 동안 월급을 지급하지 못함.

디지털 전환과 ICT 융합기술

제2장

디지털 전환

디지털 전환의 개념

약어略語로 DX 또는 DT로 표현되고 있는 디지털 전환은 기업에서 정보통신기술을 활용하여 기존의 전통적인 운영방식과 비즈니스 모델, 제품 및 서비스 등 기업의 전반적인 부분을 혁신하는 개념이다. 즉 디지털 기술을 기업 전사적全社的으로 적용하여 전통적인 기업경영 구조를 혁신시키는 것을 디지털 전환 또는 디지털 트랜스포메이션Digital Transformation: DX, DT이라고 표현한다. 달리 표현하자면 다음과 같은 설명도 가능하다. 기업이 고객 또는 비즈니스 파트너와 상호작용하면서 시상에서의 성생 방식을 변화시키고 새로운 가치를 창출하기 위하여 디지털 기술을 사용 및 적용하는 것이다. 기업이 디지털 기술을 활용해 운영체계 및 고객 경험을 변화시키는 것이라는 개념도 매우 간명簡明한 설명이라 하겠다. 그러므로 '비즈니스 모델 변환'이 디지털 전환의 핵심 중 하나이다.

한편 디지털 전환의 개념 또는 정의에 대하여 아래의 조직체에서는 다음과 같이 정의하고 있다.

- 고객 지향의 새로운 가치를 창출하기 위하여, 지능형 시스템 등의 디지털 기술을 이용하여 기존의 비즈니스 모델을 새롭게 구상하고, 인간과 데이터 및 프로세스를 결합하는 새로운 방안의 수용 마이크로소프트
- 디지털 신기술로 촉발되는 경영환경 변화에 선제적으로 대응하고 현재 비즈니스 경쟁력을 획기적으로 제고하거나 신사업을 통한 신성장 추구의 기업활동 AT커니
- 기업경영에서 디지털 소비자와 사업 생태계가 기대하는 것을 비즈니스 모델과 운영에 적응시키는 일련의 과정 PwC
- 디지털 기술 및 성과를 향상시킬 수 있는 비즈니스 모델을 활용하여 조직을 변화시키는 것 WEF

디지털 전환이라는 용어는 2004년 스웨덴의 에릭 스톨터만Eric Stolterman 교수에 의해서 최초로 사용되기 시작하였다. 그때 'IT 기술을 적용하여 인간의 삶이 좀 더 나은 방향으로 개선되는 현상'으로의 이행 移行이라는 관점에서 집필한 「정보 기술과 좋은 삶Information Technology and the Good Life」이라는 제목의 논문이 그 기원起源이다. 이제 디지털 전환은 4차 산업혁명과 맞물리면서 인공지능AI·빅데이터·클라우드·IoT·AR/VR·로봇 등 여러 가지 디지털 기술을 활용하여 새로운 사업을 발굴

디지털 전환과 ICT 융합기술

하는 혁신적 활동으로 발전하면서 기업의 핵심전략으로 급부상하였다. 전산화Digitization, 디지털 데이터와 온라인을 활용하는 디지털화Digitalization, 4차 산업혁명의 기술을 활용한 혁신적 활동인 디지털 전환Digital Transformation으로 이어지는 단계가 결국 DX가 가는 여정旅程이다.

디지털 전환을 하기 전에 검토할 질문들에 대해 다국적 컨설팅전문 회사인 맥킨지McKinsey& Company는 기업 전략, 조직 역량, 기술 확장의 세 가지 차원에서 다음과 같이 설명하고 있다. 첫 번째는 기업의 전략이다. 기업의 전략이 현실에 통할만 한 것인지, 실제로 어떻게 운영되고 있는지 생각해보고 답할 수 있는 리더만이 디지털 전환을 준비할 수 있다. 두 번째는 조직 내 역량이다. 실패를 대비한 안전장치를 마련해 두었는지, 디지털 인재를 어떻게 채용하고 있는지, 새로운 기술을 어떻게 활용할 것인지, 핵심기술을 조직 내에 둘 것인지 아웃소싱할 것인지 등에 대해 질문하면서 기업 조직이 갖춰야 할 역량을 점검하는 것이다. 세 번째는 디지털 기술의 수용과 확장에 대한 것이다. 디지털로의 변화를 주도하는 사람들이 개발자인지 임원인지, 조직 내 직원들이 디지털 기술을 제대로 학습하고 있는지, 그들과의 소통은 어떻게 진행되고 있는지 살펴보는 질문들을 통해 디지털 전환 실행 방법에 대해 논의를 강화하는 것이다.

디지털 전환의 프로세스

디지털 전환의 추진을 위해서는 우선 [1] 강력한 경영혁신으로의 전환과 고객 경험에 대한 체계적 창출이 필요하고, [2] 내부 운영 프로세스를 혁신한 이후 [3] 비즈니스 모델을 재창조하는 각각의 단계별 접근이 필요하다. 이때, 필요한 디지털 역량은 단순한 디지털 기술 역량의 확보가 아니다. 디지털 기술을 활용하여 프로세스 및 비즈니스 혁신에 중점을 두어야 한다. 고객 경험, 운영 프로세스, 비즈니스 모델의 세 가지 차원에서의 디지털 역량을 활용하여 기업에 적정한 차별화된 디지털 전략이 수립되어야 한다.

디지털 전환의 첫 번째 단계는 강력한 경영혁신으로의 전환 혹은 경영 전환과 고객 경험에 대한 체계적 창출이다. 우선 기업 존립의 바탕은 결국 '고객'이다. 그러므로 디지털 전환의 핵심은 고객 경험의 혁신이다. 기존의 기업 주도 비즈니스 전략에서 고객 중심 또는 고객 주도의 전략으로 변환하면서 고객이 진정으로 원하는 가치 제공에 주목해야 한다. 디지털 전환에 성공한 기업은 고객 이해에 집중하는 동시에 고객 경험을 디자인한다. 그리고 새로운 디지털 채널에 대한 투자를 통해 고객 접점 및 고객 참여를 확대한다.

한편 첫 번째 단계에서 경영혁신으로의 전환 혹은 경영 전환은 디지털 전환의 최우선 조건이다. 인공지능과 빅데이터 등 현란한 디지털 기술이 조직 구성원의 이해와 참여가 미흡한 상황에서 도입되고 실행되는 경우에는 그 득得보다는 실失이 크다. 운영 효율성과 생산성 향상을 위한 프로세스의 디지털화, 의사결정의 품질 및 속도 향상을 위한 데이터 기반의 의사결정, 업무 방식의 유효성 증대를 위한 유연한 조직 문화가 경영혁신으로의 전환 혹은 경영 전환이 당도當到해야 할 도달점이다.

두 번째 단계는 내부 운영 프로세스를 혁신하는 것이다. 보수적, 수직적인 전통적 기업 운영방식에서 벗어나 디지털 시대의 개방형, 자율형, 수평형 운영 시스템을 이루어 빠르고 유연한 조직으로 변신하는 것이다. 이를 위하여 기업의 핵심 운영 프로세스를 디지털화하고, 업무의 실시간 투명성 확보 등 종합적으로 스마트한 의사결정 수립이 활성화되어야 한다.

세 번째 단계는 비즈니스 모델을 재창조하는 것이다. 현재의 비즈니스 모델을 점검하고 디지털로 변화하는 환경에 대응하기 위해 제품, 서비스, 비즈니스 모델을 재설계하는 것이다. 비즈니스 모델과 밀접한 요인들을 분석하여 비즈니스 모델을 혁신해야 한다. 부연하자면 기존의 비즈니스역량을 디지털 기반으로 재설계 또는 재구축 내지 새로운 비즈니스 모델 즉 사업 모형을 창출하는 것이다.

디지털 전환의 4단계 발전 과정

모든 산업의 근간根幹이 되는 제조업을 중심으로 한 제조업의 디지털 전환 내지 디지털 혁신 4단계 과정을 파악함으로써 4차 산업혁명과 디지털 전환의 상호작용을 통한 비즈니스 모델의 설정까지 식별할 수 있게 된다.

- 1단계: 스마트 제조시스템을 통해 현장과 제조시스템의 수직 통합 단계이다. 기기와 기기 사이, 인간과 기기 사이의 통신이 가능해지고 현장의 설비와 로봇이 지능화되면서 자율화된 생산 시스템이 만들어진다. 1단계 완성을 통하여 공장 생산 정보에 대한 실시간 상황 공유가 가능하다. 효율적이고 유연한 생산 및 유지 관리가 가능해지면서 고품질 저비용 구조를 실현할 수 있다.

- 2단계: 제품 설계 단계에서부터 개발, 생산, 판매, 유통, 서비스에 이르는 전체 공급망과 비즈니스 가치사슬을 최적화하는 수평 통합 단계이다. 내부 프로세스 간 통합, 공장과 공장 간 통합, 국내외 공급 협력업체와의 통합, 고객과의 통합을 통해 전체 프로세스의 수평 통합을 만들어 낸다. 시장과 고객 변화에 신속하게 대응하는 민첩한 제조는 개인화

된 상품 생산을 가능하게 하는 제조혁신이 되는 것이다.

- 3단계: 첨단 기술을 적용하여 기존의 제품 및 서비스를 고도화하는 단계이다. 기존 제품과 서비스에 각종 디지털 기술을 접목하여 새로운 부가가치를 창출할 수 있도록 기업의 제품 및 서비스 포트폴리오를 개선하고 매출 증대를 도모하는 단계이다.

- 4단계: 디지털 데이터를 활용하여 새로운 네트워크와 비즈니스 생태계를 조성하고 제조라는 산업의 경계를 넘어 다른 산업으로 비즈니스를 혁신하고 확장하는 단계이다.

디지털 전환의 4단계 발전 과정

	인더스트리 4.0		스마트 서비스	
	운영 최적화		비즈니스 차별화	
	실시간 연결 및 자동화	공급망 최적화 및 효율화	서비스 확장 및 수익 확대	비즈니스 혁신 및 산업 생태계 성장
비즈니스 모델	제품과 판매 서비스	제품과 AS 서비스	제품을 서비스로 공급 추가 서비스	디지털 데이터 기반 디지털 비즈니스
추진 동인	제품 판매	공급망 최적화	서비스 매출 성장	네트워크 생태계 확장
적용 기술	임베디드 시스템 증강현실	고급 분석 머신러닝 최적화	서비스 및 제품 포트폴리오 관리	새로운 생태계의 비즈 모델 개발

통합 및 기술 범위	운영기술 정보 기술의 수직 통합, 설비 간 연결	디자인부터 납품까지 전체 공급망 수평 통합	서비스 플랫폼, 서비스 과금, SLA 관리	공개 데이터 플랫폼, 비즈니스 네트워크
표준화	물리적 연결성	의미론적 표준	서비스 간 상호 운용성	다양한 산업 간 표준
	생산 최적화		스마트 서비스	비즈니스 혁신

디지털 전환에 따른 기업의 변화와 전략

디지털 기술 기반의 디지털 전환이 이루어지면 기업의 각종 구성 요소와 여러 측면에서 변화가 발생할 것으로 전망된다. 기업의 예상 변화 영역은 관점과 입장에 따라 다양한 분석과 서술이 존재할 수 있을 것이지만, 여기에서는 크게 네 가지 시각에서 내용을 살펴보기로 한다. 네 가지 시각은 연결성, 의사결정, 자동화, 혁신이다. 좀 더 파악하자면 소비자와 공급자 그리고 이해 관계자들의 광대역 연결망, 빅데이터 분석 기반의 의사결정, 초격차를 위한 초정밀 자동화, 제품과 사업 모형 그리고 운영 모형의 혁신으로 구성된다.

한편 국내 제조업의 코로나 이후 디지털 전환의 대응과 관련한 2021년 하반기의 산업통상자원부와 KIET산업연구원의 발표를 중심으로 보면 다음과 같다. 디지털 전환 전략의 필요성은 체감하고 있지만, 실제 대다수 기업의 경우 기초적 대응조차 미흡한 실정으로 나타났다. 이미 다수의 기업은 부정적인 경제적 영향을 경험하는 가운데 코로나 19의 장기화 가능성과 위드 코로나 또는 포스트 코로나 시점에서의 기업경영방식의 변화 필요성을 인식하고 있다. 즉 코로나 19 위기 극복과 위기 이후 기업 경쟁력 확보를 위해서는 비대면 운영방식 도입 등 디지털 전환을 통한 적극적인 전략이 필요함을 시사한다.

많은 기업의 경우 재택근무 또는 화상회의 도입과 같은 기초 수준의 대응을 진행하고 있다. 이는 자금, 인력, 기술, 정보 등 전반적인 자원 부족과 기업 간 자원 격차에 기인한다. 소수의 기업은 가용자원을 바탕으로 적극적인 디지털 전환을 통해 코로나 19 위기 이후의 유망 사업과 경영 방식 효율화를 선도할 투자가 가능한 반면, 자원 부족을 겪는 다수의 기업은 미래대응을 위한 투자 여력이나 관심이 낮은 것으로 판단된다.

디지털 기술은 경영 방식의 전환을 통해 기업이 새로운 산업환경에 대처할 수 있게 해주는 위기 극복의 핵심 요인으로 평가된다. 또한, 코로나 19 이후 디지털 기반의 소비 패턴에 대응하기 위한 기업활동의 지속 및 확대가 예상되기 때문에 기업의 디지털 기술 활용 역량 강화가 중요하다. 한편 디지털 전환에 대한 기업 대응 수준에 따라 위기 극복과 위기 이후의 기회 선점 및 경쟁력 확보에 차이가 발생할 수 있으며 이는 기업 간 격차 확대를 초래할 수 있다.

예를 들어 소규모 기업의 경우 대부분 기초적인 디지털 인프라를 갖추지 못한 것으로 나타나 디지털 전환에 제대로 대응하기 어려울 가능성이 크며 이로 인하여 산업환경 변화에 낙오되어 미래 생존을 위협받을 수 있다. 개별 기업의 생존 위협은 해당 산업뿐만 아니라 국가 경쟁력에 부정적인 영향을 미칠 수 있는 문제이므로, 디지털 전환에서 열위에 놓이거나 소외된 기업에 대한 자금, 기술 및 인력 지원 등 정책 지원이 요구된다. 디지털 전환을 위한 기업 전반의 대응 역량 향상과 기업간 디지털 격차 해소를 위한 노력의 결집이 필요한 시점이다.

디지털 전환은 결국 기업 보유의 각종 자원을 토대로 시작되는 것이 일반적이다. 이에 따라 기업이 보유한 모든 자원과 능력을 분석하고 이 자원과 능력이 경쟁우위를 창출할 수 있는 잠재력에 대하여 분석하는 기법을 개발할 수 있다. 이 분석 기법을 활용하여 기업의 내부적 강점과 약점을 발견할 수 있다.

기업의 자원과 능력이 가질 수 있는 경쟁적 잠재력을 가늠할 수 있는 네 가지 초점에는 가치Value, 희소성Rarity, 모방 불가능성Inimitability, 조직Organization이 있다. 이러한 관점은 곧장 VRIO 모형으로 이어진다. 즉, 특정 기업자원이 특정 기업의 지속적 경쟁우위의 원천이 되기 위한 네 가지 조건을 정리한 것이 VRIO이다. V는 가치, R은 희소성, I는 모방불가능성, O는 조직배태성Organizational Embeddedness을 의미하는 영어 첫 글자의 조합이다. 참고로 조직 배태성胚胎性은 기업이 보유한 특정 기업자원이 해당 기업에 잘 결합되어 있는가에 대한 것이다.

기업의 경쟁적 잠재력 분석 질문

1	가치 질문 Value	특정 자원이 기업으로 하여금 기업 환경에서 기회를 이용하거나 위협을 중화시키도록 하는가?
2	희소성 질문 Rarity	특정 자원을 소수의 경쟁 기업만 소유하는가?
3	모방 불가능성 질문 Imitability	특정 자원 미보유 기업이 그 자원의 획득 또는 개발 시 비용 열위를 감내해야 하는가?
4	조직 질문 Organization	기업정책이 가치 있고 희소하여 모방하기 곤란한 자원을 이용 가능하도록 조직되었는가?

기업 내에서 잠재적으로 가치 있는 자원과 능력을 발견하는 방법 중 하나는 그 기업의 가치사슬을 연구하는 하는 것이다. 기업의 가치사슬 value chain은 그 기업이 제품과 서비스를 개발 제조 판매하기 위하여 행하는 일련의 활동이다. 기업은 가치사슬의 각 단계에서 각각 상이한 자원과 능력을 적용하고 통합해야 한다. 각각의 기업들은 서로 다른 가치사슬을 선택할 수 있기 때문에 그 가치사슬에 필요한 상이한 자원 및 능력을 개발하게 된다. 가치사슬과 이에 따른 자원 및 능력의 선택 문제는 결국 그 기업의 전략 선택에 영향을 주게 된다.

한편 나쁜 행동을 하는 기업의 제품 또는 서비스를 이용하지 않음으로써 소비자들도 기업의 가치 활동 선택에 영향을 미칠 수 있다. 어떤 경우에는 더욱 강하게 적극적으로 기업의 전략에 영향력을 행사한다. '기업의 사회적 책임'에 대한 수요가 시장에 존재하는 한 기업들은 사회적으로 좋지 않은 행동을 하지 않는 방향으로 이익 극대화 활동을 하게 된다.

가치사슬 모형에는 기업의 자원 및 능력이 해부 되어 있다. 즉 기업이 행하고 있는 가치 활동이 해당 기업의 재무 자원, 실물 자원, 인적 자원, 조직 자원에 어떻게 영향을 주는가를 파악할 때 결정적인 도움을 제공한다. 이러한 세부적이 분석에 기초하여 해당 기업이 보유한 잠재적인 경쟁우위의 원천을 발견 또는 포착할 수 있는 것이다. 아래의 도표는 가치사슬 모형의 예시이다. 압축적으로 구성된 이 모형에 의하면 기업의 가치 창출은 기술 개발, 제품 디자인, 제조, 마케팅, 유통, 서비스의 여섯 가지 활동으로 구성된다. 기업들은 개별적인 또는 조합

디지털 전환과 ICT 융합기술

적인 활동을 통하여 기업 특유의 역량을 개발할 수 있다.

가치사슬 구성 예시

기술 개발	제품 디자인	제조	마케팅	유통	서비스
제품·과정 특허	기능 물리적 특성 미학적 요소 품질	공정 통합 원재료 생산 능력 입지 조달 부품제조 조립	가격 광고·판촉 판매원 포장 상표	경로 재고 창고 운송	보증 직접서비스 외부업체계약 가격

전략 머스트 날리지

디지털 전환의 추진과 실행 등의 목적은 여러 가지일 수 있겠지만 결국 궁극적인 목적은 경쟁우위의 창출이다. 그리고 경쟁우위는 기업이 추구하는 궁극적 목표로 간주하여도 무방하다. 일반적으로 어느한 기업이 다른 경쟁 기업들보다 경제적 가치를 더 창출할 때 경쟁우위 competitive advantage를 가진다고 정의한다. 경제적인 가치는 제품 또는 서비스를 구입함으로써 구매자가 인식하는 수익과 그 제품 또는 서비스를 제공하는 데 드는 경제적 비용의 차이를 의미한다. 그러므로 한 기업의 경쟁우위의 크기는 그 기업이 창출할 수 있는 경제적 가치와 다른 경쟁 기업들이 창출할 수 있는 경제적 가치의 차이를 뜻한다. 경쟁우위의 형태는 아래의 〈도표〉와 같이 구분할 수 있다.

경쟁우위의 구조도

경쟁우위 competitive advantage		경쟁등위 competitive parity	경쟁열위 competitive disadvantage	
어느 기업이 경쟁 기업보다 더 큰 경제적 가치를 창출할 때 자사의 경쟁자 또는 산업 평균보다 월등한 성과		어느 기업이 경쟁 기업과 같은 크기의 경제적 가치를 창출할 때 기업들의 성과가 동일할 때	어느 기업이 경쟁 기업보다 더 작은 경제적 가치를 창출할 때 자사의 경쟁자 또는 산업 평균보다 열등한 성과	
임시적 경쟁우위 temporary competitive advantage	지속적 경쟁우위 sustained competitive advantage		임시적 경쟁열위 temporary competitive disadvantage	지속적 경쟁열위 sustained competitive disadvantage
단기간 지속되는 경쟁우위	장기간 지속되는 경쟁우위		단기간 지속되는 경쟁열위	장기간 지속되는 경쟁열위

기업의 경쟁우위는 임시적일 수도 있고 지속될 수도 있다. 위의 〈도표〉에서 임시적 경쟁우위는 단기간 존재하는 경쟁우위를 지칭한다. 이에 비해 지속적 경쟁우위는 경쟁우위가 더 오랫동안 지속되는 경우이다. 경쟁 기업과 동일한 수준의 경제적 가치를 창출하는 기업은 경쟁등위를 가진다. 한편 경쟁 기업보다 낮은 수준의 경제적 가치를 창출하는 기업은 경쟁열위를 갖는다. 경쟁우위와 같은 방식으로 경쟁열위도 임시적이거나 지속적일 수 있다.

한편 기업의 성과는 그 기업이 통제하는 자원과 특성의 함수라고 설명하는 이른바 '자원기반이론'이 있다. 자원은 기업이 전략을 인식하고 실행하기 위해 이용하는 유형 또는 무형의 자산이다. 능력은 자원의 일종으로 기업이 다른 자원을 이용할 수 있도록 해 준다. 자원 및 능력은 재무자원, 실물자원, 인적자원, 조직자원으로 구분할 수 있다.

자원기반이론은 자원 및 능력에 대하여 두 가지를 가정한다. 어떤 자원과 능력은 경쟁 기업 간에 상이하게 분포한다는 자원 상이성 가정이 우선 있고, 바로 이러한 상이성은 비교적 오래 지속이 된다는 관점에서 자원 비유동성 가정이 있다. 이 두 가지 가정은 기업들이 그 자원을 이용하여 경쟁우위를 획득하는 조건을 기술할 때 사용할 수 있다. VRIO 모형은 바로 이 자원기반이론에서 도출된 것이다.

VRIO는 기업이 자신의 경쟁적 잠재력을 평가하기 위하여 이용 가능한 네 가지 질문을 제시한다. 이 질문은 각각 가치, 희소성, 모방 불가능성, 조직에 대한 질문이다. 기업의 자원과 능력은 그 기업으로 하여금 외부의 기회를 활용하거나 위협을 중화시킬 수 있게 할 때 가치를 가진다. 그러한 가치 있는 자원과 능력은 그 기업의 강점이 되고, 가치가 없는 자원과 능력은 그 기업의 약점이 된다. 가치 있는 자원을 통하여 외부 기회를 이용하고 위협을 중화시킬 때 기업은 이익을 증가시키거나 비용을 감소시킬 수 있다.

VRIO 모형은 순차적 분석 모형이다. 즉 특정 기업자원이 특정 기업에 가치가 있는 자원이라고 판단되면 비로소 희소성에 대한 분석을 시작할 수 있다. 즉 V→ R→ I→ O의 순서로 분석을 진행한다. 이러한 과정에서 어느 기준을 미충족하는 경우에는 그 지점에서 분석을 멈추고 해당 기업자원이 특정 기업에 미치는 결과를 도출하게 된다.

디지털 전환과 ICT 융합기술

기업의 성공적 성취를 위한 전략 수립의 배경으로 다음의 네 가지 주요 요인을 제시할 수 있다. 기업의 강점 및 약점은 기술, 재정, 브랜드 등 경쟁사와 대비되는 자원과 역량을 그대로 반영한다. 전략 실행자의 가치관이란 수립된 전략을 실행해야 하는 핵심적 위치에 있는 경영진의 동기Motivation와 욕구Needs를 의미한다. 이러한 가치관과 결합된 기업의 강점 및 약점은 결국 기업이 성공을 기대하면서 채택할 수 있는 경쟁전략의 내적 요인을 결정한다.

기업의 외적 요인은 기업이 속한 산업과 주위 환경에 의하여 결정된다. 산업이 제공하는 기회와 내부에 놓여 있는 위협은 곧 경쟁 환경의 구성 요소이다. 그리고 그 속에는 수익 창출 가능성과 실패의 위험이 동시에 존재한다. 한편 사회적 기대는 정부 정책 또는 사회적 관심사, 사회 변화 등 기업에 영향을 미치는 다양한 외부 요인을 의미한다. 지금까지 언급한 이 네 가지 주요 요인은 현실적이고 실행 가능한 일련의 목표와 정책을 결정하기 이전에 검토할 사항들이다.

전략 수립의 배경

기업의 내적 요인		기업의 외적 요인	
기업의 강점 및 약점	전략 실행자의 가치관	산업의 기회와 위협	사회적 기대 역할

제3장

고객 가치

구매 가치

고객 가치를 구매 가치, 브랜드 가치, 고객 유지 가치의 세 가지로 나눌 때, 구매 가치가 고객 가치의 가장 중요한 요소이다. 구매 가치 결정의 핵심 요소인 품질 그리고 가격을 중심으로 살펴보기로 한다. 품질은 고객이 지각하는 것이다. 만약 고객에 의해 품질이 지각되지 않거나 평가되지 않는다면 고객 행동에 그 어떠한 영향력도 주지 못한다. 즉 구매 가치와 더불어 총체적인 고객 가치를 생각할 때 결과적으로 무의미한 것이 될 수 있기 때문이다.

한편 품질을 네 가지 구성 요소로 나누어 본다면 다음과 같다. 물리적 상품, 서비스 상품, 서비스 배송, 서비스 환경이다. 기업들은 대체로 물리적 상품 품질에 큰 관심을 기울여왔다. 우리는 제품만이 상품이라고 생각하는 것에 익숙하다. 그런데 서비스 역시 소비자들에게 전달되는 것인 만큼 서비스 상품도 품질의 중요한 관리 요소이다.

서비스 배송은 회사가 고객과의 약속을 전달하는 과정으로 중요한 품질의 관리 결정 요소이다. 서비스 배송은 책임감, 정확성, 공감 등을 포함한다. 서비스에서 배송은 가장 어려운 품질 관리 요소이다. 서비스 환경 또한 중요한 관리 요소이다. 특히 소매업에서 중요하며 서비스가 발생하는 환경을 말한다. 달리 보면 서비스 공급자가 제공하는 편의시설에서도 발생할 수 있다. 예를 들어 자동차 쇼룸은 자동차 딜러에게 중요한 품질 요소이다.

서비스 품질을 파악하는 하나의 방법은 고객과 회사가 상호작용하는 고객 접점Moment of Truth, MOT을 매핑하는 것이다. 예를 들어 호텔 고객은 호텔 예약을 직접 모바일 예약 또는 콜센터 예약으로 예약을 마치고 프런트에 가서 체크인하고 객실로 가서 머문다. 호텔 내 레스토랑에 가서는 식사를 하고 마지막에는 체크아웃을 할 것이다. 지금 열거한 곳곳이 호텔의 입장에서는 고객 접점이 된다. 모두 고객들이 품질을 지각하게 되는 중요한 접점이다.

한편 가격으로 경쟁하는 다양한 방법들이 존재한다. 기존의 유통업 분야에서 그중에서 특히 가장 성공한 소매업체인 월마트Wal-Mart에 의해 대중화된 '매일 최저가' 혹은 '최저가 보장제'가 그것이다. 빈번한 세일로 고객 또는 소비자를 집객하기보다는 가능한 범위 이내에서 지속적으로 낮은 가격을 상시적으로 운영하는 전략이다. 이는 그 규모의 영향력 때문에 공급자들과의 협상에서 강한 인상을 줄 수 있다. 그리고 지불 방법은 가격 경쟁력을 가져오는 또 다른 방법이다. 특히 무이자 할부는 소비자 또는 고객의 입장에서 매력적으로 인식되고 수용된다. 끝으로 디지털 시대에는 기업과 고객의 관계가 극적으로 변화하고 있다. 아래의 〈도표〉를 참고하도록 하자.

고객에 대한 전략적 평가 기준 변화

아날로그 시대	디지털 시대
대중 시장의 고객	동적 네트워크의 고객
단방향 고객 소통	양방향 고객 소통
기업이 핵심 영향력자	고객이 핵심 영향력자
구매 설득 위주 마케팅	구매와 지지의 신뢰 마케팅
단방향 가치 흐름	반복적 가치 흐름
기업 규모의 경제	고객 가치의 경제

브랜드 가치

브랜드 가치의 세 가지 운영 요소는 [1] 고객의 브랜드 인지지각 [2] 고객의 브랜드 태도 [3] 브랜드 윤리에 대한 고객의 지각이다. 브랜드 가치의 운영 요소를 이해할 때, 소비자들은 브랜드 구매 경험이 없어도 브랜드에 대한 지각을 발전시킬 수 있음을 알아야 한다. 그러므로 브랜드 자산은 현재 브랜드를 구매하는 사람들, 현재는 경쟁사 브랜드를 구매하지만, 과거 자사의 브랜드 구매 경험이 있는 사람들, 그리고 그 브랜드를 구매한 경험이 없는 사람들 모두의 영향을 받는다.

브랜드가 고객 가치를 성공적으로 형성하려면 고객들이 브랜드를 인지해야 한다. 기업 입장에서 브랜드 인지도를 향상시키는 강력한 수단은 현재 및 잠재 고객에 대한 브랜드 커뮤니케이션이다. 앞에서 언급한 브랜드 가치의 세 가지 운영 요소의 핵심적인 동인動因을 살펴보면 다음과 같이 정리된다. 어떤 고객이 확고한 브랜드 인지도를 지니고 있고, 고객들은 그 브랜드에 대하여 긍정적 태도를 지니고 있으며, 기업 및 브랜드의 도덕성은 선을 넘지 않았다고 가정하여 보자. 이 사실이 맞다면 이 기업의 브랜드는 브랜드 임팩트를 가질 수 있는 단계에 도달한 셈이다. 따라서 브랜드 가치가 고객 가치를 작동시킬 수 있는 위치인 것이다.

브랜드 가치 구조도

브랜드 가치	고객의 브랜드 인지	커뮤니케이션 믹스
		매체
		메시지
	고객의 브랜드 태도	커뮤니케이션 메시지
		특별 이벤트
		브랜드 확장
		브랜드 파트너십
		간접광고, 후원광고
	브랜드 윤리에 대한 고객의 지각	커뮤니티 이벤트
		프라이버시
		환경 보호
		고용 확대
		보증

디지털 전환과 ICT 융합기술

고객 유지 가치

고객 유지 가치를 형성하기 위한 세 가지 필수 질문들은 다음과 같다. [1] 고객이 미래 구매를 위하여 돌아올 가능성이 높아야 한다. [2] 고객의 미래 구매 크기를 극대화해야 한다. [3] 고객이 경쟁자의 제품을 구매할 가능성을 최소화해야 한다. 이와 더불어 고객 유지 가치를 형성하는 데 초점을 두는 기업들은 우수고객과의 관계 유지 가능성 향상에 주목한다. 고객 유지 관련 연구들은 고객의 회귀 가능성 즉 고객 접착성을 증가시킬 수 있는 기업의 행동요소들에 대한 통찰을 제공한다. 고객 유지 가치의 운영을 위한 운영 요소의 동인動因이 될 수 있는 다섯 가지 영역은 다음과 같다.

고객 유지 가치와 관련된 프로그램은 다양하다. 충성도 제고를 위한 각종 로열티 프로그램, 커뮤니티 구축 프로그램에 이르기까지 무수無數하다. 이러한 프로그램의 효과성은 제품 및 서비스 특성, 구매 빈도, 구매 동기 등에 의해 변화한다. 고객 유지 가치는 전반적인 고객 가치에 영향을 주는 요소이다. 고객 유지 가치의 형성은 가격 특전이나 고객 우대 마일리지의 어느 하나에만 의존하지 않는다. 결론적으로 고객을 이해하고 고객의 접착성을 극대화하는 것, 접착성 고객으로부터 매출 극대화하기 그리고 고객이 경쟁사에 접착되어 이탈할 가능성을 최소화하는 관계 구축 전략을 개발하고 실행하는 것이 중요하다.

고객 유지 가치와 관련하여 고객 생애 가치Customer Lifetime Value, CLV를 다음과 같이 설명할 수 있다. 고객 가치는 과거와 현재는 물론이고 미래 가치도 반영하여 지속적 관계에서 발생하는 모든 가치를 감안해야 한다는 것이다. 그러므로 고객과의 관계 형성을 통해 고객의 일생 구매 총합을 고려해야 한다는 개념이다.

CLV의 추가적 기대 이익

크로스 셀링	고객이 구매하는 제품의 수를 확대함
업 셀링	고객 지불 가격을 증가시킴
한계 비용	제품의 한계 비용을 감소시킴
유치 비용	고객 유치 비용을 감소시킴

고객 경험과 고객 가치

고객 경험을 통한 고객 가치의 창출은 고객이 경험한 가치 있는 순간들의 집합이다. 고객 가치 분석의 출발점인 고객 페인 포인트Pain Point에 집중하면서 그리고 시장의 초세분화Micro Segmentation를 감안할 필요가 있다. 고객을 더 깊이 이해하고 공감하여 단순한 고객 불만을 넘어서서 고객이 기대하는 모든 것의 관점에서 형성되는 고객 가치의 중요성은 아무리 강조해도 부족하다. 고객 가치의 창출, 유지 및 새롭게 하기 위한 세 가지 질문을 도식화하면 다음과 같이 요약할 수 있다.

가치 프로세스

1	가치 탐구 Value Exploration	어떻게 기업이 새로운 가치 기회를 식별할 수 있을까?
2	가치 창조 Value Creation	어떻게 기업이 더 유망한 새로운 가치 제공물을 효율적으로 만들어 낼 수 있을까?
3	가치 전달 Value Delivery	기업이 새로운 가치 제공물을 더욱 효율적으로 전달하기 위하여 어떻게 능력과 인프라를 활용할 수 있을까?

최적의 고객 경험을 창조하기 위해서는 아래의 네 가지 요소가 필요하다. 이 네 가지 요소는 디자인, 문화, 인사이트, 고객 유형이다. 고객 가치 경영을 통한 고객 중심의 문화는 기업의 전체 영역에 배태胚胎 되

어야 한다.

1. 디자인

고객 경험을 설계할 때 대부분의 경우에는 어떻게 고객을 즐겁게 할 것인가를 생각한다. 고객이 중시하는 개별화된 혜택 하나 정도를 추가하는 것은 이제 멈춰야 한다. 고객 서비스를 하나의 최적 사례와 동일시하는 사고방식을 졸업해야 한다. 바람직한 고객 서비스는 고객이 모든 접점에서 멋진 경험을 하게 만들 바로 그 인사이트를 획득하는 현장 디자인 프로세스이다. 이를 잘 디자인할 수 있다면 새로운 고객을 유치하고 기존 고객 또한 유지할 수 있다.

2. 문화

좋은 의도를 가지면 좋은 고객들을 유치할 수 있다. 고객을 위하여 진정한 마음으로 일한다는 즉 내부적으로 공유된 명료한 미션을 가진 기업문화가 성공을 부르는 문화다. 이익을 위하여 오로지 돈을 더 벌어들이면 그럴수록 더욱더 돈을 벌기가 더 어려워진다. 특별한 고객 가치를 전달하고 미션 중심적 그리고 고객 중심적 문화를 만들수록 더 큰 이익을 획득할 수 있다.

3. 인사이트

고객 경험 그리고 고객 가치에서 가장 어려운 점은 고객이 무엇을 좋아하고 무엇을 싫어하는지 알고 그들이 좋아할 만한 경험, 그들을 다시 돌아오게 만들 특별한 경험을 고안해 내는 것이다.

4. 고객 유형

고객을 안다는 것이 단지 소득 수준 등의 지표를 잘 세분화할 수 있다는 것만을 의미하는 것은 아니다. 고객을 안다는 것은 고객에 대한 심층 분석 및 파악이 가능함을 의미한다. 고객을 제대로 파악할 때 비로소 상황 부합형의 고객 경험을 고안할 수 있다.

마케팅 머스트 날리지

마케팅의 핵심 기둥 네 가지는 누가 무어라고 하여도— 설령 4P에서 진화하여 4C가 존재한다고 하여도— 일단 최초의 시작점은 4P이다. 마케팅의 핵심적인 관심사인 'Product, Price, Place, Promotion'의 네 가지를 이른바 4P 또는 마케팅 믹스Marketing Mix라고 표현한다. 기본에 충실하기 위해서도 출발점은 4P이다.

기업의 시각과 관점 즉 기업 중심의 마케팅 관점인 4P를 극복하고 고객 중심의 전략적 마케팅으로의 변화를 강조하는 것이 이른바 4C이다. 핵심은 이제 기업들이 기존의 마케팅 전략인 STP 및 4P를 넘어선 4C를 고민하고 수용해야 한다는 것이다.

4P & 4C

4P	4C [1/2]	4C [2/2]
Product	Customer Benefit	Co-Creation
Price	Cost	Currency
Place	Convenience	Communal Activation
Promotion	Communication	Conversation

피터 드러커는 기업이 아닌 고객의 관점에서 재정의해야 한다며 고

디지털 전환과 ICT 융합기술

객 가치 중심의 4C Customer Benefit, Cost, Convenience, Communication를 제시
하였다. 또한, 필립 코틀러는 새로운 4C Co-Creation, Currency, Communal
Activation, Conversation를 주장하고 있다.

4P는 매우 명쾌하다. 마케팅의 기본이라고 할 수 있는 STP로부터
시장을 나누고 Segmentation 자신이 목표로 하는 시장을 정하고 Targeting
그 시장에서 자신의 차별화된 위치를 정하고 Positioning 그 포지셔닝에
맞는 제품을 만드는 Product 것이다. 그리고 제품에 맞는 가격을 결정하
고 Price 제품을 소비자에게 전달하고 Place 마지막으로 판매를 위하여
알리는 일 Promotion이다.

이에 비하여 피터 드러커는 고객의 시각에서 재정의해야 한다며 4C
를 주장한다. 기업 시각의 제품 Product은 고객 시각에서는 고객이 가지
는 가치 또는 혜택 Customer Value 또는 Benefit이고 기업이 제시하는 가격 Price
은 고객에게는 비용 Cost이다. 유통 즉 판매처 Place는 얼마나 쉽게 접근
할 수 있는지의 관점에서 편의시설 Convenience의 측면으로 봐야 하고 마
지막으로 촉진 활동 Promotion은 고객과의 소통 Communication이라는 것이
다. 4P를 고객의 관점에서 파악한 것이다.

한편 코틀러의 새로운 4C는 다음과 같다. 기존의 소비자 중심은 그
대로지만 소비자가 변화하였다고 강조한다. 이제는 소극적이고 수동적
인 소비자가 아니라 연결성의 혁명으로 적극적·사회적인 소비자로 변
했고 이러한 관점에서 4P가 거듭하여 다시 변해야 한다는 것이다. 기
존의 4P에는 기업 시각의 적극성·주도성이라는 개념이 있는데, 이제

는 소비자 중심의 적극성과 주도성의 개념을 포용해야 한다고 주장했다. 기업이 만드는 제품Product은 이제는 소비자와의 공동 창조Co-Creation로, 가격Price은 환율처럼 가치가 수요와 공급에 따라 계속 변하는 통화Currency로, 유통Place은 공동체 활성화 내지 공유경제Communal Activation로, 촉진Promotion은 고객과의 대화Conversation로 변화해야 한다는 것이다.

변화된 시대에 4P는 일정 부분 4C로 대체되어야 하는 것은 일견一見 합당하다. 그럼에도 불구하고 4P는 여전히 유용한 분석의 차원을 기본적으로 제시하고 있다. 따라서 4C를 통하여 새롭게 도래하는 마케팅 세계의 새로운 방향성 및 소비자 세계의 변화를 통찰하려는 노력을 경주傾注해야 할 것이다.

제4장

책임과 법제

모듈
01

인공지능의 책임과 책무

[상황 1/2]

2018년 3월 18일 미국 애리조나Arizona 주州의 템페Tempe에서 세계 최대 차량 공유업체인 우버Uber의 자율주행자동차가 사망 사고를 냈다. 이 차량은 시범 자율주행을 하고 있었다. 사고가 발생한 때는 일요일 밤 10시 무렵이었다. 가로등이 없는 어두운 도로를 횡단하던 여성이 시속 약 63km로 시험 주행하던 자율주행차량에 치인 것이다.

미국 교통안전위원회National Transportation Safety Board, NTSB가 2018년 5월 24일에 발표한 사고 조사 예비 보고서에 의하면 차량의 센서는 충돌 6초

전에 보행자인 여성을 인식하였다. 그리고 충돌 1.3초 전에는 자동차의 긴급 브레이크의 작동이 필요한 결정적 순간을 언급하고 있었다.

특히 자율주행 모드의 시험 주행을 하고 있었던 해당 차량에는 자동 운전의 상황을 모니터링하기 위한 근무자가 탑승하고 있었지만, 충돌 직전까지 보행자를 인지하지는 못하였다. 특히 문제가 된 차량에는 센서와 카메라 등 각종 장치가 마련되어 있었음은 물론이다.

[상황 2/2]

위의 [상황 1/2]에 대하여 2019년 11월 19일 미국 연방교통안전위원회 NTSB는 우버 자율주행자동차가 일으킨 사망 사고는 운전자의 부주의가 원인이라고 판단하였다. 사고 조사 결과 '운전자가 주행 중에 개인 휴대전화를 보느라고 주의가 산만해졌다. 이 탓에 도로와 자동화된 운전 시스템의 작동을 면밀히 감시하지 못한 게 충돌의 직접적인 원인'이라고 발표하였다. 그 당시 사고로 보행자였던 일레인 헤르츠베르크가 사망하였고, 사고 차량의 운전석에 있었던 근무자 여성은 다치지 않았다. 이 사고는 완전 자율주행 모드로 설정된 차량이 일으킨 첫 번째의 보행자 사망 사고로 기록되었다. 그리고 연방교통안전위원회 NTSB는 '우버 자율주행차와 보행자 사이의 치명적인 충돌에 대한 기관의 조사에 근거하여, 도로에서 자율주행차의 시험 운행을 허용하기 전에 규제 당국이 새로운 검토 과정을 거쳐야 한다'고 강조했다.

CNN에 따르면 NTSB 조사관들은 길을 건너던 헤르츠베르크를 피할 수 있는 2~4초의 시간이 운전자에게 있었다고 봤다. 우버의 자율주행차 시험 운전자는 자율주행 소프트웨어가 고장 나면 개입해야 한다. 하지만 차 내부 카메라에 녹화된 영상에 따르면 운전자는 충돌 전 마지막 3분이 라는 시간의 34%를 도로가 아닌 휴대전화 등등의 곳을 힐끔거리는 데 사 용하였다.

IT 전문 매체 등에서는 사고 시험용 자율주행차의 당시 운전자가 운전 석에 앉아 끊임없이 자신의 무릎을 내려다봤다고 전했다. NTSB 조사관들 은 운전자가 휴대전화로 스트리밍 영상을 보고 있었다고 밝혔다. NTSB는 우버가 자율주행에 대한 안전 계획이나 충돌과 관련한 가이드라인을 제시 하지 않았다고 지적했다. 아울러 우버Uber가 운전자를 적절하게 감독하지 않았다고 지적하였다.

이렇듯 인공지능 기술이 발전하는 가운데 자연스럽게 인간의 역할과 통제력에 관심이 쏠리고 있다. 초첨단화된 시스템이 어떠한 의사결정을 내리는 경우에 일반적으로 지금까지는 인간이 의사결정 과정에 관여하 거나 최종적인 의사 결정자로 역할을 수행하였다. 그러나 초첨단화의 수준이 고도화되면서 암묵적으로 또는 경우에 따라서는 인간이 의도 적으로 배제되는 상황에까지 이르면서 기계에 의한 판단이 과연 인간 사회의 가치와 일치하는 것인가를 확인해야 할 필요가 늘어나고 있다.

구체적인 사례를 보면 다음과 같다. 범죄자가 숨어 있는 곳에 다른 시민 또는 일반인이 근처에 있음에도 불구하고 드론이 공격하거나 사 격하는 경우, 자율주행 자동차가 보행자를 피하기 위하여 다른 차량과 충돌하거나 승객을 위험에 빠지게 할 수 있는 경우 등이 그것이다. 재난 구조 로봇은 사람들이 패닉에 빠질 수 있음에도 불구하고 현재의 실제 상황을 정확하게 알려줘야 하는가? 이러한 논의는 자연스럽게 인공지능 시스템의 윤리적 판단 수준에 대한 열띤 토론을 불러왔다.

인공지능은 이제 자율적인 의사결정을 하는 시스템으로서 자율주행차, 인공지능 스피커, 로봇처럼 실체적인 기계만이 아니라 인사채용 시스템이나 자동화된 정보처리 시스템까지도 포함될 수 있다. 이미 많은 정보처리 시스템들이 초자동화되어 있고, 그러한 시스템에 사람의 일들이 영향을 받고 있지만, 인공지능 기술이 이러한 정보처리 시스템에 접목되어 도입되면서 과거와는 그 양상이 크게 달라졌다.

인공지능 기술이 도입되기 전의 정보 시스템은 모든 정보처리의 의사결정 과정이 인간들의 설계에 의하여 이루어졌기 때문에 정보 시스템은 단순히 그 과정을 재현하는 것이었다. 그러나 인공지능 기술이 도입된 그 이후의 정보 시스템은 정보처리의 의사결정 과정을 스스로 구성하기 때문에 자율적인 의사결정을 한다고 할 수 있다.

특히 자율주행자동차의 실용화가 가까운 미래에 이루어질 수 있다는 상황은 기계의 판단이 우리 사회의 윤리적 판단이나 가치 시스템과 일치할 수 있는가에 대한 학술적, 사회적, 법률적 논의의 출발점이 되고 있다. 일례로 2023년부터는 호주Australia에서 벌써 에어 택시Air Taxi 서비스의 상용화가 예정되어 있다. 하늘에서 벌어지는 각종 문제들은 결국 이러한 기술 구현이 어떻게 이루어지고, 누가 그 구현된 결과를 검증할 것인가의 문제로 압축될 수 있다. 이제 인공지능 윤리의 문제는 결코 특정한 그룹의 몫으로만 남을 수 없음이 더욱 명백해졌다.

기존의 윤리와 도덕에서 전통적인 책임 개념은 인간을 대상으로 한다. 개인 또는 집단이 타인 또는 타 집단에 대하여 윤리적이고 도덕적인 규범과 기준에 따라서 도덕적 의무를 지닌다는 윤리적 개념이다. 바로 이러한 내용을 인공지능 기술 내지는 인공지능 시스템에 곧바로 적용할 때, 우리는 크게 주저하게 된다. 즉 쉽지 않다는 것이다. 향후 가까운 미래에 인공지능 시스템을 설령 독립적인 행위 주체로 여긴다고 하여도, 이러한 부분에 대하여 인간 행위자 수준의 자율성이 반영된 전통적인 기존의 책임 개념을 대입代入하거나 적용하는 것은 쉽지 않을 것으로 예상된다.

한편 인공지능 시스템의 작동 및 활용의 과정에는 실제로 다양한 기술적 요소들이 필수적으로 결합되는 것이 일반적이다. 그리고 바로 이러한 조건들이 상황을 복잡하게 만드는 동시에 책임의 부과와 책임의 주체에 대한 문제를 더 어렵게 만든다. 왜냐하면, 인공지능 시스템의 작동에는 빅데이터, 사물인터넷, 클라우드 등이 개입하기 때문이다.

바로 이때 '책임'과 '책무'에 대한 일정 수준의 정리가 필요하다. 지속적으로 논의가 되는 문제이지만 지금 여기에서는 아래와 같은 수준에서 해당 내용에 대한 공통의 인식을 가지는 것으로 한다. 그리고 현실적으로는 책임과 책무가 함께 사용될 수 있음을 거듭 밝힌다. 예를 들자면 '기업의 사회적 책임'과 '기업의 사회적 책무'가 그러한 보기이다.

최소한의 다소의 생각 정리가 필요한 부분이므로 생각의 시간을 가지도록 한다. 책임에는 자의식自意識이 수반되며 궁극적으로는 행위를 수행한 주체인 행위자에 초점과 중심을 맞춘 개념이다. 이에 비하여 책무 개념은 인간 이외의 경우에 적용하는 것으로 정하기로 한다. 거듭 언급하지만, 현실적으로는 책임과 책무가 함께 사용될 수 있음을 거듭 밝힌다.

이러한 맥락에서 판단할 때, 인공지능 시스템을 적용 또는 활용하는 과정에는 거의 필연적으로 실제 사용자 이외에 여러 차원에서의 설계자들과 제작자들이 존재한다. 예를 들어 빅데이터의 가공자와 제공자, 사물인터넷의 제작자, 클라우드 운영자 등이 함께 참여하는 것이다. 이와 같은 참여자 또는 행위자들은 서로 다른 방식과 방법으로 여러 가지 모습으로 다양하게 관여하고 개입하는 것이 분명하다. 따라서 문제가 발생하였을 때, 해당 사건에 대하여 특정한 행위자에게만 한정하여 질문에 대답하고 또한 그 결과에 대하여 책임지게 하는 것은 매우 어렵다. 이른바 분산된 책임Distributed Responsibility의 문제가 발생한다.

분산된 책임의 문제를 인공지능 시스템에 적용한다면 다음과 같다. 인공지능 시스템과 관련하여 문제가 발생하였을 때, 바로 위에서 설명한 것과 같이 인공지능 시스템의 실질적 작동이나 운영을 위한 관련자들이 여러 측면에서 개입하기 때문에 윤리적·도덕적 책임을 분산된 행위자들 모두에게 귀속해야 한다는 주장이다. 다시 말하자면 윤리적·도덕적으로 중요한 결과는 일부 개인 또는 행위자의 중대한 도덕적 책임으로 집중하거나 환원할 수 없다는 것이다. 즉 여러 행위자에게 분산되어야 한다는 것이다.

중간 정리를 하자면 다음과 같다. 사고가 발생하였을 때 이에 대하여 충분한 설명이 어려울 수가 있고, 설계 또는 제작 시점에는 전혀 예상이나 예측을 하지 못한 결과들이 나타날 수가 있다. 처음부터 개별 행위자의 행동이나 결정을 사후적인 결과로 나타난 사건과 사고에 대하여 면밀하게 인과적인 관계로 연결 고리를 밝히는 것은 대체로 어렵다. 더욱이 개별 행위자가 자신의 선택이나 행동이 향후에 초래할 미래의 가능한 결과들을 예견하는 것 역시 어렵다. 이러한 상황에서 책임의 문제를 인간에만 한정하는 경우에는 오히려 책임 공백Responsibility Gap 의 문제가 발생할 수도 있다. 책임 공백의 문제라는 것은 바람직하지 못한 부정적인 결과가 발생하였음에도 불구하고 책임을 지는 주체가 없는 경우를 의미한다.

자율주행자동차와 같이 자체적인 판단 및 그에 따른 선택적인 결정을 실행하는 경우에 인공지능 시스템이 적용되고 활용되는 것은 아주 명백하다. 지난 2016년부터 2018년 사이의 기간 중에서 시험 운행을 하던 자율주행차 또는 자율주행모드로 작동하고 있던 자동차에서 발생한 크고 작은 사고와 사망 사건은 적어도 최소 4건이다. 그리고 이 이외에도 여러 가지 상황에서의 충돌 등의 사고 사례事例가 보고되었다.

지금 이 상황을 바라볼 때, 자율주행차의 새로운 기술이 상용화되기 위해서 해결을 해야만 하는 중요한 숙제 중의 하나가 정확한 제어制

御 작동이라는 문제이다. 왜냐하면, 자율주행 운전의 레벨Level이 높아질수록 운전자의 개입 정도는 약화되고 감소되면서 궁극적으로는 여러 자동화 과정을 거치면서 완전 자동화에 이르게 된다. 그런데 분명한 사실은 자율주행자동차의 최우선적인 가치는 '안전'이라는 점이다. 그리고 이러한 기술이 도로 교통의 안전한 주행과 종합적인 교통흐름을 증진하는 방향으로 기여할 것이라는 합리적인 기대가 전제되어 있다. 그렇지만 실제로 우리의 현실 세계에서 실현되고 달성되려면 여전히 가야할 길들이 많이 남아있다.

딜레마 문제의 이해 및 알고리즘 편향성

다음과 같은 문제 상황을 가정하자. 이 책의 독자讀者 한 사람이 자율주행자동차를 운전하고 있다. 이제 터널 입구에 도달하였다. 바로 이때, 어린이가 갑자기 주행하고 있는 자동차 앞으로 뛰어들고 있는 상황이다. 그런데 브레이크를 밟는다고 하여도 그 아이와의 충돌은 불가피한 것으로 보인다고 가정하자.

이러한 상황에서 자율주행차의 진행 방향을 바꾼다면 터널의 벽으로 돌진하여 터널 벽과 필연적으로 충돌하게 된다. 만약에 주행하는 현재 상황 그대로라면 아이와 충돌하여 그 어린이가 사망하게 되고, 터널 벽으로 방향을 바꾸면 운전자인 당신이 사망하게 된다. 이러한 경우에 자율주행자동차는 과연 어떠한 판단을 해야 하는가?

위의 예시 상황에 대한 논점論點은 다음과 같다. 첫 번째 문제는 자율주행차의 진행 방향에 대한 것으로 직진直進의 여부與否이며, 두 번째 문제는 자율주행자동차의 지금 이러한 상황에 대한 '반응의 결정' 내지는 '의사결정'은 누구의 몫인가로 크게 나누어진다.

자동차 제조사製造社의 입장에서 본다면 거의 대체로 내지는 아주 당연하게 '운전자 최우선'이라는 답쏨이 나올 것이다. 왜냐하면, 자동차 구매 고객인 소비자가 구매하는 나의 승용차가 운전자 본인의 안전을 보장하지 못한다면 그 어떠한 고객일지라도 구매를 크게 주저하거나 구매를 중단할 것이다. 부연敷衍하자면 위의 내용에 등장하는 그 어린이를 구하는 대신에 운전자인 − 즉 이 글을 읽고 있는 독자 본인이 − 바로 그 자율주행자동차의 운전자의 자격으로 죽어야만 하는 그러한 위험 상황을 감수甘受하고 수용해야만 한다면 그 자동차를 구매할 이유가 거의 없거나 전혀 없을 것이다. 그러므로 지금 현재의 상황에서 인공지능과 윤리의 문제에 대하여 명확하게 답을 내놓기 어렵다는 사실이 진실이며 실질적으로 풀어내야만 할 현재진행형의 큰 숙제이다.

인공지능과 연관된 윤리적인 문제는 가득하다. 추가적인 하나의 예를 들자면 다음과 같다. 인공지능 알고리즘의 인종 편향성이 그것이다. 얼굴 인식 인공지능의 경우 흑인이나 동양인보다 백인을 더 잘 인식하며, 외모를 평가할 때에도 상대적으로 백인을 선호하는 경향이 나타날 수가 있다. 왜냐하면, 대부분의 학습용 데이터가 해당 지역의 주위에서 쉽게 구할 수 있는 백인 사진이기 때문이다. 그러므로 기존 인공지능 알고리즘의 편향성 문제 역시 주의할 대목이다.

알고리즘 편향성의 본보기는 〈영국의 대입시험 대체용 '알고리즘 점수' 도입 관련 사례〉에서도 알 수 있다. 2020년 8월 '알고리즘 점수 제도'를 도입했다가 철회한 사례가 그것이다. 코로나 19 확산으로 대입시험을 치르지 못한 영국 정부가 '알고리즘 평가'로 점수를 통보했다가 수험생의 집단 반발에 부딪혀 철회했던 사례이다.

영국은 매년 5~6월 우리나라의 대학수학능력시험에 해당하는 A-레벨 시험을 치른다. 주요 대학은 연초에 미리 조건부 합격자를 선정한 뒤 A-레벨 등급을 바탕으로 최종 합격을 확정한다. 그런데 영국 내 코로나 19가 확산되면서 A-레벨 시험은 무산되었다. 영국 교육 당국은 임시 조치로 이전에 실시한 예비시험과 내신 성적을 바탕으로 '알고리즘 예측 점수'를 수험생에게 통보하였다.

하지만 고교 졸업 예정자의 40%에 해당하는 28만 명이 예상 등급보다 낮은 성적이 나오면서 학생과 학부모의 반발이 이어졌다. 또한, 알고리즘이 빈곤 지역 공립학교보다 사립학교 학생에게 더 좋은 점수를 줘 공정성에 위배된다는 분석 등이 나오면서 비판은 더욱 거세졌다. 영국 정부는 각 학교가 다시 A 레벨 점수를 산정하도록 하는 등 후속 대책을 발표하였지만 모호한 평가방식이라는 지적指摘은 여전하다. 알고리즘 시스템의 편향성 문제인 것이다.

사고 책임과 책임 구조

자율주행자동차가 운행을 할 때 운전자의 역할 축소와 첨단자동화로 말미암아 사고가 발생하였다면 해당 사고가 운행자 과실에 기인하는 경우는 예전에 비하여 상대적으로 확연하게 낮아질 것으로 예상된다. 이에 비해서 운행 및 주행을 담당하는 자율주행시스템의 역할 증대로 주행시스템 자체의 결함으로 인한 사고 가능성은 상대적으로 높아질 것이다.

이러한 상황에서는 자율주행자동차의 결함에 따른 제조물책임이 더욱 중요한 쟁점이 될 것으로 예상된다. 자율주행기술의 고도화가 높아질수록 자율주행자동차 그 자체의 소유자 내지 보유자와 관련한 실제 운행자 책임에 대한 부과가 정당화될 것인가의 문제가 논란이 될 수 있다. 다시 말하자면 운행자의 책임보다 제조자의 제조물책임이 우선해야만 한다는 주장이 나올 수가 있다. 이와 더불어 자율주행시스템의 정상적인 작동 상황에서 발생한 사고인지의 확인 여부에 대한 입증 문제를 위하여 각종 영상기록장치 내지 이에 준하는 설비의 설치가 요구될 수도 있다.

이제 우리는 바로 위에서 언급한 '제조물책임'에 대하여 살펴보기로 한다. 제조물책임의 핵심 개념은 다음과 같다. 제조물의 결함으로 다른 사람의 생명, 신체, 재산에 손해가 발생한 경우에는 제조자로 하여금 피해자에 대하여 그 손해를 배상하도록 한다. 위의 설명에서 제조물의 결함은 다음과 같이 설명할 수 있다. 즉 '결함'이라는 것은 해당되는 특정 제조물에 대하여 제조, 설계, 표시와 관련한 각종 결함을 의미한다. 그리고 그 이외의 일반적으로 기대할 수 있는 안전성이 결여되어 있는 것을 뜻한다. 그러므로 자율주행자동차와 관련하여 결함이 발생하여 타인에게 손해가 발생한다면 그 자율주행자동차의 제조사 또는 제조업체는 해당 피해자에 대하여 제조물책임의 가능성이 발생한다.

한편 로봇은 이제 우리의 일상으로 들어와 있다. 요리 로봇, 배달 로봇, 서빙 로봇 그리고 호텔용 로봇 등 매우 다양하다. 특히 인공지능 기반의 호텔용 로봇은 위치 공간 해석, 자율주행 등 첨단 ICT Information & Communication Technology, 정보통신기술를 적용하여 호텔 투숙객이 수건, 생수 등 편의용품을 요청하면 해당 객실로 배달하여 준다. 과학적 설계로 이동 속도 그리고 충돌 상황에서 회피 등 로봇의 주행 안정성을 확보하고 있다.

로봇의 용도 내지 쓸모는 다양하다. 2020년 1월 3일 새벽 미국의 암살용 드론 'MQ-9A 리퍼Reaper'가 미국 본토에서의 초정밀 원격 조정으로 중동中東의 이라크 공항에 있는 이란군 사령관을 '정밀 핀셋' 공격 후 폭살爆殺 시켰다. 미군은 단 한 명의 피해도 없었다. '하늘의 저승사자' '헌터-킬러Hunter-Killer'라는 별명別名의 암살 드론의 위력은 매우 막강했다. 인공지능과 로봇, 다중 통신 등 4차 산업혁명 기술의 종합적 결과였다. 이제는 미래전未來戰의 양상樣相까지도 확연하게 변모할 것이다.

원격제어에 의하여 단순하게 작동하는 일반적인 형태의 군사용 로봇과는 달리 킬러 로봇은 적군을 살상하는 등의 기능이나 역할을 담당하는 인공지능 로봇이다. 가장 큰 특징은 로봇 자체의 판단에 의해 스스로 목표물을 선택하고 공격하는 살상殺傷 무기이다. 인공지능 알고리즘에 기반한 자율성 기능을 무기 체계에 본격적으로 적용한 것이 킬러 로봇이다. 인명 살상 및 군사 시설의 파괴를 위하여 센서, 인지, 행동 등의 각종 장치를 조합하여 개발한 것으로 치명적 자율무기체계 또는 완전자율무기라고도 불린다.

참고로 고고도 무인정찰기 글로벌호크RQ-4는 작전 반경이 3,000km로 한 차례 32시간 이상 비행할 수 있다. 최대 20km 고도에서 고성능 감시 장비로 야간 및 악천후에도 지상 30cm 크기의 물체를 식별할 수가 있는 수준이다.

일반인들 기준의 관점에서 널리 알려진 사실은 아니지만, 인공지능의 역사는 2020년을 기준으로 볼 때 적어도 60년이 경과되었다. 그동안 종래의 재래식 무기 체제에서도 자율기능 및 무인 기능은 일정 수준 이상 적용되어 왔다. 그리고 2001년 9.11 테러September 11, 2001 Attacks 사태와 2003년의 이라크 전쟁을 계기로 군용軍用 로봇 무기와 드론의 개발과 사용이 현저하게 증가하였다.

자율 작동 및 자율주행으로 전투 수행이 가능한 킬러로봇의 개발 범위는 드론은 이미 기본이고 탱크, 전투기, 잠수정, 함정 등으로 확장되고 있다. 구체적인 군용 무기 또는 군용 설비의 명칭은 생략하고 설명하면 다음과 같다. 자율주행 전함戰艦 ○○○는 승무원이나 승조원이 승선乘船 또는 탑승하지 않고 약 3개월간 해상 작전 및 활동의 수행이 가능하다. 총을 쏘는 인공지능 시스템도 개발되었다. 인공지능으로 목표를 정하고 발사까지 스스로 결정한다. 인공지능에 기반한 완전 자동 전투 모듈로서 자동 목표 식별, 의사결정 및 발사 상황의 자율 조정까지 가능하다.

미래 전쟁의 핵심 무기로는 인공지능 자율살상무기가 급부상하고 있다. 이러한 인공지능 자율살상무기가 반드시 영화 〈터미네이터〉처럼 10년 뒤, 30년 뒤에 출현하는 것은 아니다. 이미 아프가니스탄에서는 드론이 전쟁에 활용되고 있었다. 경계하고 주목할 대목은 가치 판단을 하지 않는 인공지능 탑재 무기는 아무리 비윤리적인 명령이라도 24시간 무조건 준수하는 맹목성盲目性이 있다. 결국, 인류에게 중대한 위협이 될 것임은 명백하다.

"희망의 신이 믿음 아래 당신을 기쁨과 평화로 채우시어, 성령의 힘으로 당신이 희망에 가득 차기를" 2017년 독일에서 열린 종교개혁 500주년 행사에 등장한 로봇 '블레스유-2'의 이야기이다. 독일 뷔르츠부르크 대학이 실험을 위해 만든 이 로봇은 7개국 언어를 구사하면서, 남성과 여성의 목소리로 각각 축복의 메시지를 전할 수 있다. 종교계까지 파고든 로봇은 뜨거운 논쟁을 불러일으키고 있다.

이러한 가운데 보호 대상이 되는 인간의 생명이나 신체에 위해危害를 가하는 등의 가능성에 대한 우려는 더욱더 커지고 있다. 단순하게 윤리적이거나 도덕적 차원에서의 논의를 넘어선 법제적인 대응과 구체적인 관련 제도의 마련이 시급하지만 아직은 크게 미진한 상태이다.

종합하여 정리하여 보도록 하자. 인공지능이 보편화되고 있는 지금 인공지능과 연관된 사고가 발생하였다고 가정하자. 로봇 책임일까 아니면 소유자나 개발자의 책임일까? 장애물을 피하고, 차선도 바꾸면서 주차까지 깔끔하게 진화를 거듭하고 있는 자율주행자동차가 만약 보행자를 치거나, 탑승자가 부상을 당하는 사고가 나면, 누구의 책임일까? 자율주행자동차의 차체車體 결함이 원인이라면 기존 법에 따라 차량 제조사가 배상책임을 지겠지만, 인공지능이 판단을 잘못했다면, 누구에게 책임을 물을지 모호하다.

자율 기계에 의한 사고 책임에 대하여 사회적 합의가 만들어지지 않은 현재의 상태에서 자율주행차의 사고는 제조사의 책임과 피해자와의 개별적인 협상으로 처리되고 있다. 그렇지만 제조사 차원에서의 처리 수준을 훨씬 넘어서는 즉 소유자, 작동자, 설계자의 책임이 복잡하고 광범위하게 얽힌 사고가 발생하거나 해킹과 네트워크 등으로 특정 기업이 감당하기 어려운 차원에서의 전면적인 피해가 발생할 경우를 대비할 구체적인 해법과 함께 사회적 논의가 요구된다.

인공지능 법제

　인공지능과 법에 관한 연구는 1980년대 이후부터 주로 진행되었다. 질의·응답, 정보 추출 등 각 분야의 연구자들은 처음에는 Watson 혹은 Debater와 같은 프로그램을 기초로 하여 법률 영역에서의 새로운 발전에 박차를 가하고 있다. Watson 혹은 Debater와 같은 프로그램들은 법적인 추론을 수행하지 않는다. 단지 법적인 질문에 대하여 평면적인 답변을 진행한다. 자신의 답변을 설명하거나 법적인 논증을 수행하는 것은 아니다.

　그러나 이러한 프로그램을 기반으로 한 분석 도구들은 법률 영역에서 새로운 응용 프로그램의 발전에 크게 기여하는 방향으로 진화를 거듭하고 있다. 예를 들면 법률 텍스트에서 주장 관련 정보를 찾아서 기존의 법률 정보검색을 새로운 유형의 개념적 맥락에서의 정보검색 이른바 논증 검색으로 변환할 수가 있는 것이다.

　인공지능 및 법제적 차원에서 개발된 컴퓨터 활용 모델들은 법적 추론이 가능하다. 새롭게 추출된 논증 관련 정보는 '컴퓨터를 활용한 법적 추론 모형The Computational Models of Legal Reasoning, CMLR' 등을 통하여 논증을 법률 텍스트에 직접 연결시킬 수 있다. 이 모형들은 텍스트 기반으로 입력된 어떠한 문제에서 일정한 결론에 대한 찬반贊反 관점의 논거를 생산하면서 문제의 결론을 예상할 수 있다.

그리고 동시에 법률 전문가들이 인정할 정도의 논거를 통하여 자신의 예상을 설명하면서 스스로 평가할 수도 있다. 아울러 그 결과는 인간과 컴퓨터가 각자 가능한 최대의 지적 활동을 수행하는 일종의 협업 활동인 인지 컴퓨팅이 가능하게 하는 새로운 유형의 법률 응용 프로그램이 될 것이다.

인공지능 및 법 또는 인공지능 및 법제적 연구의 목표는 법적 주장의 근거를 설정하고 이러한 논거들에 기반하고 활용하여 법적 분쟁의 결과를 예상할 수 있는 '컴퓨터를 활용한 법적 추론 모형The Computational Models of Legal Reasoning, CMLR'들을 상향적 수준으로 개발하는 데 있다. CMLR은 인간의 법적 추론의 속성을 증명하기 위한 프로세스를 실행하는 컴퓨터 프로그램의 일종이다. 이러한 프로세스에는 상황 분석과 법적인 질문에 대한 응답 그리고 결과의 예측 및 법적 논증 등이 포함된다.

[상황 1/3]

2016년 5월에 10초 이내에 10억 장의 문서를 검토하는 세계 최초의 인공지능AI 로봇 변호사가 등장했다. 10초 이내에 무려 10억 장의 문서를 검토한 후 법률 자문을 진행할 수 있다. 그리고 미국 전 지역에 걸쳐서 지사를 운영하고 있는 미국 로펌 베이커 앤드 호스테틀러Baker & Hostetler, 100년 역사의 이 로펌에 사상 최초의 인공지능 변호사 Ross로스가 입사하였다.

동료 변호사는 물론 모두 인간 변호사이고 50명의 인간 변호사와 함께 파산 관련 업무를 맡고 있다. 현재 Ross 변호사가 하는 일은 수천 건의 관련 판례를 수집하여 분석한 후에 도움이 될 만한 내용을 선별하는 것이다. 연관된 판례 구절을 보여주고 인간 변호사와 소통도 할 수 있다. 법적 질문에 즉각적으로 자연스러운 답변을 하는 것이다. 도서 100만 권 분량의 법률 데이터를 분석한 뒤, 의뢰인이 맡긴 법률 분쟁과 가장 관련이 큰 판례를 찾아낸다. 그리고 판례를 근거로 가설을 설정하고 승소 확률까지 계산할 수 있다.

Ross는 실리콘밸리의 스타트업 기업인 '로스 인텔리전스'가 제작했다. 2011년 미국의 한 퀴즈쇼에서 우승한 AI인 IBM사의 슈퍼컴퓨터 Watson을 바탕으로 제작된 것이다. Ross는 미국의 다른 로펌들과도 계약을 체결한 것으로 알려졌다. 고도의 전문 분야인 법률 시장에 인공지능이 진출하면서, 의료 분야 등 더 많은 전문 분야에서도 인간을 대신하는 인공지능 내지 인공지능 로봇의 활동 분야는 급속도로 확대될 전망이다.

[상황 2/3]

2017년 10월 영국 굴지의 유명 로펌 소속 변호사 112명이 영국 케임브리지 법대생 4명이 만든 법률 AI인공지능와 맞붙었다. 종목은 영국 PPI지급보증보험 불완전판매 사건의 결과를 예측하는 것이었다. PPI는 보험 가입자가 예기치 못한 일로 대출을 상환하지 못하게 됐을 경우 보험사가 대신 갚아주는 보험상품이다. 1990년대부터 2000년대 중반까지 다른 금융상품에 '끼워 팔기' 형태로 수백만 명에게 판매됐다. 이후 계약 내용이나 보험료에 대한 충분한 설명 없이 판매된 사실이 드러나 보험사들이 납입 보험료에 이자까지 모두 290억 파운드약 43조 원를 배상해야 했다.

변호사들과 법률 AI인공지능 '케이스 크런처 알파'는 이 사건과 관련한 실제 케이스 775건을 풀었다. 상황을 제시받고 소송으로 가야 할지, 그렇지 않을지를 정하는 문제였다. 예측 결과는 법률 AI의 압도적 승리였다. 케이스 크런처 알파는 86.6%의 적중률을 보였고 변호사들은 66.3%에 그쳤다. 그런데 변호사들의 시간당 자문료는 300파운드44만 원, 법률 AI는 17파운드2만5천 원에 불과하다.

[상황 3/3]

법률legal과 기술technology이 결합한 새로운 형태의 법률 서비스 리걸테크legaltech가 결국에는 법률 시장의 판도를 바꾸고 있고 또한 지속적으로 시장을 바꿀 것이다. 미국 캐털리스트 인베스트 자료에 따르면 2017년 미국 법률 서비스 시장 규모는 4,370억 달러약 480조 원이고, 이 중 리걸테크 시장의 규모는 160억 달러약 18조 원다. 전문가들은 이 분야가 3년마다 1.5배씩 성장할 수 있는 '황금알을 낳는 거위'가 될 것이라고 전망한다.

리걸테크의 혁신 단계를 기술적 능력이 향상되는 1단계, 기술이 점차 사람을 대체하는 2단계, 기술이 현 체제의 근본적인 재설계 또는 교체를 가져오는 3단계로 구분하는 것이 일반적이다. 미국 등 주요 선진국에서는 벌써 2단계의 모습이 현실화되고 있는 것이다. 계약서 등 법률 서면을 자동으로 작성해주는 법률 AIArtificial Intelligence, 인공지능는 이제 흔한 일이 되어가고 있다. 영국에서는 법률 AI가 범죄 수사에 적용되어 활용되고 있다. 이미 2017년에 영국 중대범죄수사청SFO은 자동차 제조사인 롤스로이스의 불법 로비 혐의를 수사할 때 법률 AI를 활용하였다. '인공지능'에 대체될 위험성이 큰 직업 중의 하나로 변호사가 선정되는 것은 이제 전혀 놀라운 일이 아니다.

법제 머스트 날리지

식당에서 서빙 로봇을 보는 것과 함께 식당 내부에서 서빙 로봇과 관련된 여러 가지 문제점을 예견하는 것은 그리 어렵지 않다. 게다가 반려 로봇 등도 속속 도입되고 있다. 반려견도 개 주인 또는 주변인을 무는 등 견주犬主에게 큰 피해를 주는 경우가 있다. 이러한 다양한 문제에 관한 대응을 위하여 전 세계적으로 로봇에 대하여 '법인격法人格'을 부여할 수 있는지에 대한 논의가 고조高調되고 있다. 이미 유럽 의회는 로봇에 '전자인간'이라는 법적 지위를 부여하는 결의안을 이미 2017년 1월에 통과시켰고, 독일은 인공지능 로봇에 대한 '로봇 형벌제' 도입을 논의하고 있다.

우리나라에서도 2017년 7월 로봇에 전자적 인격체 지위를 인정하는 '로봇 기본법 제정안'이 발의되었다. 발의된 로봇 기본법은 로봇을 특정한 권리와 의무를 가진 전자적 인격체로 규정하고 로봇에 의한 손해가 발생할 경우 보상책임 등을 부여하는 정책을 마련해야 한다는 내용을 담고 있다. 그런데도 로봇의 권리 주체성 인정이 보편적으로 수용되는 것은 아니다.

그러나 알파고와 같이 스스로 학습하여 행동하는 인공지능 로봇이라면, 제조자의 문제가 논쟁점이 될 수가 있다. 이에 따라 사람처럼 권리와 의무를 부여하면서 로봇을 하나의 인격체로 규정하자는 것이다. 그 대신 로봇이 지켜야 하는 윤리 규범을 만들어서 로봇이 인간에게 해가 되지 않도록 하겠다는 것이다. 소유자와 제조자만이 아니라, 로봇에게도 배상책임을 지우자는 것이 취지 중의 하나이다.

유럽연합EU 의회는 2017년 1월 12일 세계 최초로 인공지능 로봇의 법적 지위를 '전자인간Electronic Personhood, Electronic Persons'으로 지정하는 '유럽연합 로봇시민법' 결의안을 찬성 17표, 반대 2표, 기권 2표로 채택하였다. 그리고 2월 유럽 의회는 '로봇시민법'을 통과시켰다. 로봇에게 직접 인격을 부여하면 로봇이 보험을 들 수 있는 자격이 생길 수가 있다. 유럽연합이 로봇을 책임 주체로 인정하는 로봇시민법 제정을 결의하는 등 로봇 상용화의 확산에 따른 법제적 요소의 상응相應이 크게 요구되는 상황이다.

로봇에 대해서 인격을 부여하는 움직임에 비판적인 견해의 그룹들은 이러한 흐름에 대하여 인공지능 로봇의 능력에 관하여 오해를 가져온다고 비판하고 있다. 유럽 의회 결의안에 담긴 자율적이고, 예측 불가능하고, 스스로 학습하는 '전자인간'이라는 표현은 로봇의 실제 능력을 과장한 것이라고 지적한다. 로봇에 윤리를 학습시켜야 한다는 내용에 대해서도 역시 현실성이 없으며 '로봇윤리' 대신 로봇을 제조하고 사용하는 인간의 윤리가 더 중요하다고 강조하였다.

좀 더 살펴보도록 하자. 만약 '전자인간'이라는 지위를 부여하면 다음과 같은 논란이 발생할 수 있다. 로봇 그리고 인간 사이에 지식재산

권과 관련한 소유권 분쟁이 그것이다. 이를테면 내가 제조한 인공지능 로봇이 로봇 스스로 음악을 작곡하였다면 그 음악의 지식재산권은 과연 나에게? 아니면 로봇에게? 지금 이 문제 즉 그 어느 곳에 귀속되는지의 문제는 중요하다.

이러한 예시들은 문자 그대로 사례들의 일부분일 뿐이다. 우리가 기대하는 것은 지금 현재의 기준으로는 겨우 '유의미한 인간의 통제' 하에서 작동하는 인공지능의 개발이라는 희망 내지 약속 정도의 수준이다.

알파고와 이세돌 9단과의 바둑 대결은 많은 시사점을 단숨에 쏟아 부었다. 인공지능이 이미 인간의 능력을 추월하고 있으며, 다가올 미래에는 더욱 공포스러울 정도임을 보여주었었다. 그렇다면 바둑에서 승자勝者의 몫인 상금에 대한 세금 문제가 궁금해진다. 상금은 소득세법에 따르면 기타소득에 속하므로 소득세를 납부해야 한다. 현행 세법으로는 인공지능이나 로봇이 납세의무를 부담할 근거는 아직은 없다. 인간이 만든 기계장치로 판단하기 때문이다.

그러나 로봇이 사람의 역할을 하여 가치를 창출한다면 사람처럼 세금을 내야 한다는 생각의 출발점에서 '로봇세' 논의가 시작되었다. 본격적인 로봇세 논의에 앞서 과연 로봇에게 세금의 부담을 지울 수 있을까? 오래전부터 인간은 상상력을 동원해서 법인法人이라는 가상의 '사람'을 만들어 냈다. 실제 사람은 아니지만, 관념적으로 사람이라고 간주하고, 모든 경제활동에서 사람과 같이 취급한다. 법인은 자기의 이름으로 계약을 체결하고, 재산을 소유하며, 세금도 납부한다. 대표적으로 법인세는 법인이 납부하는 세금이다.

2017년에 인공지능 로봇에 '전자인간'이라는 법적 지위를 부여한다는 결의안을 통과시킨 유럽연합이 있다. 아직까지 논란이 많아서, 실제 로봇에 대해서 세금을 물리는 제도가 시행된 사례는 없다. 하지만 로봇의 사용이 더욱 본격화된다면, 변화할 가능성은 충분하여 보인다.

로봇세는 새로운 세금이므로 입법이 전제되어야 한다. 그리고 법률에 과세대상, 과세표준, 세율 등이 규정되어야 한다. 이를 위해서는 우선 과세대상인 로봇의 범위를 분명하게 정의할 필요가 있다. 현실에서는 로봇의 범위가 너무 넓기 때문에 어느 범위 안에서 과세할 것인지에 대한 사회적 합의가 필요하다. 그리고 납세의무자를 로봇으로 볼 것인지 아니면 로봇의 소유자로 볼 것인지도 고민해야 한다. 로봇으로 간주한다면, 로봇에 인격을 부여하고 로봇이 창출한 가치에 세금을 부과하는 방법을 고려할 수 있을 것이다. 이는 유럽에서 논의된 전자인간과 비슷한 관점이 될 것으로 보인다.

그런데 이때 과연 로봇에 인격을 부여할 수 있을지에 관한 논쟁이 예상된다. 로봇에 인격을 부여하지 않더라도, 로봇을 취득하거나 소유하는 것에 대해서 취득세 또는 재산세를 부과하거나, 로봇이 창출한 가치를 측정하여 그 소유주에게 소득세 등을 부과하는 방법을 검토할 수도 있다. 논의의 초기 단계이므로 새롭게 변화될 세상에 맞추어 올바르고 구체적인 제도 마련이 필요한 시점이다.

우리가 4차 산업혁명, ICT, 로봇 등의 범주範疇에서 다양한 표현으로 그 무엇을 언급할지라도 기본적으로 인공지능의 영역이 포함되게 마련이다. 인공지능 관련 법제는 기존의 그것보다 광범위하고 치명적이면서 중요한 영향의 발생이 예견된다. 인공지능의 법적 주체성 여부, 사회적·경제적 구조와의 연계성, 기술발전 속도와 관련 법제 변화의 시간적 일치성 내지 동시성 등의 선결 과제는 지금부터 더 큰 부담인 동시에 풀어야 할 숙제이며 도전이다.